JN079674

英文法は絵に描きやすい

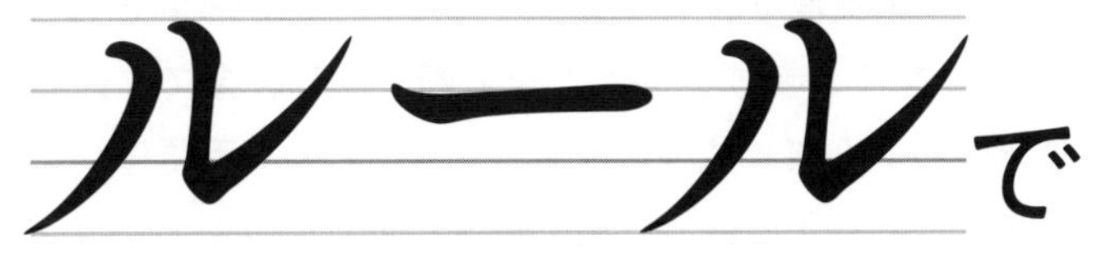

でできている

オールライト
千栄美

はじめに

まずお伝えしたいのは、この本は「読めば英語がペラペラになる本」ではありません。

日本人と英語の関係はとても複雑でときに深刻です。学校で英語を習っている子どもから、既に海外で生活をしている大人まで、多くの日本人が英語への悩みを抱えています。だからこそ甘い宣伝文句に引き込まれてしまいます。

本書は、日本人英語学習者がもつ疑問に真正面から向き合って分析を重ね、「読む、書く、話す、聞く」を分断せずに、全てに通じる**英語の法則**にフォーカスしています。そして、「大丈夫！英語についての悩みや疑問は皆同じ。だから皆で一緒に解決しましょう」という気持ちを込めて書きました。

――――

本書の特徴と使い方

日本人英語学習者に共通する問題を解決するために、本書は次の3方向からアプローチします。

①**ことばの可視化**：「英語が描く絵」を知ることで**直感センサー**を磨く

②**「なぜ?」に目を向けた解説**：原理を知ることで**法則**に気づき、暗記から解放される

③**日本語との比較**：「日本語の当たり前」に気づくことで、**英語をインストール**しやすい土壌を作る

現状の問題点・分からないのは英語ではなく日本語

私たちが何かを習得するときの理想的な形は、下のようなピラミッドです（学びのピラミッド）。

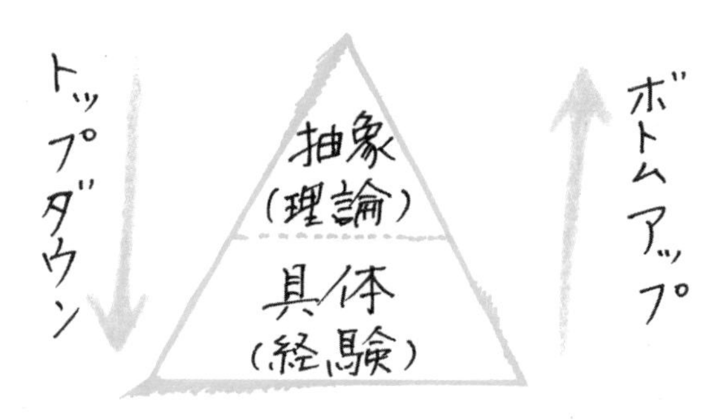

例えば、車を運転できるようになるためには、交通ルールや車の機能という理論（抽象）を習い、それを実際の運転（具体）に適応するということを繰り返しますね。

この2つの矢印のようにボトムアップ、トップダウンという行き来を繰り返すことで、徐々に無意識にインストールされていきます。

でも、日本人の英語学習は下のようなピラミッド（魔のピラミッド）になってしまいます。

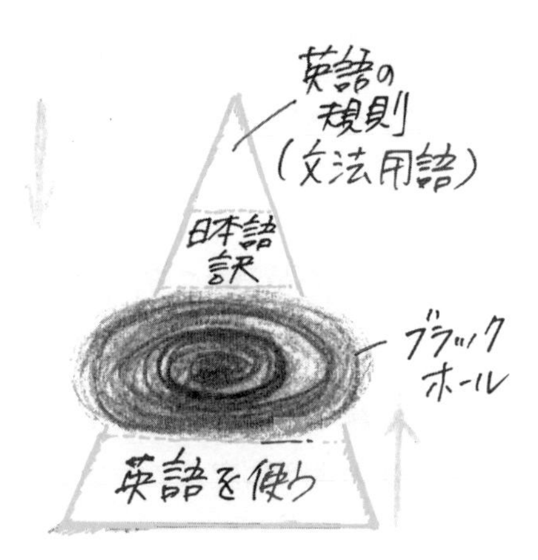

先ほどの＜学びのピラミッド＞と比べると全体が細長く、真ん中にブラックホールのような黒い闇が出現します。

ピラミッドの上の方（抽象／理論）にあるのは、私たちが学校教育で受けるような、文法用語を使っての説明や日本語訳をベースにした学習です。しかし、「to 不定詞の副詞的用法」や「by は手段と期限を表す」と説明を受けてもピンとこないという、いわば、**英語が分からないのではなく、日本語が分からない**ということが起きます。

また、英語と日本語はピッタリと合ってはくれません。

例えば、「become= 〜になる」と習いますが、「〜になる」という日本語でも、become が使えないときがありますよね。

例 ✕ It became 6 o'clock.　6時になった。

○ It's 6 o'clock (now).

そのため、ピラミッドの底辺にある「英語を使う」という＜具体＞までの距離がとても遠くなってしまい、途中でブラックホールに飲み込まれてしまいます。

ちなみに、英会話学習でよく聞く「フレーズを覚える」というのは、ピラミッドの底辺（具体）に位置しますが、「たくさんフレーズを暗記しているのに、話せない」という経験をお持ちの方は多いと思います。それは、図にあるボトムアップ↑の矢印がないためです。大切なのは、この 2 つの矢印のバランスです。

＜脱・魔のピラミッド＞水面下にあるものを見る

英語学習を何度やり直しても、この、魔のピラミッド構造から抜け出さなければ、また同じことを繰り返すことになります。そこで、先ほどの＜魔のピラミッド＞を、次のように変えてみます。

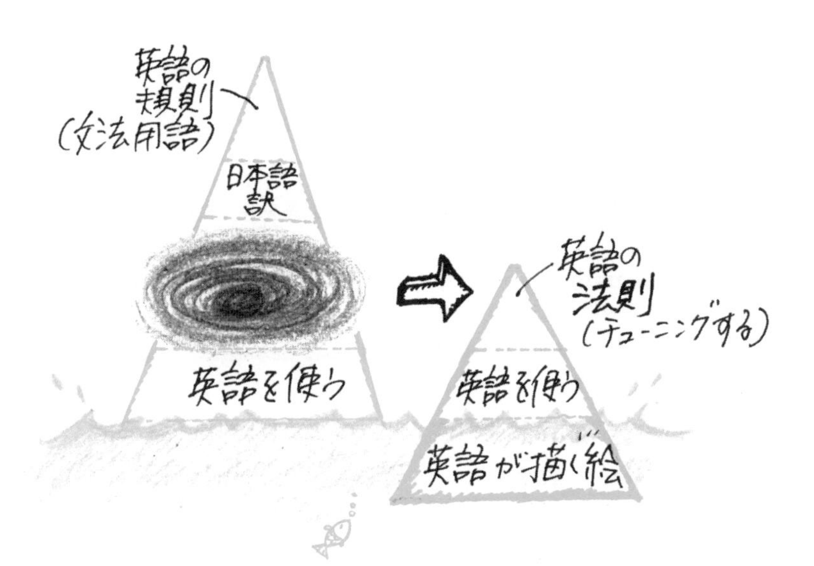

左の魔のピラミッドでは「英語を使う」ことが底辺でしたが、右のピラミッドではその下にもう一段階、「英語が描く絵」があります。この部分は普段は水面下に隠れているので目に見えませんが、これが「ことば」を支えている部分です。そして頂点にあるのは英語の規則ではなく、「**英語の法則**（チューナー図）」です（これは少し後で説明しますね）。

こうすることで、先ほど見た標準的な＜学びのピラミッド＞の形に近づきます。この形を維持するために、本書ではできる限り文法用語を使わないように試みました。

ことばは「見る」もの

実際に私たちの日常でも、ことばと「絵」の密接な関係を示す例があります。日本語には「話が見えない」という表現がありますし、英語でも「そうなんだ〜」というときに、“**I see.**” と相づちを打ちます。これはまさに「（その話が）見えている」ということですね。

「将来のビジョンを持つ」というときの **vision**（見ること）も、将来が絵（映像）として見えていると例えています。また、英語では、「分かりやすく示す」は **illustrate**（説明する）という単語を使います。

例 Can you **illustrate** this point for me?
この点を分かりやすく説明してくれる？
→実際にイラストを描くという意味ではありません

もし皆さんが、これまで食べたことのない料理を注文するとしたら、文字の説明よりも、写真を見たくなると思います。英語も私たちにとっては「食べたことのない料理」です。であれば、「英語が描く絵」を見た方が手っ取り早いはずです。

「伝わる」とは相手と「同じ絵を共有できている」ということ

日本人同士でもこんなことが起こります。

どちらの絵もその人にとっては「2つのケーキ」なので、お互いが頭の中で描いている絵をのぞいてみない限りその違いには気がつきません。

「いやいや、常識的に考えればこんな誤解はないでしょ」と思うかもしれませんが、実はそこがポイントです。日本人同士の会話ではそうかもしれませんが、英語は、あらゆる国であらゆる人種によって使われています。「私の当たり前は、あなたの当たり前ではない」が前提です。つまり、「**ことばで伝えない限り、私とあなたが頭の中で描く絵は違う**」ということを初期設定にしておく必要があります。

「ことばが描く絵」を知らなければ、どんなに英単語や文法の知識があっても「ことばは通じるが、話が通じない」ということになってしまうのです。

英語のメガネで見る絵・違いを知る

川端康成の小説、「雪国」の冒頭の１文を聞いたことがある方は多いと思います。

「国境の長いトンネルを抜けると雪国であった」

この小説の英訳は複数ありますが、中でもいちばん知られている英訳はこちらです。

The train came out of the long tunnel into the snow country.

＊出典：「雪国」川端康成著 “Snow Country”, Edward G. Seidensticker 訳

「雪国」のこの冒頭文を日本語母語話者に、“Snow Country” の同じ１文を英語母語話者に絵に描いてもらいました。

雪国　　Snow Country

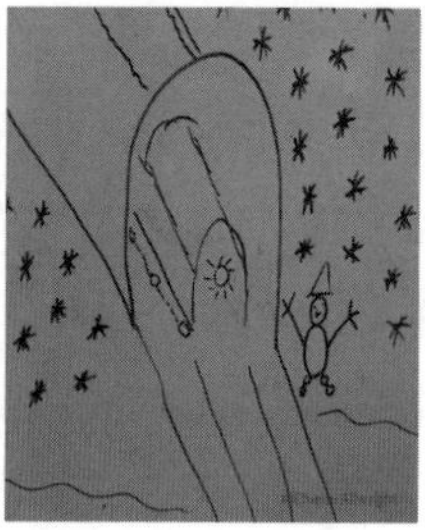

大きな違いは、日本語は自分が電車に乗っているような視点で、英語は外から電車を見ている視点であるという点です（そしてこの実験では、英語母語話者のほとんどが雪だるまを描きました！）。

でも、なぜこの小説は日本語に忠実に英訳されなかったのでしょう？文学的な解釈は色々ありますが、「英語のメガネではこう見るのが自然」という無意識的、本能的なものが働いたのかもしれません。

であれば英語学習でも、**日本語目線で描く絵と、英語目線で描く絵の違いを知る**ことにフォーカスしてみましょう。

文法は「規則」、必要なのは「英語の法則」

英語学習において「文法を習う」というのは、「英語の規則」を習うということです。運転で例えると交通ルールといったところでしょうか。でも交通ルールを知っているだけでは運転はできません。

そこで必要なのが、「**英語の法則**」を知ることです。車の運転だとしたら、「このくらいの強さでブレーキを踏んだら、この辺りで停車する」という感覚が法則です。運転であればこのセンサーを磨くのはそれほど難しいことではありませんが、英語では私たちはこのようなセンサーを持っていません。

そこで、「英語のメガネで見る絵」と「なぜそうなるのか？という原理に目を向けた解説」という両方からのアプローチを行き来することで無意識下で作動する**直感（違和感）センサー**を磨いていきます。

また日本語の定義や、日本語と英語の比較を盛り込むことで、私たちが無意識に持っている「日本語の当たり前」に気がつけるようにしています。その気づきは、英語という新しい世界観をインストールするための土壌になってくれますし、「英語のメガネで見る絵」は、英語の視点や発想を教えてくれます。それがまさに、**英語の法則**です。

「覚える」のではなくチューニングする

本書では、たくさんの絵や図が登場します。メインとなるのは、「英語のメガネで見る絵」を抽象化したものです。その図を元に「英語の見方」に調整していくことを、本書では「**チューニングする**」といい、そのための絵を**チューナー図**と呼びます。

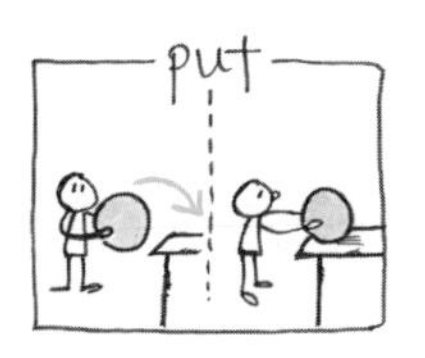

文章での解説や例文も多く載せていますが、「覚える」のではなく、解説や例文を読みながら、何度もこの「チューナー図」に戻ってチューニングするのがポイントです。ラジオや楽器のチューニングのようなものだと思ってください。

チューニングすることで、これまで「点」でしかなかった知識同士を線でつないで、直感（違和感）センサーを磨いてくれます。「覚える」とか「忘れる」とはちょっと違う感覚で、あなたの中に英語を取り込んでくれるはずです。

1つ注意していただきたいのは、本書に登場する絵は「イメージ」ではないということです。日本語では商品パッケージなどに「この画像はイメージです」と書かれています。この場合は「想像や架空」という意味で使っていますが、本来の「image」の意味だと「この画像は画像です」といっていることになります。

本書の絵や図は、認知言語学のイメージスキーマ＊という考え方を元に、幅広い読者の方が親しみやすいような形にしたものです。

＊イメージスキーマ：認知言語学の専門用語で、言語から抽出される抽象的な認知図式のこと

さあ、それでは一緒に「Chapter 1　英語は絵に描きやすいルールでできている」から見てみましょう。

目次
CONTENTS

Chapter 2
名詞に輪郭を描く a/the/some/any/複数形

Part1 a・肉体と魂を区別する境界線

Part2 a と the・ズームアウトとズームインの世界

Chapter 4
時の絵はタイムライン上に描く

Part3 ロケーションワード・位置情報を絵に描く

Chapter 6

2つの次元<現実 / 仮定>と助動詞

Chapter7 <英語ははっきり、日本語は曖昧>のショウタイ

<CREDITS>
カバーデザイン：藤塚尚子 (e to kumi)
本文デザイン：Isshiki (松田喬史)

Chapter 1

英語は絵に描きやすいルールでできている

1 絵に描きにくい日本語、描きやすい英語

早速ですが、皆さんにやってみていただきたいことがあります。

下の日本語を一区切りずつ、簡単な絵に描いてみてください。最初の一区切り以降は手で隠して、一区切り目が描き終わったら、次の一区切りを出して進んでみてください。

女の子がネコと → ソファーに → 横になっている。

次に英語で同じことをやってみましょう。

A girl is lying → on the sofa → with her cat.

日本語の場合は、こんな感じでしょうか。

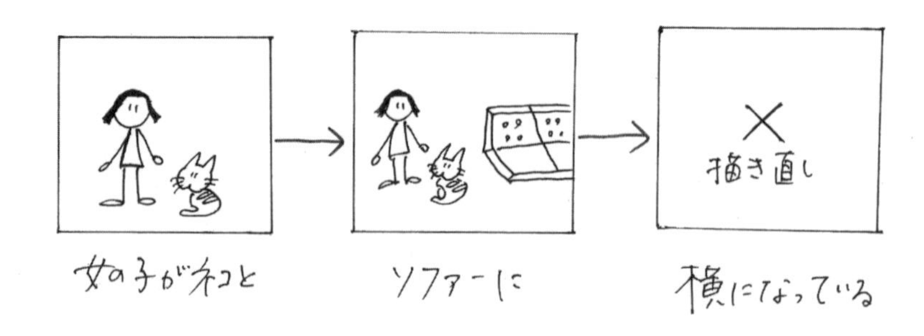

最後の「横になっている」で、やっと全体像が分かるので、これまで描いたものを消して、描き直すことになります。つまり、文章を最後まで読まないと（聞かないと）、絵を描き始めることができません。

英語の場合はどんどん絵をつけ足すことで絵が完成します。戻って消したりする必要はありません。

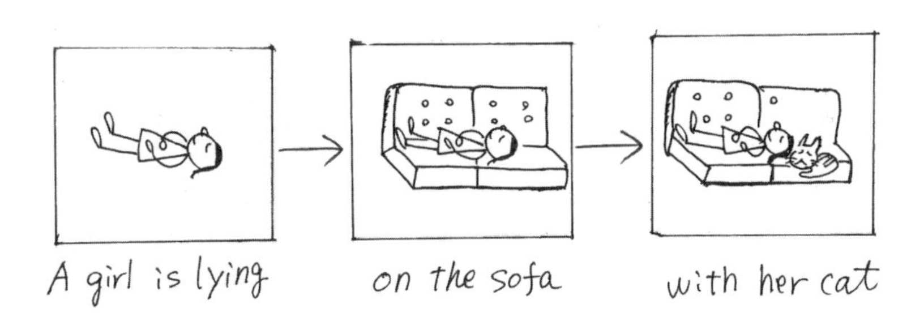

皆さんの中で猫を複数匹描いた方はいらっしゃるでしょうか？１匹だけ描いた方が多いかと思います。なぜ私たちは、先程の日本語で猫が１匹だと分かるのでしょうか。

特別指示がない限りは１匹であると推測しているのかもしれませんし、女の子が１人なんだからネコも１匹に違いないと無意識に決めているのかもしれません。一方、英語では単語そのものが単数や複数を示すので、絵の指示になってくれます。

「（バレンタインデーに）友達がチョコレートをくれた」を英語でいいたいとしましょう。

例 ✕ My friend gave me chocolate.

これだと、聞き手は絵に描くことができません。

友達は何人描いたらよいのか、チョコレートは箱に入っているのか、それともバラバラなのか…と絵に描くための情報が足りませんので、英語では、以下のようにいいたくなります。

例 **A friend of mine** gave me **a box of chocolates**.

Two friends of mine gave me **a bar of chocolate**.

Some friends of mine gave me **some chocolate**.

これで絵に描けるようになりました。

相手と「同じ絵」を共有できているか

こんなこともよくあります。

例 あなた：I went to Tokyo Disneyland with my family last weekend.
先週末、家族でディズニーランドに行ってきた。

友達：That's nice. Did you have a good time? よかったね。楽しかった？

ここで、「あなたは楽しかった？」という日本語に変換してしまうと、次のように答えてしまいます。

あなた：Yes, I had a great time. うん、すごく楽しかった。

そうすると相手に伝えているのは、こんな絵になります。

会話の始まりで既に、次のような絵を相手と共有しているので、you は「あなた」だけではなく「あなたたち家族」の絵を指していると受け取るのが自然ですね。

あなた：Yes, **we** had a great time.

これなら、同じ絵を相手と共有できます（自分の家族のことを知らない人との会話でも同じです）。

このように、日本語に変換してしまうことで、自分が意図しない絵を相手に与えてしまうことがよくあります。やはり頼りになるのは、**相手とどんな絵を共有しているのか**です。

このことから英語は、**「ことば⟷絵」というように双方向が成り立つことを得意とする**、と考えることができそうです。

英語と絵の密接な関係については、コラム(30 ページ) でも紹介していますので、ぜひそちらもお読みください。

2 〈ことばモデル〉その場に漂う日本語、一直線に進む英語

「下の絵を見ていない人が、これと同じ絵を描けるように説明してください」といわれたら、皆さんなら日本語でどのように説明しますか？

この実験では、日本人の多くが、「**部屋**にテーブルがあります」「誰もいない部屋にテーブルがあります」「部屋の右手にテーブルがあります」と「部屋」からいい始めました。その後に、「そのテーブルにはりんごが3つあり、天井から電気がぶら下がっています」のように続ける人がほとんどです。

一方、英語を母語とする人達で、"A room..." から始めた人は1人もいませんでした。ほぼ全員がこのように答えました。

Three apples are on the table under the light.

There are **three apples** on the table under the light.

同じ絵を見ていても、最初に視点を置く場所や視点を移す順番が、日本語と英語では明らかに違いますね。英語の場合は、on と under という位置情報で単語をつなげていくことで、途切れずに進むことができます。

このような日本語と英語の根本的な「型」の違いを可視化してみたのが、下の＜**ことばモデル**＞です。

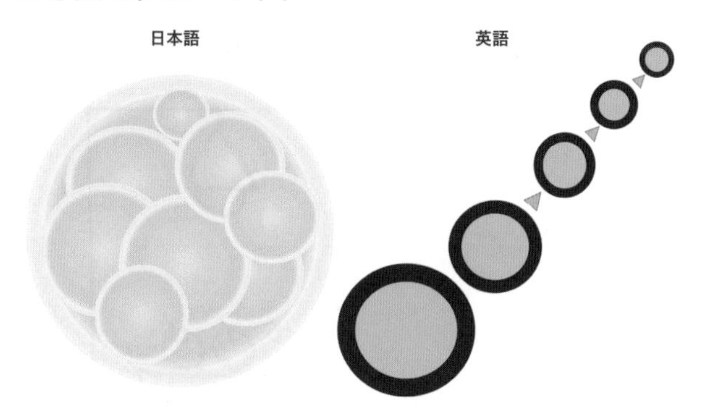

英語の＜ことばモデル＞に少し解説を加えてみました。

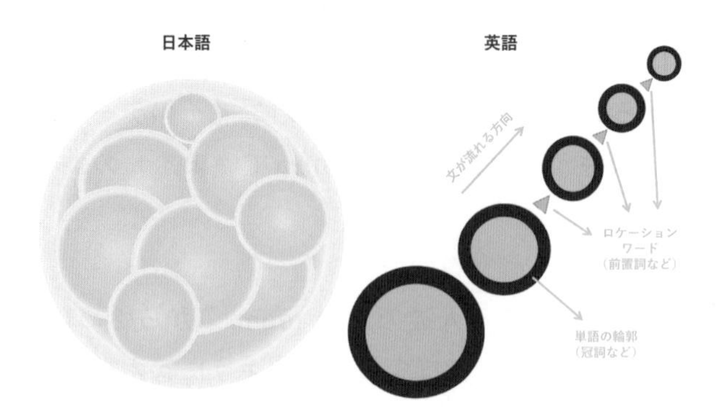

海外旅行で「ここにバッグを置いていいですか？」を、とっさに “Bag ... here ... OK?” といってしまったり、「あなたはこれを食べますか？」が、“You ... eat ... this?” となってしまった経験をお持ちの方も多いと思います。あとで正解を知ると、中学校で習ったような英文なのに……。

これはこの＜ことばモデル＞における型＊の変換ができていないことが大きな原因です。そこでこのように考えてみましょう。

> 日本人が英語を使えるようになることは、
> **＜ことばモデル＞の日本語型→英語型**の変換ができるようになること。

型の変換のためには、英語の動詞や名詞の扱い方、助動詞や時間の表し方などの機能を知る必要があります。でも皆さんは既に多くの文法ルールを知っています。皆さんが既に知っている文法知識を**紐づけし直す**といった方がいいかもしれません。不必要な紐づけはアンインストールします。

＊本書では「ことばモデルの型」と称していますが、この概念を学術語では「スキーマ」と呼びます。

英語と日本語は逆の景色を見ながら進む

次の章に進む前に、ちょっとひと息つきましょう。皆さんには少しページを戻っていただきたいのですが、23 ページから 31 ページまで、奇数ページの右下に小さなイラストがあります。その 1 コマずつが次の英文に合致します。

：I went → to the post office → to send a letter
→ to my grandparents → living in Hokkaido.

そして今度はそこから逆に戻ってみてください。そうすると次の日本語の語順になります。

●：北海道に住む ⟶ 祖父母に ⟶ 手紙を出すために ⟶ 郵便局に ⟶ 行った。

このように、日本語と英語は真逆に進みます。そのときに見えている風景はだいぶ違うはずですね。

次の章からじっくりと、「英語が描く絵」を見ていきましょう。

英語と絵・その密接な関係

「ことば遊び」と聞いて私たちがまず思い浮かぶのは、「しりとり」ではないでしょうか。

しりとりを英語視点でやると大変です。「ゴリラ→らっきょう」とはならず、「ゴリラ→あひる」となってしまいます。英語の視点では、ゴリラは「ラ」で終わっているのではなく、gorilla =「ア」で終わっているのですね。英語は「しりとり」には向いていないようです。

英語が大得意とすることば遊びは、ことばから絵へ、または絵からことばへと変換する遊びです。英語圏に住んだことがある方なら、Pictionary（ピクショナリー）というゲームを知らない方はいないと思います。picture（絵）と dictionary（辞書）をかけ合わせたのがこのネーミングで、似たようなゲームが10 種類以上あります。

やり方はとてもシンプルです。ペアになり、片方が、自分が引いたカードに書いてある単語から連想される「絵」を時間内に手早く描いていき（声やジェスチャーはNG)、もう片方がその絵が表す単語を推測して当てるというものです。

カードに書かれている単語は、動物や物など目に見えるものから、動詞や抽象的な単語まで様々です。dizzy(めまい)、migrate(移動する)、defence(防衛)のような単語を絵に描くのは、かなりの想像力が問われます。

英国では(おそらく他の英語圏でも)、「1家に1台」という感じでボードゲーム式のPictionaryがあります。人が集まったときには必ずといっていいほどこのゲームが登場し、大人同士でも本気で楽しみます(私はその光景を見る度に、「しりとり」では大人がここまで盛り上がれないな〜と思ってしまいます)。

英語圏で、ことばと絵を結びつける遊びがごく自然に生まれ、浸透していることは、私が英語の教授法を考察する際の、大きなヒントになってくれました。

Chapter 2

名詞に輪郭を描く
a/the/some/any/複数形

Chapter 2 の説明

この章では、白い画用紙に絵を描くように他の部分との境界線を作っていく、名詞の輪郭について見ていきます。

Part 1 では、名詞が持つ「肉体」と「魂」という 2 つの側面（可算 / 不可算）と、その輪郭の描き方（不定冠詞 a)、Part 2 では、話し手と聞き手が 1 つのフォーカスを定めてズームインする the（定冠詞）の世界観、Part3 では、存在感はあまり大きくないのですが、しっかりとしたしごとをする some、any、輪郭のない複数形、にチューニングしていきましょう。

英語学習において鬼門のように扱われるこのテーマですが、それは、名詞の捉え方や冠詞は、文法ではなく「概念」（ものの捉え方、見方）だからです。

単にルールを学ぶのではなく、新たなものの見方を自分にインストールする気持ちで、じっくり読み進めてみてください。

一度で全てを理解しようとする必要はありません。いちばん大事なのは、日本語との違いにワクワクすることです！

Part 1

a・肉体と魂を区別する境界線

1 appleに輪郭a(an)がなければ、それは「りんごの魂」

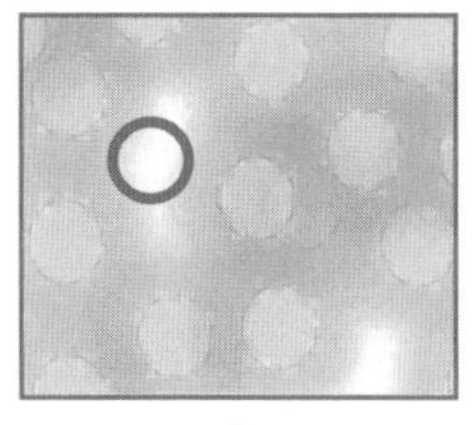
a

輪郭なし

Q. りんごの絵を描いてください

読者の皆さんはどんな絵を描くでしょう。私のこれまでの経験では、ほとんどの日本人はこの絵を描いてくれました。

英語母語話者に“apple”の絵を描いて欲しいと頼むと、ちょっと困った顔をします。本来は、はっきりとした形を持つ物体であるappleはan apple、some apples、というようにしなければ輪郭を描けないのです。あえて“apple”を描いてもらうとこんな感じです。

→ティーンエイジャーはかなりの確率で、Apple 社マークを描きます。

和英辞典で「りんご」と引くと、もちろん "apple" と書かれています。でも、辞書上でイコールとされている日本語と英語の単語が、いつも同じ絵を描くとは限らないというのが大事なポイントです。

a（an）をつけて1つの輪郭を描き、an apple にすると皆がこの絵を描けるようになります。

このように、**絵の輪郭になり**、それが魂ではなく肉体であることを示してくれるのが、名詞の前につける**冠詞**です。

通常、絵を描くときは輪郭から描き始めますね。だから、冠詞も単語の前につけます。

*Google で "apple" と画像検索してみてください。いちばん多いのは Apple 社のお馴染みのマークです。an apple や apples にすると果物のりんごの画像が多くなってきます

例

✕ **I ate apple today.**

私は**りんごの魂**（りんご入りの何か）を食べました。

I ate **an apple** today.

→世の中にりんごと呼ばれるものはたくさんあるけど、その中の1つであればいいよ

Chapter 2 名詞に輪郭を描く a/the/some/any/複数形

I ate **some apples** today.

→丸ごとでも切ってあってもいいので、適当にいくつかの輪郭を描いてね

I ate **the apple** you gave me.

→「私」と「あなた」が一緒に指すことができるりんご

→あのりんごしか指してないよ。分かるよね

冠詞のない世界に生きている私たちは、「英語の名詞には冠詞をつけ忘れないように」という感覚で挑んでしまいますが、これは「絵を描くとき、輪郭を描き忘れないように」と同じことになります。これにはすかさず、「輪郭を描かないでどうやって絵を描けるの！」とツッコみたくなってしまいますね。これがまさに、英語と冠詞の関係です。

読者の皆さんもきっと、「なぜ英語には、冠詞なんていう面倒なものがあるんだろう」と思ったことがあるのではないでしょうか。でも、私たちも助数詞という英語とは違う機能を使い、カテゴリーの分類をし、境界線を引いています。

英語の世界はこの助数詞がない世界です。「花を１本」「花を１束」といいたいときに「本」と「束」を持たない英語では、**a** flower、**a bunch of** flowers というように、日本語とは違う方法で区別します。

ちなみに、枚、本、冊、本、匹、頭、個、束……のような助数詞は中国や韓国などの東アジアやベトナムなどの東南アジア、アメリカ大陸原住民の言語に存在するそうです。

もう少し広い見方をすると、my / your / her / his / their / many / a lot of などの名詞の前につける語（限定詞）は、役割は違えど、全て名詞の輪郭の１種であると考えることもできます。

<ことばモデル>（28ページ）の英語の型にはそれぞれの丸にくっきりとした輪郭がありました。これが冠詞を示しています。どこに、いくつ輪郭を描くかを明示することで、絵に描きやすい情報にしていると考えることができます。

英語は「輪郭」が好き？

英語と輪郭の関係を考えたとき、こんな例もあります。英語を母語としている多くの国では、「3556」や「ALLWRIGHT（私の苗字）」を読み上げるときに、three-**double** five-six 、A-**double** L-W-R-I-G-H-T のように、2つ続いている同じ数字やアルファベットを **double** でくくります。3つ同じものが続くときは triple です。ジェームズ・ボンド（英国映画）のコードナンバーは 007=ダブルオーセブンと読みますね。

このような「ダブル」や「トリプル」も冠詞と同じように、最初に輪郭をつけてくくった方が分かりやすいという感覚なのかもしれません。

ちなみに、日本のSF漫画「サイボーグ009」はゼロゼロナインと読みます。輪郭をつけるという発想を私たちは持っていないようです。

2 riceは米ではなく「米類」

Q. 米の絵を描いてください

ほとんどの日本人が、この絵を描いてくれました。

お米1粒の存在が大切な文化ですね。

一方、英語を母語とする人たちに"rice"の絵を描いてもらうとこうなります。

→稲の絵を描くのは、日本に住んだ経験がある人たちです

このように、日本語の「米」とはずいぶん違う絵が描かれます。ここでのポイントは、"rice"という単語から、米1粒という発想はしないということです。riceは「穀物」という分類の中の1つの種類、「**米類**」と考えた方がよさそうです。

先に見たappleは輪郭anをつけることで、皆が同じ、1つのりんごの絵を描けるようになりましたが、「米類」には1つの輪郭を描くことはできませんね。

でもriceは目に見えるものですので、何とかして絵には描きたいものです。そこで、riceの袋や器などの**外の容器**を**輪郭**とみなします。

例
a **bag** of rice　袋に入っている米
a **bowl** of rice　お茶碗に盛られた米
a **plate** of rice　お皿に盛られた米
a **grain** of rice　1粒の米

目に見える名詞に、輪郭aをつけることができる条件
→ **「せーの」で皆が同じ輪郭を描ける（定形がある）**

辞書のriceには【U】(Uncountable)や【不】(不可算)という文字が書かれていますが、これは、**その単語自体には輪郭は描けない（定形がない）**ので**aをつけたり複数形にはできない**ことを意味します。

定形がないので輪郭を描けないものの例

液体状のもの　water 水、oil 油　など
粉状のもの　salt 塩、flour 小麦　など
気体状のもの　air 空気、smoke 煙　など

定形がないものでも、次のような輪郭をつけて絵に描ける情報にすることができます。

a cup of coffee

a bag of flour

【可算名詞】【不可算名詞】という用語の捉え方に注意

辞書などで、1つの名詞に【可算名詞】【不可算名詞】と書かれているときには、「この名詞は用途により、可算名詞か不可算名詞かという分類が変わることがある」と考えましょう。

可算、不可算の違いは「意味の違い」ではなく、あくまでも1つの名詞が持つ違う側面ということですね。

3 fishは何匹でも輪郭は1つ

「りんご」は、**an** apple、**two** apples とすることで、輪郭が1つ、輪郭が2つという絵を描くことができますが、fish は apple とは輪郭の描き方がちょっと違います。

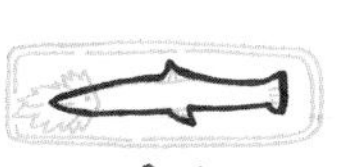

1匹でも複数匹でも輪郭は1つです。

英語では fish を個体ではなく**「魚類」という大きなくくり**で捉えているようです。だから、その中に何匹いようが fish は fish なのです。

魚類には淡水魚、熱帯魚などのもっと細かい分類があります。その分類ごとに輪郭を描いて「種類が複数である」ことを示したいときは、fish を複数形にすることもありますが、その場合でも、many kinds of **fish** のようにいうのが一般的です。

魚の「群れ」を示すときは、その**群れ全体を1つの輪郭**にします。

例 **a** school of fish、**two** school**s** of fish

＊この school は学校とは無関係の同音異義語。「群れ」といっても大群である必要はなく、海洋専門家は最低 6 匹を school の基準にしているとのこと

身近にある「個」の輪郭と「群れ」の輪郭

staff

【原義】支えになるもの、杖（ジーニアス英和辞典第 4 版）

「スタッフ」に輪郭 a があるときは、個々人ではなく、1つのグループ（群れ）としてくくったところに輪郭が描かれています。

例 We have **a** staff of 20.　私たちの 1 スタッフは 20 人で構成されている。

We have 20 staff member**s**.　従業員は 20 人いる。

→ 1 スタッフ内の構成員にフォーカスしているので members を使う

このように「群れ」として1つの輪郭を描く場合でも、その中の「個々」にフォーカスしたい内容のときは、staff（ X staffs ）のままで複数として扱うこともあります。

例 The staff **is** happy about the new arrangements.
そのスタッフらは新しい取り決めに満足している。

→「群れ」の輪郭にフォーカス

Not all the staff **are** happy about the new arrangements.
そのスタッフら全員が新しい取り決めに満足しているわけではない。
→群れの中の「個々」にフォーカス

ただし、内容にかかわらずアメリカ英語ではいつも単数として扱い、イギリス英語では複数として扱う傾向があるようです。

family

例 My family loves Japanese food.
私の家族は日本食が好きです。
→「群れ」として１つの輪郭

audience

例 There was **a large audience** at the music festival.
大勢の人（聴衆）がその音楽フェスに来ていた。
→「群れ」に輪郭 ✕ audiences

She lectures to **audiences** all over the world.
彼女は世界中の聴講者にレクチャーする。
→「個々」に輪郭

police

「警察隊たち」と捉えてみましょう。**いつも複数**として扱います。

例 The police **are** looking into the case. 警察隊たちはその事件を調査中です。
「警察官」と個別に指したいとき→ a police officer

garlic

「ニンニクを１つ描いてください」といわれたら、丸ごとを描く人もいれば、1片（かけ）を描く人もいるかもしれません。だからこのように区別します。

例 a **head** of garlic

two **cloves** of garlic

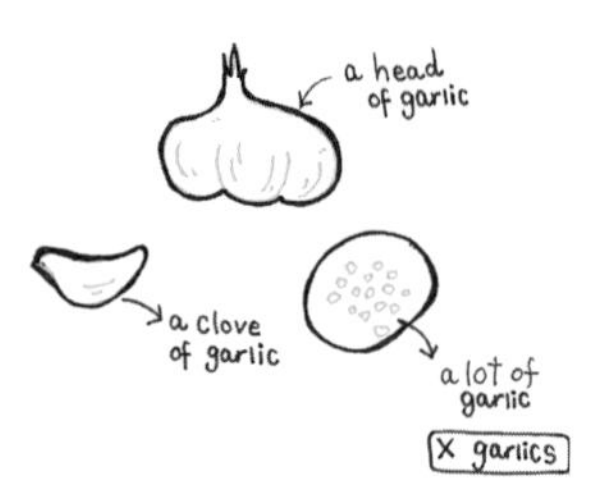

例 I put a lot of **garlic** in the dumplings.

X many garlics

餃子にたくさんにんにくを入れた。

→みじん切りかすりおろしかという形は問わない。数ではなくボリュームでカウント

4 lot / little / few の輪郭

量や数の程度を示す、lot / little / few も輪郭を描くか描かないかによって絵が変わってきます。

lot

「この商品の発注ロット（＝発注単位）は1000個です」というように、カタカナでも使い、数量の単位を示します。つまり、1つのlotの中には既に複数(量)が存在します。それに輪郭aをつけてa lotにすることで、**まとまった数量をひとくくりにする役割**を持ち、「ある程度の数や量がある」ことを示します。この「**数や量**」というのがポイントで、量を表すのはmuchのみ、数を表すのはmanyのみなのに対して、a lot ofはどちらにも使えます。

例 a lot of people　　a lot of rice

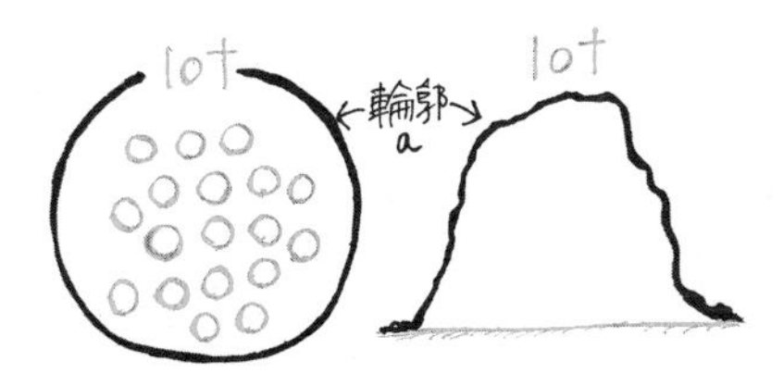

little / few

まず、下の図の little と few をちらっと見てみてください。「あるかないか微妙」な感じに見えませんか。それに輪郭 a がついたのがその隣、a little、a few です。くっきりと見えるようになります。

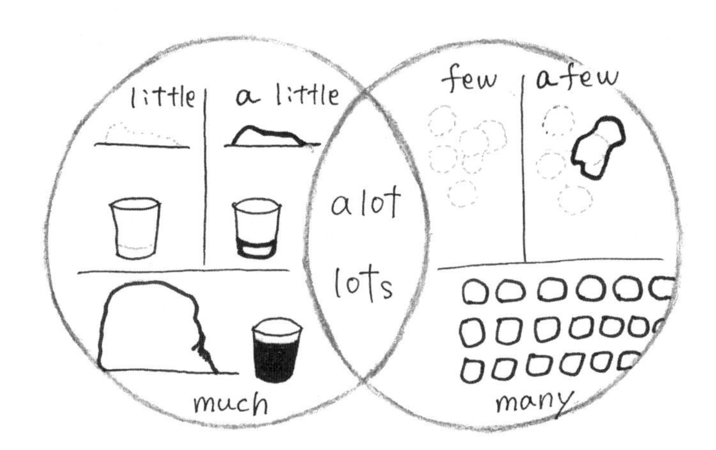

little：量的にあるかないか微妙。ほとんどなさそう。

a little：量的に少しはある

例 I have little/a little time to talk now.
今話せる時間がほとんどない/ちょっとならある。

few：数的にあるかないか微妙。ほとんどなさそう。

a few：数的に少しはある。

例 I have few/a few friends I can trust.
私には信用できる友達がほとんどいない/少しならいる。
→輪郭あり。0 や 1 とは決められないので、名詞はどちらも複数形

ここでも**輪郭 a** はしっかりとしごとをしています。

much

ここで、地味ですが正しく使えないことが多い **much** について触れておきます。

much は量的に多い絵を描きますが、ただこれだけでは、会話の相手との間で同じ絵を共有できるほどのしっかりした情報がありません。その量が自分にとって多いのか、他の人から見ても多いのかは分からないので、much はとても相対的です。だから、much の**程度が分かるような情報と一緒に使います。**

例 ○ Thank you **very** much.
× Thank you much.

実際の会話では、次のように、much だけで十分なときと、「どれくらい much なのか」を示さなければならないときがあります。

・相手に尋ねるとき（疑問文）

どれくらいの量か分からないので絵には描けない⇒ much のみ○

例 Did you drink **much** at the party last night?
昨夜の飲み会でたくさん飲んだ？

・No で答えるときや否定文

No なのでいずれにしても絵に描く必要はない⇒ much のみ○

例 No, I **didn't** drink **much**. そんなに飲まなかったよ。

・Yes で答えるときや肯定文

much だと肯定するので、相手に絵を描いて欲しい⇒ much のみ×

例 ○ Yes, I drank **so** much/**too** much. うん、相当飲んだ/飲み過ぎた。
× Yes, I drank much.

日本語だと、「けっこう飲んだ？」という質問に、「うん、けっこう飲んだ」と答えてもおかしくはないかもしれませんが、英語においては、**相手が絵に描きやすい情報をプラス**して返答するのが自然であることにチューニングしましょう。

5 「種類名」か個か

多くのものは、①総称 → ②分類名 → ③種類名 → ④個別名という分類の階層を持っています。

例：①野菜 → ②いも類 → ③じゃがいも → ④メークイン

この分類は定義の仕方により変わりますし、分類するための方法が言語によって違ったりもします。

例えば、bread（パン）や cheese（チーズ）は、英語では②の分類名に当たると捉えてみます。

bread と cheese が描く絵を見てみましょう。

→これ全体で bread

→これ全体で cheese

類似した仲間をひとまとめにした分類名が、bread 、cheese であることが分かります。その中に色々な個別のものが存在します。

よって、**bread** と **cheese** は、**「せーの」で皆が同じ絵を描けない**ことになりますので、**輪郭 a をつけたり、複数形にはできません。** 数を示したいときは、皆が同じ絵を描ける輪郭を与えてあげます。

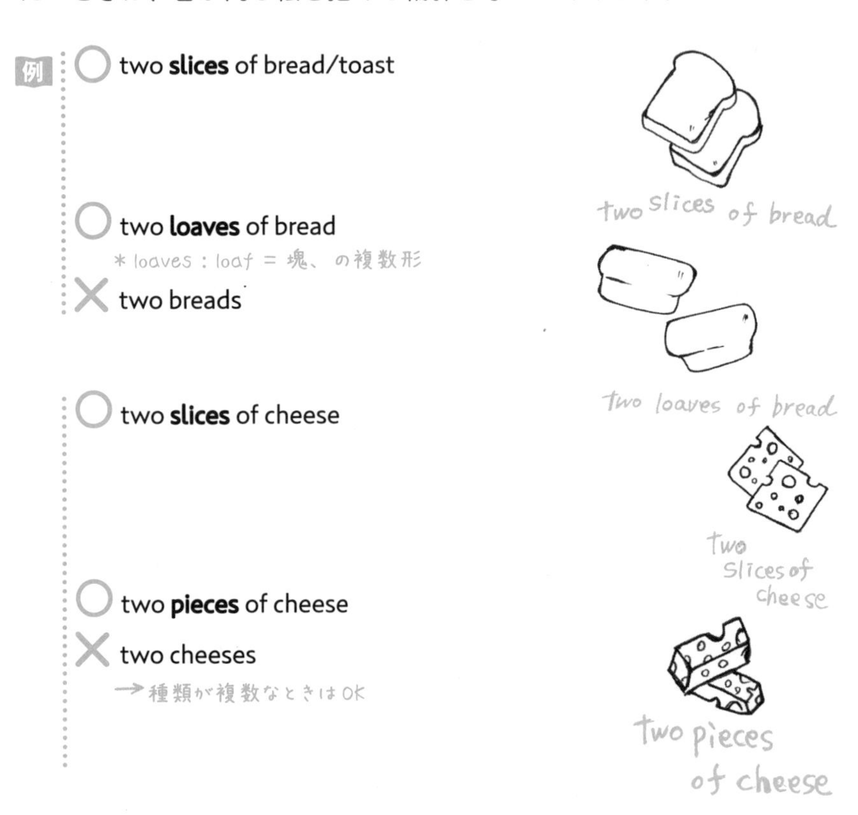

例

○ two **slices** of bread/toast

○ two **loaves** of bread

＊loaves：loaf ＝ 塊、の複数形

× two breads

○ two **slices** of cheese

○ two **pieces** of cheese

× two cheeses

→ 種類が複数なときは OK

ときおり、こういうものに遭遇することがあります。

例 I prefer **fresh cheeses**, like mozzarella.

私はフレッシュ系チーズが好き。モッツアレラチーズみたいな。

輪郭が描けないはずの cheese が複数形になっていますが、これは、cheese が複数になっているのではなく、**fresh cheeses**（「フレッシュチーズ」というチーズの種類）が複数形になっていると考えてみましょう（その中に更にいろいろな種類があります）。

魚やチーズなどは、更にその中でいくつかの細かい種類に分類されます。このようなときは、複数形で示すことができます。

＊ただしこれは、絶対的なルールではない

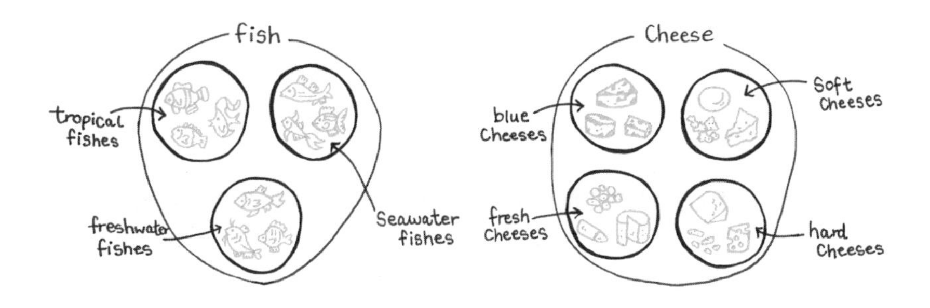

皆が同じ輪郭を描けないはずなのに、複数形で表れていたら、それは**「種類」にフォーカス**しているのだとチューニングしてみましょう。

＊辞書で fish や cheese を引いてみると、多くの場合は【不可算】(「種類」は可算)のように書いてあるのはこのため

cheese チーズ → **fresh cheeses** フレッシュチーズ → mozzarella モッツァレラ

分類名 → 種類名 → 個別名

例 The shop has **many cheeses**.

種類が豊富である

＊fish は、種類が複数であることを示すときも、1つの輪郭 (many kinds of fish) の方が自然であることは43ページで確認しました

Chapter 2 名詞に輪郭を描く a/the/some/any/複数形

分類名 → 種類名 → 個別名称 *
×a ×-s → ○-s → 通常は○a ○-s
ものにより異なる場合があります。

＊チーズの個別名は地名の場合も多いので通常は固有名詞のように扱う
×a ×-s

身近な「分類名」×a ×-s

fruit 果物類 / **food** 食品類 / **fish** 魚類 / **meat** 肉類 / **bread** パン類 / **wine** ワイン類

＊「〇〇類」として認識してみると間違いが少なくなります

▷ **fruit**

fruit → **tropical fruit(s)** → a mango/mangoes マンゴー
a pineapple/pineapples パイナップル
分類名 種類名 個別名称
＊種類名でも、用途に応じて複数形にしないこともあるので（s）と記載

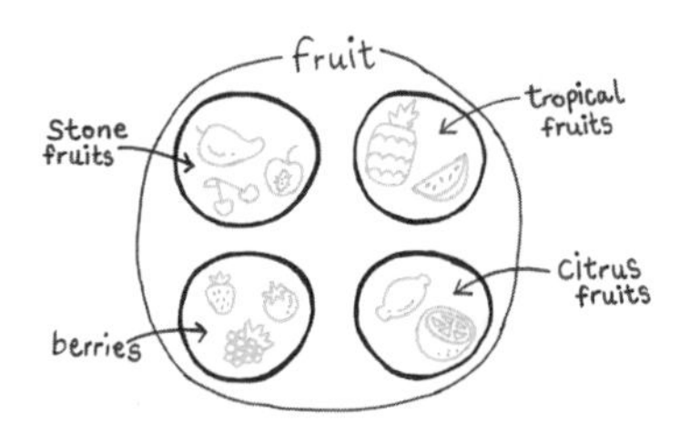

カタカナでは「フルーツ」ですが、本来は「フルート」ですね。「植物の成**果**物」という総称ですので、「せーの」で皆が同じ1つの輪郭を描けません。ちなみに、vegetable は vegetable plants のことで、個々に輪郭を描きます。

例 I had **some fruit** for breakfast.
× a fruit × two fruits

I like pickled **vegetables**.
私は漬物にした野菜が好きです。

▷ **food**

food → **processed food(s)** → a sausage/sausages　ソーセージ
instant noodle　インスタントラーメン

例 There's a lot of **food** on the table.
テーブルにはたくさんの食べ物が並んでます。
→ ✕ foods 「食べ物」という全体像に輪郭を描く

　次のような情報のときは種類にフォーカスしているので「個」に輪郭を描きます。

例 I'm allergic to certain **foods**.
私は（特定の）いくつかの食品類にアレルギーがある。

▷ **bread**

bread → brown bread(s) → a roll/rolls　ロールパン
a bun/buns　ハンバーガーのパン

＊ bun は日本語だと 1 つでも「バンズ」と複数で呼んでいますね

a ham はどんなハム？

　パンとチーズの話をしたので、ハムのことも気になってきました。実は ham はチーズやパンと違って輪郭 a を描くことができます。

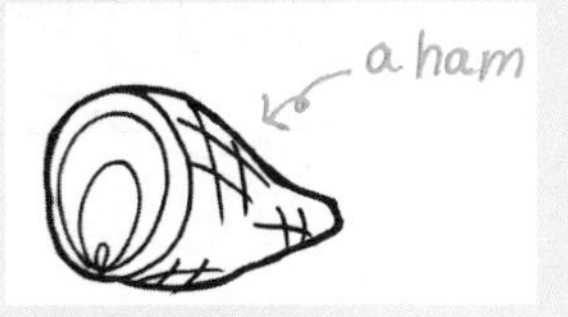

　この絵が a ham、つまり、1本のハムです。日本ではこの形で食卓に出てくることはないので、食生活の違いが感じられますね。

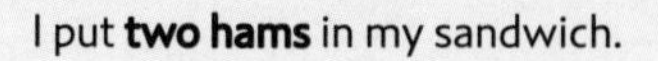

I put **two hams** in my sandwich.

というとこんな絵を伝えてしまいます。

伝えたいのはこちらです。

I put **two slices of** ham in my sandwich.

分類の仕方が少し異なるもの

▷ paper

日本人が描く「紙」　　英語母語話者が描く paper

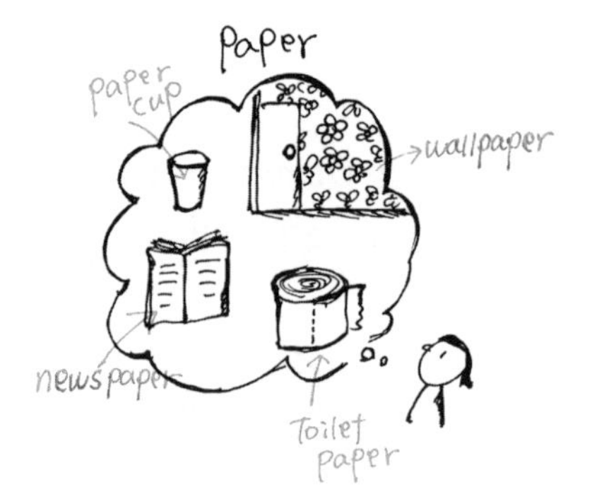

日本人が描く「紙」の絵は、英語母語話者にとっては、a piece of paper、a sheet of paper なのですね。よって paper も「紙類」と考えてみましょう。

例 Do you have **a piece/sheet of paper**? 紙１枚ある？

We shouldn't use too **much paper**. 紙を使いすぎてはダメ。

× many papers × a paper × papers

I went to Lawson to buy **a newspaper**.
ローソンに新聞を買いに行った。
→「新聞」は束になっているものを１つとして輪郭 a をつける

▷ **corn**

「とうもろこし２本」の絵はきっと全ての日本人が下のような絵を描きますが、思い出してください、英語には「本」と数える機能がありません。

○ two corn **on the cobs** cob: とうもろこしの穂軸

○ two **stalks** of corn stalk: 茎、幹

× two corns ←粒なのか丸ごとなのかが分からない

ケンタッキー・フライド・チキンのスティックに刺さったコーンは、"Corn on the cob" とメニューに書かれています。

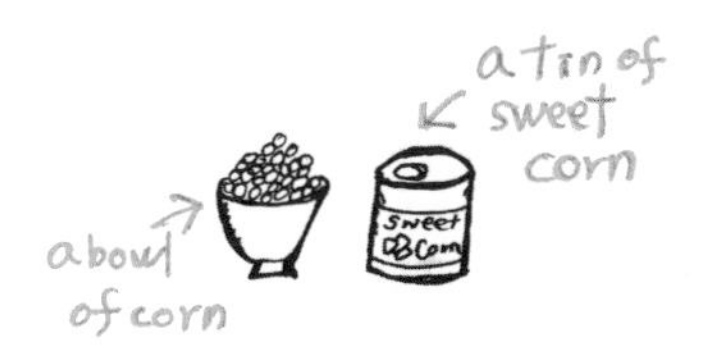

a cup of coffee とか a bag of apples とか a slice of ham とか、教科書で習っても、「英語を話す人は本当にこんな面倒ないい方をするのだろうか？」と不審に思っていた読者の皆さん、ここでちょっとその疑いが晴れたでしょうか。「絵に描けるようにする」、ここに全てのヒントがあります。

6 「機能名」か個か

先ほどの「分類名」と似たカテゴリー分けですが、今度は「機能名」か「個」か、にフォーカスします。

furniture 家具類　**jewellery** 宝石類　**equipment** 設備類
baggage 荷物類　**rubbish**（**garbage**）ゴミ類

これらは、**同じ機能でくくられた名称**であると考えてみましょう。

→これ全体で furniture　→これ全体で jewellery

「せーの」で皆が同じ輪郭を描くことができないので、輪郭 a をつけたり複数形にすることはできませんが、その「機能くくり」の中に属する個別名称は個々の輪郭を持っています。

機能全体名	→	個別名称
furniture	→	a chair/chairs
×a ×-s	→	通常は○a ○-s

「furniture= 家具」という紐づけはアンインストールし、全てに「類」をつけて認識するのがおススメです。日本語では「家具を 2 つ買った」ということができるので、furniture に -s をつけたくなりますが「家具類を 2 つ買った」だと違和感センサーが鳴りますね。

例 I have too **much** furniture.　家に家具類が多すぎる。

✕ many　＊数ではなくボリュームでカウント

I bought **a new table**.　新しいテーブルを買った。

個別の名称

I bought **a** nice **piece of furniture**.　家具類の中からステキなのを 1 つ買った。

✕ a nice furniture　piece に輪郭をつける

 How many **pieces of baggage** can I take on board?

→ ✕ baggages

機内に持ち込める荷物は何個ですか？

まとめ

・名詞の原形（辞書にのっている形）は輪郭を持っていない。

・a（an）で 1 つの輪郭が描かれる。輪郭を描く場所が、「個別」か「群れ（まとまり）」かに注意する。

・目に見える名詞の場合、「せーの」で皆が同じ輪郭を描けないものは、a をつけたり複数形にしてカウントはできない。

目に見えるもの／こと

「せーの」で皆が同じ絵を描けますか？

Yes

No

×a
×-s

a lot of
many
a few

a lot of
much
a little

肉体

by car
in hospital
move house
by hand

	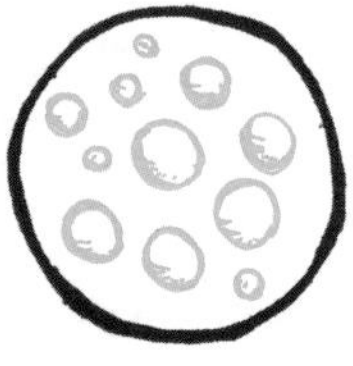	
定形なし	同種分類名	機能全体名
flour salt jam oil air ↓ 輪郭をつけて数えたいとき **a cup of** tea **a glass of** water **a jar of** jam **a pinch of** salt	fish bread cheese fruit food meat rice ↓ **a grain of** rice **a bag of** rice **a loaf of** bread **a slice of** bread	furniture baggage rubbish （米　garbage） jewellery money ↓ **a piece of** furniture **a lot of** money **a lot of** baggage

目に見えないもの／こと

いつも輪郭を描く

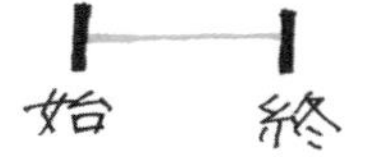

a cold

a break

a day

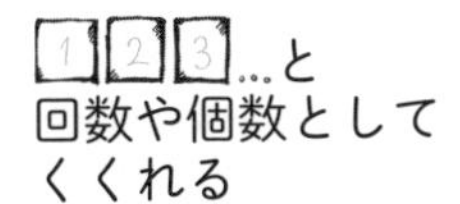

…と
回数や個数としてくくれる

a shower/bath

a diet

an exercise

形容詞という輪郭と共に

a cold wind

a long time

a vivid imagination

コンセプト（魂）か具現（肉体）かを使い分ける

魂 This is made of glass. → 物質

これはガラスでできている。

肉体 I broke a glass.

私はグラスを割った。

魂 Can you make room for me?

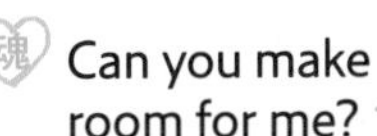

つめてもらえますか？

↓

肉体 The house has three rooms.

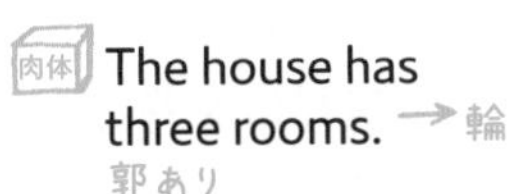

この家は３部屋ある。

コンセプト（魂）でしかないので肉体なし

weather

news

feedback

information

advice

evidence

homework

help

music

progress

scenery

luck

damage

fun

happiness

など

7 名詞は肉体と魂を持っている

なぜ、1つの名詞が【可算】になったり、【不可算】になったりするのか

辞書にのっている【可算】【不可算】という分類は、【可算】だと○○という意味で、【不可算】だと□□という意味に変わる、と分断して考えてしまいがちなので、次のように捉えてみましょう。

【可算】→その名詞の肉体→輪郭がある
【不可算】→その名詞の魂→輪郭はない

1つの名詞は、物質（＝肉体）、非物質（＝魂）という2つの側面を持っており、私たちは自然にこの2つを使い分けていますが、その区別のルールが日本語と英語では異なります。

例えば、「おふくろ」というのは母親の呼び方の1つですが、「おふくろの味」というときは、特定の「おふくろ」ではなく、「懐かしい」「思い出」などの「おふくろ」の**魂だけを借りている**わけです。「母の味」もこれと同じように使いますが、「母親の味」にしてしまうと、一気に具体像を帯びて、「自分の母親」を指しているように聞こえます。

「木のぬくもり」というときは、「どんな種類の木で何本だろう？」とは思いません。木々に囲まれたときの包容感という**木の魂を借りた表現**といえます。

日本語ならではの肉体と魂の区別の仕方が他にもあります。

「高い所に置く」というときの「所」は物理的な場所なので「肉体」を示し、漢字を使いますが、「難しかったところ」というときは、物理的な場所ではありませんので、ひらがなを使うことで、「魂」であることを示しているのですね。

例 広い**通り**を歩いた →肉体→漢字
教わった**とおり**にやる →魂→ひらがな

名詞の魂に宿る意味は、日本語と英語では異なる場合も多いです。「おふくろの味」をそのまま mother's taste にしてしまうと「母親の好み」を意味してしまいます。せめて the taste of mother's cooking というと意味としては成り立ちますが、日本語の「おふくろの味」が持つ魂と全く同じとはいえません。

日本ほど「母」と「料理」の関係が密接でないイギリスでは、「おふくろの味」というより、This tastes like home cooking.（これは家庭の味がする）と表現することが多いようです（状況次第では、「家で食べるのと変わらないので、お金を出す価値はない」のような意味合いを持つことにもなるので注意しましょう！）。

やはり、所変われば、ことばに宿る意味も異なるものですね。

英語の場合は**輪郭 a** が「肉体」と「魂」を区別する役割を担っています。

1つの名詞が持つ2つの側面

肉体 輪郭を描く必要があるとき →**物理的な情報**にフォーカス
→ ○a ○-s

魂 輪郭を描かない →成分、構成要素、手段など**内的な情報**にフォーカス→ ×a ×-s

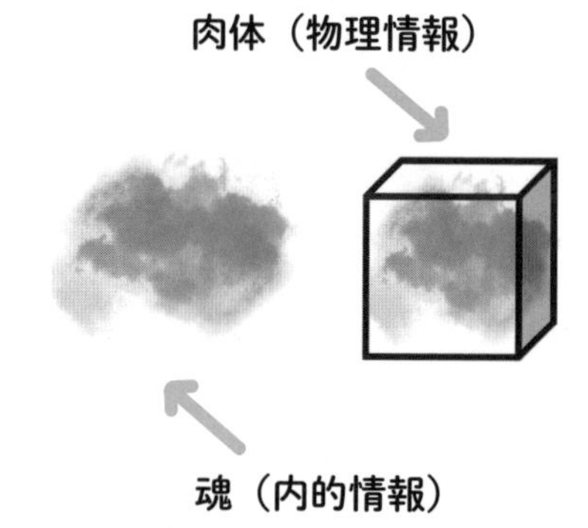

肉体の場合は輪郭aをつけることで【可算】であることを示します。魂はその逆で、aをつけたり複数形にしないことで、輪郭が描けないことを示します。

肉体 絵に描ける →○a ○-s
My house has two **rooms**.
私の家には2つ部屋がある。

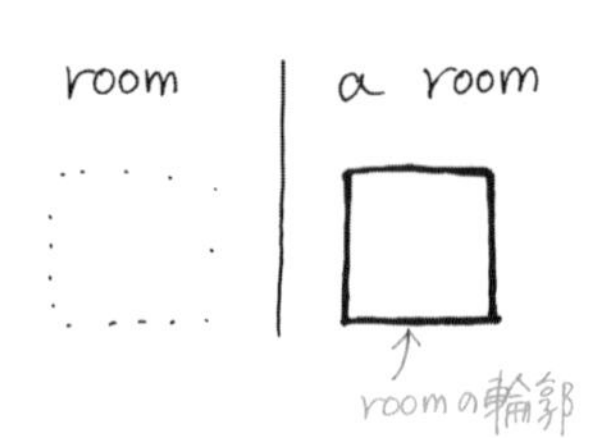

魂 絵に描けない →×a ×-s
There is still **room** in my suitcase.
スーツケースにまだものを入れる余裕がある。

There's no **room** for doubt.
疑いの余地はない。

肉体 絵に描ける → ◯ a ◯ -s

My parents own **a farm**. 両親は農場を経営している。

Hokkaido has many **farms**. 北海道にはたくさんの農場がある。

魂 絵に描けない → ✕ a ✕ -s

"**Farm** to **table**" is our slogan. 私たちのスローガンは「農場からテーブルへ」。

→「生産者から消費者へ」という魂（コンセプト）なので輪郭はつけない

名詞の魂は輪郭なし、肉体は輪郭を持つ

身近な名詞を例に、その肉体と魂の関係を見てみましょう。

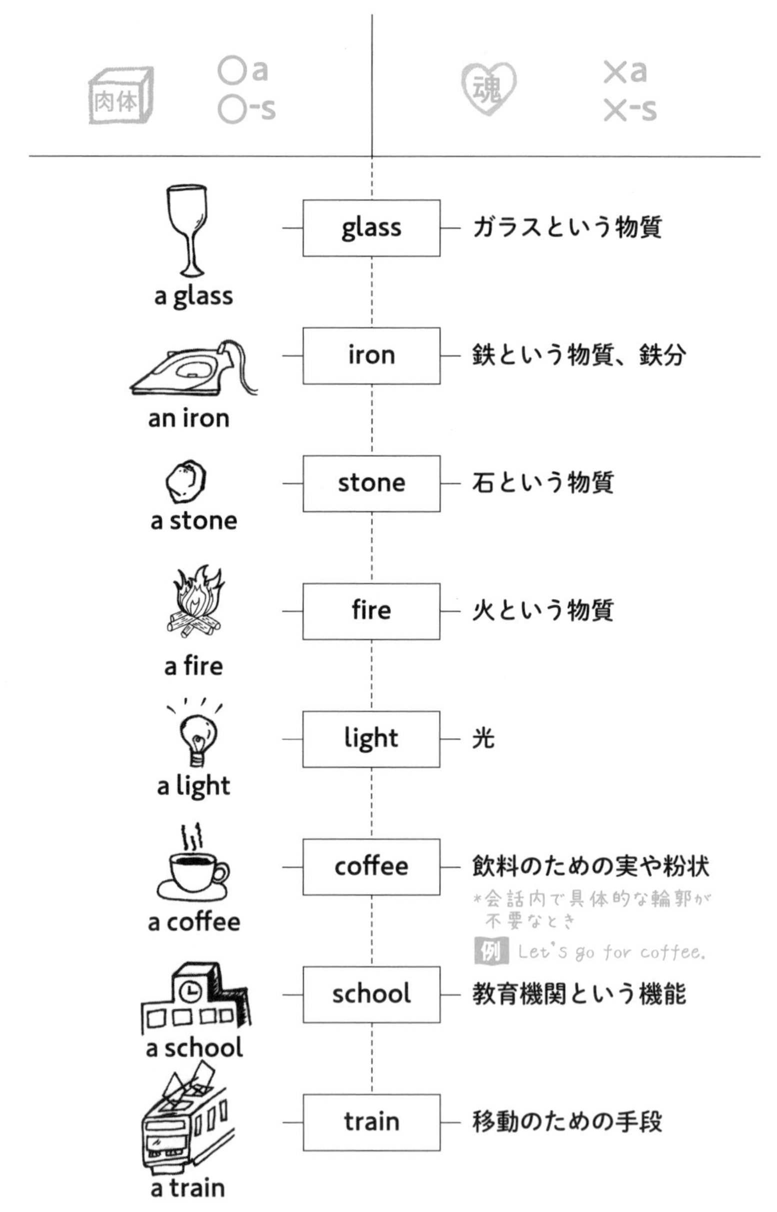

8 <形がある もの> 魂にフォーカスするから輪郭なし

先に見た例では、「iron の肉体はアイロンで、魂は鉄という物質」というように比較的はっきりと用途が違いました。日本語でもアイロンをかけるときに「鉄をかける」と間違えることはないのでチューニングしやすいですが、中には、それが分かりにくいものがあります。

「**電車**を２回乗り換えた」「**電車**で通勤している」のように、日本語では全く区別しないので意識することはありませんが、英語では輪郭をつけるかつけないかで肉体と魂を区別するのでしたね。

▷ **train**

肉体 I took **two trains** to get here.　ここに来るのに電車を２本乗り継いだ。

→輪郭がある物理的乗り物

魂 I go to work by **train**.　電車通勤している。

→交通手段。その機能という「内的」情報にフォーカス→輪郭なし

▷ **hand**

肉体 I should wash my **hands**.　手を洗わなきゃ。

→肉体的な両手、輪郭が必要

魂 Did you knead the dough by **hand**?

この生地、手ごねした？

→ by machine と対比した手段、魂だけでよい

▷ coffee

肉体 Would you like **a coffee**? コーヒー（1杯）飲みますか？

→ a cup of coffee でも OK

魂 I have **coffee** every morning. 私は毎朝コーヒーを飲む。

→「紅茶やジュースではなくコーヒー」ということが伝わればよいので、魂だけでよい

▷ school

肉体 There are **three schools** in this area. このエリアに学校が３つある。

→物理的に輪郭がある建物

魂 My son is leaving **school** next year. 息子は来年、教育が終わる（社会人になる）。

→「教育」という魂部分にフォーカス

▷ hospital

肉体 They are building **a new hospital** here. ここに新しい病院を建てている。

→輪郭がある建設物としての病院

魂 My dad is in **hospital**. 父は入院中。

→入院中 → 目的にフォーカス → 輪郭がなくてもよい

🇺🇸 : in the hospital でも OK

▷ bed

肉体 I bought **a** new **bed**. 新しいベッドを買った。

→輪郭がある物理的なベッド

魂 I need to go to **bed** soon. もうすぐ寝なきゃ。

→「寝床」という魂 → 布団でもよい

▷ house

肉体 We bought **a house**.

→輪郭あり

魂 We are moving **house**.

（まもなく）引っ越しをする

→家の魂だけを move する→引っ越し

✕ We are moving a house.

今後英和辞書で、１つの名詞に【可算名詞】【不可算名詞】の両方を見つけたら、【肉体】【魂】と置き換えてチューニングしてみてください。少し違った角度から名詞を眺めることができると思います。

a chicken と chicken も　肉体と魂

Google 画像検索で "a chicken" と入れるとこのような画像が出てきます。

「名詞に a をつけることができる＝**「せーの」で皆が同じ輪郭を描ける**」ということでした。つまり、a chicken というと「ニワトリ」の絵を描くことができますね。

次に、“chicken” と入れて画像検索してみましょう。下のような絵や写真が出てくると思います。

色々な形があり、「せーの」で皆が同じ輪郭を描けないことが分かります。その場合は、鶏肉になります。

＊丸ごと調理するときの鶏肉は、a whole chicken、whole の方に輪郭を描きます

例 We used to keep a lot of **chickens** at school.　昔学校でニワトリをたくさん飼っていた。

→同じ輪郭×複数

I put two **pieces** of **chicken** in the salad.　サラダに 2 切れの鶏肉を入れた。

→ piece に輪郭を描く

I like **chicken** more than beef.　私は牛肉より鶏肉の方が好き。

→ chicken と beef どちらも、食べ物になると形状は様々なので 1 つの輪郭は描けない

比較→：I like **chickens** more than rabbits.　うさぎよりニワトリが好き。

→同じ輪郭×複数

＊日本語は「鶏肉」と「ニワトリ」と区別できるので、英語の気持ちが分かりにくいですね

9 <形がないもの>コンセプトは輪郭を持っていない

ここからは、目に見えない名詞の輪郭をどう描いたらよいのかを見てみましょう。目に見えない名詞は、状態、事情、現象、関係、行為、思考、感情などを幅広くカバーします。目に見える名詞と同様に、やはり辞書にはほとんどの場合【可算】【不可算】と両方が記載されています。

▷ **wind**
【可算 or 不可算 / 肉体】風、強風、台風（量を表すときは不可算、種類を表すときは可算）

【不可算 / 魂】げっぷ、おなら

▷ **difficulty**
【可算 / 肉体】困ったこと、難事
【不可算 / 魂】困難、難しさ、難局、困った状況 ＊ジーニアス和英辞典第4版より

目に見えない名詞の場合、その**魂**とは**コンセプト**であり、**肉体**はその**コンセプトが形を持ったもの**と考えてみましょう。

「このホテルのコンセプトは南国の島です」といった場合、このホテルは南国の島が持つイメージ（魂）を形にしたものである、ということになりますね。

魂・コンセプト

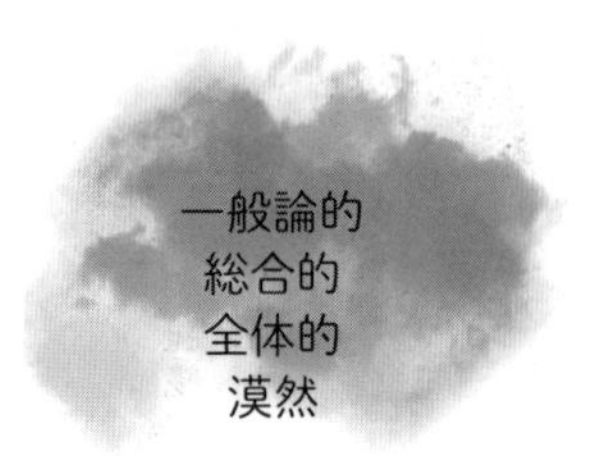

肉体
コンセプトの具体化

輪郭を描けないもの／こと・魂しか存在しない　✕a　✕-s

まずは、絶対に輪郭を持たないものから見てみましょう。これらの名詞は肉体がなく、魂しか持っていません。つまりそれは、**具体化はできない、コンセプト（魂）**であることにチューニングしましょう。

＊【原義】は全てジーニアス英和辞典第４版による

▷ **weather**
コンセプト：天の気

例　I don’t like having picnics in wet **weather**.
雨の日にピクニックはしたくない。
→✕ in a wet weather

▷ **news**
コンセプト：新の集合　＊sがついているが、ひとくくりで捉えるので常に単数として扱う

例　There was a lot of/so much sad **news**.　たくさんの悲しいニュースがあった。
→✕ many

I have **an** interesting **piece of news** for you.
あなたにおもしろいニュースが１つある。
→輪郭 a は piece につける　✕ an interesting news

-s で終わるが単数として扱う単語

学問名	運動系
economics 経済学	aerobics エアロビクス
linguistics 言語学	athletics 陸上競技
politics 政治学	gymnastics 器械体操
physics 物理学	

例 Economics is a very interesting subject. 経済学は興味深い教科だ。
Aerobics makes me feel good. エアロビクスをすると気分がよい。

▷ feedback

コンセプト：feed（餌などを与える）+ back

例 I got **a lot of** positive **feedback** about my book.

私の本にたくさんのポジティブな反響があった。

→ 自分の餌となり返ってきたものがたくさんある。「良い／悪い」ではなく、positive/negative で形容することにもチューニング

We are always happy to receive **feedback** from our listeners.
視聴者からの反響があるのはうれしい。

→ listeners は複数だが feedback はそのまま

▷ information

コンセプト：報じられた知識

例 Do you have **any information** about the meeting?
この会議に関して何か知ってることある？

I read **an** interesting **piece of information** in the newspaper.
新聞であるおもしろい情報を読んだ。

→ 輪郭 an は piece につける ✕ an information

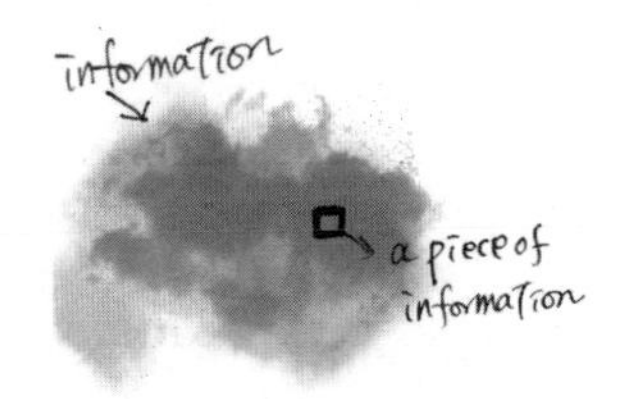

▷ **advice**

コンセプト：助ける言

例 Can you give me some **advice** about buying a house?
私が家を買うのに何かアドバイスをもらえない？
→ × advices

▷ **knowledge**

コンセプト：知と理　＊a がつくこともある、× -s

例 We need to share traditional **knowledge** with young people.
若者と伝統的な知識を共有すべき。

比較→ He has **a** rich **knowledge** of Japanese culture.
彼は日本文化についての知識が豊富。
→形容詞がつくことでそれが輪郭を作る（87 ページ）

▷ **evidence**

コンセプト：明らかな証

例 We'll need more **evidence** to give you a good grade.
あなたによい成績をつけるにはもっと証明するものが必要だよ。

One piece of evidence is not enough.　証明するものが 1 つでは足りない。
× One evidence

▷ **homework/housework/overwork**

コンセプト：自分の務め

例 My son has **a lot of homework** every day.
息子は毎日宿題がたくさんある。
→家庭での務め　× so many homeworks

I have **three pieces of homework** today.　今日は宿題が 3 つある。
× three homeworks

比較→ assignment　＊主に 🇺🇸

「課題」という具体像で、個々に輪郭を描きます。
I have **a** history **assignment.**　歴史の課題が 1 つある。

A lot of people get ill through **overwork.** 多くの人が過労で病気になる。

→ ✕ overworks

I have a lot of **housework** to do. 家事がたくさんある。

→ 家にまつわる務め ✕ houseworks

▷ **help**

コンセプト：手での助け

例 Do you need (some) **help**? 手を貸しましょうか？

→ some は数ではないので OK ✕ a help

I should have asked for **help** at that time. あのとき助けを求めるべきだった。

→ ✕ helps

▷ **music**

コンセプト：楽しい音

例 This is **a** beautiful **piece of music** これは美しい曲だ。

→ 数を示したいときは piece に輪郭をつける ✕ a music

I like a lot of different genres of **music**. いろんなジャンルの音楽が好きです。

→ ✕ a lot of musics

比較→ song

I don't know **many songs**.

→ 歌は 1 曲、2 曲と輪郭が明確

▷ **progress**

コンセプト：前へ進む

比較→ advance

どちらも「進歩」「前進」という日本語が対応するので混同しがちですね。

【原義】: progress 前へ（pro）＋歩く（gress）

advance 離れて（adv）＋前へ（ance）

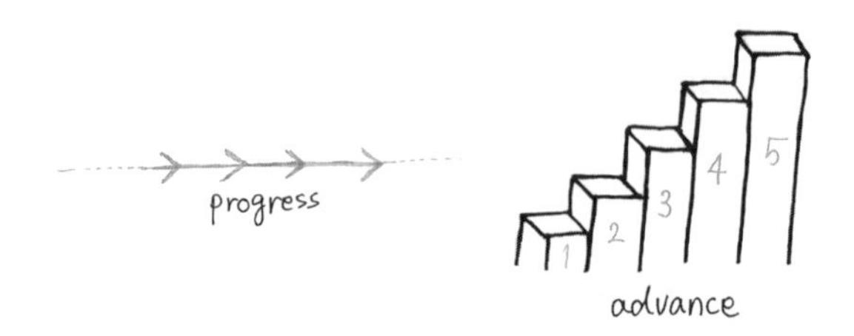

progress は「前に進む」という**コンセプト**なので輪郭は描けませんが、**advance** は「離れて」進むので、1つ1つの前進をくくることができ、それが**輪郭**になります。学習でも、ある一定のことが完結してから「アドバンスト」クラスに進みますね。

例 Your recent **progress** in English **is** impressive.
最近のあなたの英語の前進ぶりは素晴らしい。
→ぐんぐん前に進んでいる。輪郭はない

Recent **advances** in AI technology **are** excellent.
近年の人工知能の様々な進歩は素晴らしい。
→過去と分離して進んでいき、複数の分野があるので個々の輪郭が描ける

▷ **scenery**
コンセプト：目に映る自然の様子

例 The Japanese countryside has beautiful **scenery**.
日本の田舎の景色は美しい。

比較→ view

I stayed in a room with **a view.** 眺めのよい部屋に泊まった。
→「窓から見た眺め」という輪郭に収まっている

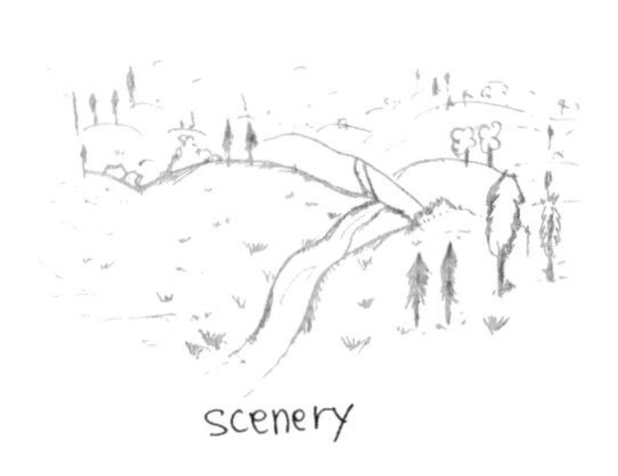

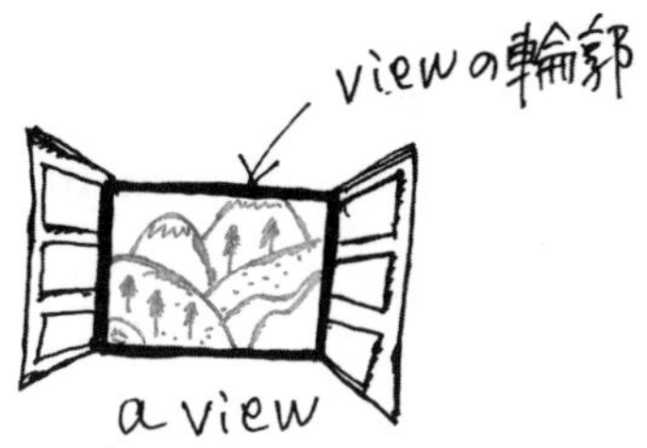

▷ **luck**

コンセプト：運ばれてくる幸

例 I've had lots of good **luck** in my life.　私の人生は幸運に恵まれている。

→ 輪郭 a は lot につける　✕ lucks

▷ **damage**

コンセプト：損と害

例 Strong winds caused serious **damage** in the area.

→ ✕ damages

幾度とない強風がその地域に被害を及ぼした。

▷ **fun**

コンセプト：楽と笑

例 I had great **fun** at university.　大学生活はすごく楽しかった。

→ 大学時代、「楽と笑」というコンセプトをもっていた　✕ a fun

比較 → pleasure

Coffee is one of my few **pleasures**.

コーヒーを飲むことは私の数少ない楽しみ（な行動の）１つです。

→ 「喜びを感じる行動」という輪郭を持つ　◯ a ◯ -s

以下のような感情は全てコンセプトであり、輪郭は持ちません。

happiness　sadness　anger　fear　love

▷ その他のコンセプト　✕ a ✕ -s

money 金銭　**safety** 安を全うすること

intelligence 知に基づく能力　**electricity** 電気の力

10 <形がないもの>に輪郭を描く・2つの法則

ここからは、**目に見えない名詞に輪郭を描く場合**を見てみましょう。規則性を目安にすることができます。

法則① 始まりと終わりが輪郭になる

始まりと終わりが明確な事がらは、それが輪郭になってくれます。

day（日）、month（月）、year（年）と同じように考えましょう。

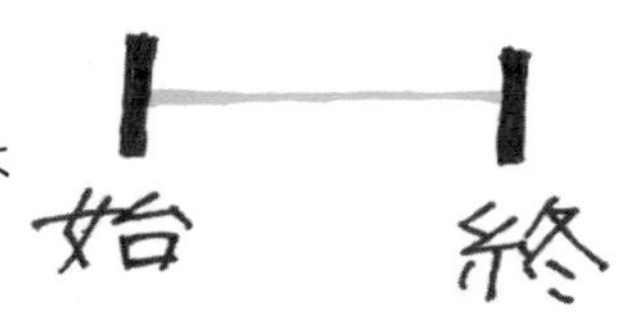

例 I had **a day** off.　1日休みだった。

以下は「**始まりと終わり**」という輪郭を持っていますので、いつもaが必要です。

▷ **time**

例 I slept for **a** long **time**.　長い時間寝た。

→「ここからここまで」とtimeに輪郭を与える→ a long period of time

▷ **smile**

例 She has **a** lovely **smile.** 彼女は素敵な笑顔の持ち主。
→いつもスマイルしているわけではないので、始まりと終わりがある

▷ **break**

例 Have **a break**, have a Kit Kat.
→ブレイク（休憩）に始まりと終わりがある

▷ **stop**

例 We'll make **a** brief **stop** at Shinagawa. 間もなく品川に一時停車します。
→終点でない限りstop（停車）には始まりと終わりがある

▷ **hurry**

例 I'm in **a hurry.** 私は急いでいる。

▷ **cough**

例 You've had **a cough** for more than three weeks.
あなたの咳の症状は3週間以上続いている。
→咳を1回ではなく、咳という症状

▷ **cold**

例 I've got **a cold.** 風邪をひいている。
→ひいてから治るまでを一区切りにできる

同じく「始めと終わり」で区切ることができる例
I have a fever. 熱がある
I have a sore throat. のどが痛い
I have a headache/stomachache. 頭痛／胃痛

比較 → ✕ a

I had COVID-19.

→ COVID は頭文字を取った造語なので固有名詞のように扱う

I had **the** flu.

→ 通常はその年に流行する型が決まっているので the で限定する
I had flu でもよい

My diabetes is not serious.　私の糖尿病は深刻じゃない。

このように s で終わる病名は、全て輪郭は描かず、単数として扱います。
measles 風疹　mumps おたふく風邪　rabies 狂犬病

▷ **boil**

例 Bring water to **a boil.**　（料理番組などで）お湯を沸騰させてください。

→ 始まりと終わりがだいたい分かる

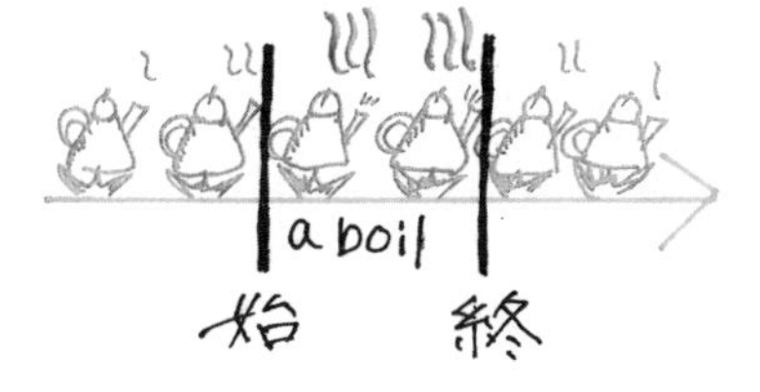

▷ **tan**

例 You have **a** nice **tan.**　良く日焼けしてるね。

▷ **relationship**

例 We are in **a relationship.**　私たちはつき合っている。

→ いつかは終わるもの?!

比較→ 同じ単語での輪郭を描くときと描かないときの違いを、「始まりと終わり」に注目して見てみましょう。

▷ speech

例 I made **a** short **speech** at the ceremony.　その式典で短いスピーチをした。

→始まりと終わりがある→輪郭あり

Children usually develop **speech** between one and two years of age.
子どもは通常１～２歳で言葉を発するようになる

→一般的な意味での「話すこと」というコンセプト→輪郭なし

▷ noise

例 Did you hear **a noise** last night?　昨日の夜、物音を聞いた？

→始まりと終わりがある→輪郭あり

There was too **much noise** in the cafe. I couldn't do any work.
そのカフェはうるさくて、しごとができなかった。

→輪郭なし

▷ silence

例 There were a lot of uncomfortable **silences** at my job interview.
面接では、ぎこちない沈黙が何度もあった。

→始まりと終わりの輪郭あり

I'm afraid of **silence.**　沈黙が怖い。

→漠然としたコンセプト→輪郭なし

法則② 1,2,3……. とくくれるので、境界線が輪郭になる

▷ shower/bath

例 I had **a shower/a bath.**　シャワーを１回浴びた / お風呂に１回入った。

→回数でくくる

▷ allergy

例 I have **an allergy** to cats.　猫アレルギーがある。

→複数のアレルギーを持っていることもある

▷ diet

例 I'm on **a diet.**　食事療養中。

→炭水化物抜き、砂糖抜きなどの「ある１つの種類」や「ある期間」とくくれる

▷ refund

例 I want to cancel my booking. Can I get **a refund**?
予約をキャンセルしたいのですが、返金してもらえますか？

→「払った分の金額」と１つにくくれる

▷ **discount**

例 Can I get **a discount**? 割引してもらえますか？

― Okay, we can offer you **a 10% discount**.
そうですね、10%引きはいかがですか？

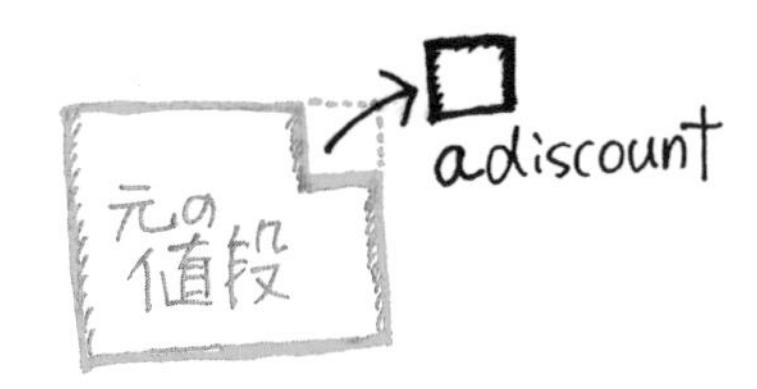

比較→同じ単語でも、輪郭を描くときと描かないときの違いを、数などの「**くくり**」に注目して見てみましょう。

▷ **culture**

例 There are various **cultures** in the world.
世界には色々な文化がある。
→それぞれの文化を個別にくくれる→輪郭あり

Culture affects our thinking.
文化というものは私たちの考えに影響を及ぼす。
→一般論なのでコンセプト→輪郭なし

▷ **difficulty**

例 If you have any **difficulties** understanding the documents, please let me know. この書類で分からない箇所があれば、お知らせください。
→理解できない箇所を数でくくれる

I had **difficulty** making friends at school. 学校で友達を作るのは苦労した。
→漠然とした情報なのでくくれない →「苦しみ」というコンセプト

▷ **memory**

例 This song brings back **memories.** この音楽を聞くと昔をあれこれを思い出す。

→個別にくくり、数えることができる→いくつかの思い出

I sang from **memory.** 記憶を頼りに歌った。

→「記憶」というコンセプト

▷ **exercise**

例 I did a lot of spelling **exercises.** 何度もスペリングの練習をした。

→回数や頻度でくくれる

I don't do regular **exercise.** 定期的に身体を動かしていない。

→身体を動かすというコンセプト

▷ **wind**

例 **A** cold wind started to blow in the evening.
夕方、冷たい風が吹き始めた。

→ cold という形容詞が輪郭をつくる

Wind can be used to generate electricity.
風は発電に利用することができる。

→「風」というもの全般

▷ **risk**

例 Let's leave early for the airport. We don't want to take any **risks.**
何かあると困るので、空港へは早めに出発しよう。

→電車が遅れる、乗り間違えるなどを想定→具体的にくくれる

You can leave your bicycle here **at your own risk.**
自己責任でここに自転車を置いて行ってよいですよ。

→「リスク」というコンセプト

その他目安になる傾向

»1. 境界線がキーである事がら

輪郭は、内と外を区別するための境界線です。コンセプトに輪郭をつけることで、「境界線の外は違うものである」という認識が明確になるので対比しやすくなります。

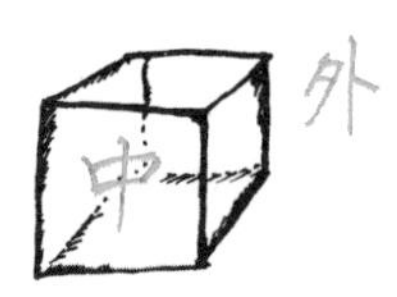

▷ **waste**

コンセプト：無駄に費やす

輪郭 a をつけてくることで、「浪費ではないこと」との境界線にしている、と考えてみましょう。

例 Cooking is **a waste** of time.　料理は時間の無駄だ。

→ここからここまでが「無駄に費やすこと」でそれ以外は違う、という明確な境界線

The government should reduce **waste** in the ministries.
政府は各省庁の無駄を省かなければならない。

→漠然とした「無駄なこと」全般

▷ **effort**

例 I've made **an effort** to drink less.　飲み過ぎないように努力した。

→そのための「努力」は、ここからここまで、とくくる

You can't achieve **success** without **effort**.　頑張らなければ成し遂げられない。

→どちらも一般的なコンセプト

»2. 形容詞は輪郭を作る

法則とはいえないまでも、傾向の１つとして、目に見えない名詞が**形容詞を伴うと輪郭ができる**、ということがあります。

形容詞とはその名の通り、**容**姿を**形**作るものです。名詞を入れる器のような働きをしますので、**特定化**され、輪郭が明確になります。

ただし、中にはａで１つの輪郭をつけることができても、それを複数にはできない名詞もありますので注意しましょう。

例 Many houses were damaged by the **strong winds**.

→風は目に見えないが、「強風ではない風」と区別し、その強風が何度も襲ってきたことをカウントしている

He has **a good knowledge** of Japanese culture.
彼は日本文化についてよく知っている。

→「知と理」というコンセプトである knowledge が good という器に入ることで輪郭を持つ

He has **many knowledges** about Japanese culture.

→複数形にはできません

▷ imagination

例 My son has **a** very **vivid imagination**.

息子はとても豊かな想像力を持っている。

→「想像力」のタイプを vivid（鮮やか）という容器に入れ、輪郭ができる

比較→ I'm cooking the same dishes every day. I need to use my **imagination** more.

毎日同じものばかり作っているから、もっと想像力を働かせなきゃ。

✕ My imaginations

▷ feeling

例 I have **a bad feeling** about my test.

（既に受けた試験の結果について）嫌な予感がするんだよね。

→bad という器に入ったので輪郭ができる

比較→ Do you have **any feeling** in your injured arm?

ケガした腕に感覚はありますか？

→魂のみ＝神経に感じる感覚

Cats have **feelings**.　猫も喜怒哀楽がある。

→感情別にくくる

ここまで見てきた全ての法則に当てはまるのが time です。

▷ time

例 Do you have **time** this afternoon?

今日の午後時間ある？

→輪郭でくくれない time。空間に対しての「時」というコンセプト

I go to the gym three **times** a week.
私は週に 3 回ジムに行く。
→回数としてくくる

We had **a lovely time** on the beach.
ビーチで楽しいひとときを過ごした。
→形容詞 lovely の器に入り輪郭ができる

Part 2

a と the・ズームアウトとズームインの世界

1 「あなた」と「私」がのぞく共通フレーム

ここではtheという輪郭にチューニングします。

まず、下のクリスマスツリーで、a、the、some、anyの全体像を見てみましょう（someとanyの詳細はPart3で扱います）。

▷ **a ball**

この絵のなかの**a ball**は、理由があって特定のものを選んだわけではなく、どれでもよいのです。aという輪郭をつけることで、「飾りボールはたくさんあるけど、**その中からどれでもいいので1つ**」と聞き手に伝えることができます。

▷ **the star**

てっぺんに1つだけ輝く星です。「星はどれ？」といったときに、そこにいる人が**皆で同じものを指さすことができる＝特定できる**、ということを教えてくれる輪郭です。

a star とすると、星が複数あり、その中の1つという情報になるので、皆が同じものを指させません。

▷ **some balls**

いくつかのボールを囲んであります。1つや全てでないことは確かですが、特に数は問いません。**ぼんやりいくつかを囲みます。**

▷ **any ball/balls**

いくつかのボールが選択され、全てに **or** がついています。「どれでもいいから1つ取って」の場合は any ball 、「どれでもいいから3つ取って」の場合は any three balls と、数により名詞の単数 / 複数を対応させます。**聞き手に選択肢を与えている**のがポイントです。

the, some, any は数のくくりではないので、どんな名詞にもつけることができます。

例 Can I have some water, please?　水をいただけますか？

→量を明示する必要はない

Do you have any questions?　何か質問はありますか？

→どんな質問でも、いくつでもよい

▷ **数ある中から絞り込むとき**

家族でクリスマスツリーの飾りつけをしていたとします。長い紐がついている飾りボールがいくつか（1つでもよい）あり、そのうちの1つを手渡して欲しいときは、こう頼むでしょう。

Can you pass me **the** one with a long string?

the は「これから条件を絞り込むよ」という**限定**の合図になってくれるので、その後にその条件＝長い紐がついている、が続きます。

このように、名詞の輪郭である a や the は相対的に決定するので、まずは、「あなたと私が何を見ているのか」という**フレームを定める**ことから始まります。先の例の場合は、話し手と聞き手は、「目の前にあるクリスマスツリーとその飾り」＝「**一緒にいる空間というフレーム**」を共有していることになります。

2つの「定」にチューニング

クリスマスツリーの説明で、「**特定**」と「**限定**」ということばを使い分けました。the は**定**冠詞と呼ばれるくらいですから、「特定」と「限定」は the を身体感覚として身につけるためのキーワードです。

特定→話し手と聞き手が「あれね！」と全く**同じものを指させる**
限定→話し手と聞き手は同じものを指させないが、他と区別するために**絞り込んでいる**

この定義が曖昧なために、「the ＝皆が同じものを指させる場合のみ」

と誤解している学習者はとても多いのです。これだと「特定」という1つの「定」しかカバーしていないことになります。

これから何度もこのキーワードが出てきますが、「特定」と「限定」という2つの「定」にしっかりチューニングしましょう。

では次に＜輪郭のない複数形＞を含めて、一段階抽象度を上げたチューナー図を見てみましょう。

2 6つの＜チューナー図＞ ズームアウトのa・ズームインのthe

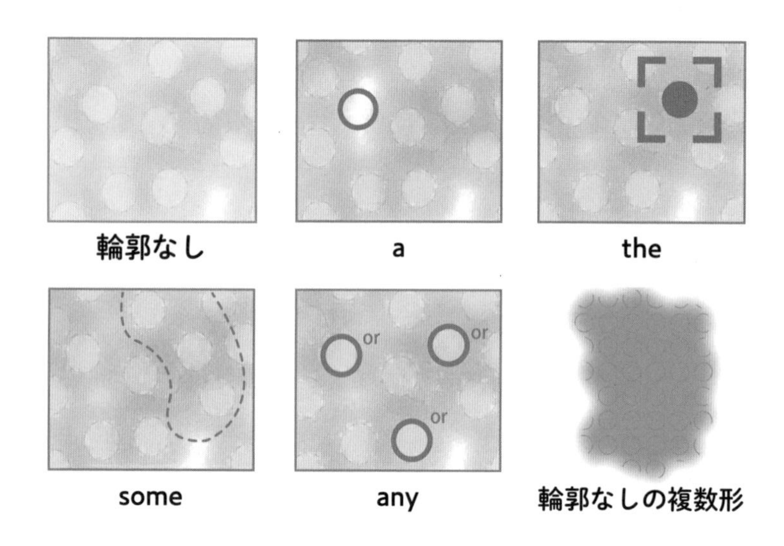

theについている枠を「フォーカス枠」と呼ぶことにします。カメラでフォーカスを絞るときのイメージです。例文と、このチューナー図を何度も行き来しながら、チューニングしていきましょう。

ズームアウトのa・ズームインのthe

「aとtheは相対化して見る」ということを先にお伝えしましたが、ここではそれを、**ズームアウト**と**ズームイン**という視点で見てみましょう。

ズームアウト・a

とても大きいフレームで捉える。全体的にぼんやり。その中に収まっている同じ名のつくものから、**どれでもいい**ので１つに輪郭をつける。

ズームイン・the

話し手と聞き手の共通フレーム内で、両者が**特定**または**限定**できる対象に**フォーカス枠**を合わせて、一緒にズームインする。

名詞の輪郭 a・the を考えるときの４つの柱

1. 英語は、**話し手と聞き手が同じ絵を描ける**ようにことばの交換をする

2. 名詞の原形は輪郭のない魂。**a、the などの輪郭をつけて初めて絵に描くことができる**

3. 輪郭 a

特定 / 限定なし

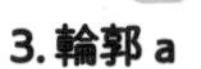

: **ズームアウト**
同名称のものならどれでもよいので１つに輪郭をつける

4. 輪郭 the

特定 / 限定あり

キーポイント : **ズームイン**
特定/限定しないと、話し手と聞き手が情報共有できない

3 話し手と聞き手の共通フレームは、都度切り替わる

大きなフレーム内で情報を紐づける

An apple **a** day keeps **the** doctor away. 1日1個のりんごは医者を遠ざける。

りんごは健康によいということを表した、よく知られるフレーズです。apple と day は特定/限定しないので、とりあえず1つずつ輪郭を描いてね、という指示が an apple と a day です。

一方、doctor には the というフォーカス枠がついていますが、これを伝えている相手は不特定多数ですので、とても大きなフレームをのぞいていることになります。ドクターを「○○医院の○○医師」とは特定できません。

ではなぜこの doctor に the がつく必要があるのかというと、この文はこのように考えることができます。

If you eat an apple a day, **it** keeps the doctor away.

つまり、このドクターは<りんごを食べるのはあなた→だからあなたが絞り込んだドクター>ということですね。

よってこの doctor につくフォーカス枠は**絞り込んで限定**するという

しごとをしています。つまり、皆が同時に指させる「特定」のドクターである必要はない、ということです。

もしこれが a doctor だったら、「あなたとは紐づいていないどこかの医者」になってしまうのですね。

会話の相手と一緒にフレームを切り換える

一方、家の中では 2 人は同じ空間にいるので、それが 2 人にとっての**共通フレーム**になります。

例 子ども：Mum, can I eat **the apple** ？　お母さん、あのりんご食べていい？
母：Of course you can . もちろん。

そしてそのフレーム内で、「apple といえばあのことね」と**お互いが指させる**という条件のもとで、その apple にフォーカス枠 the をつけることができます。

もし、聞き手である母親が、子どもが示しているフォーカス枠つきのりんごがどれなのかが分からない場合は、一緒にズームインができません。

例 母：What apple are you talking about?
りんごって何のこと？うちにりんごなんてあったっけ？
子ども：I'm talking about **the apple** on **the kitchen table**.
台所のテーブルの上にあるりんごのこと。

今度は「台所のテーブル」というフレームが指定されたので、母親はそこに（頭の中で）ズームインします。ここで、フォーカス枠が子どもと共有されました。

話し手の指示でズームインしようとしても、実はその指示がピントの合わないものであったなら……

例　母：Oh, that's not **an apple**, that's **a pear**.
あーあれね、あれはりんごじゃないよ、梨だよ。
→ズームアウトして、特定／限定しないりんごと梨の輪郭が１つずつ描ければよい

このように、まるでテレビカメラのように、話し手と聞き手の共通フレームは切り替わっていき、その中でズームインしたりズームアウトしたりします。

もし「吾輩は猫である」が「吾輩が猫である」だったら…

夏目漱石の「吾輩は猫である」の英語翻訳版タイトルは、" I Am a Cat" です。物語の主役なのだから the cat ではないのだろうか？と思ってしまうかもしれません。

この小説の冒頭はこうです。「吾輩は猫である。名前はまだ無い。どこで生まれたかとんと見当がつかぬ」。この部分を頭の中で絵に描いてみると、チューナー図の a に近く感じませんか？

もし日本語タイトルが「吾輩**が**猫である」だったら、"I Am **the** Cat." になっていたかもしれません。

日本語では「～は」と「～が」が、a を the の区別に似た働きをすることがあるのですね。

4 話し手と聞き手の共通フレーム・舞台はこう切り替わる

では次に、話し手と聞き手に共通するフレームについて詳しく見ていきましょう。

このフレームは、「**お互いの共有空間**」という最少のフレームから、「**世界のファクト**」にまで広がります。しかも実際の会話においてこのフレームは、まるでテレビの撮影のようで、1カメから3カメに切り替わったと思ったら、今度はドローンから撮影したようなフレームへと、素早く切り替わっていきます。

特定・一緒に指さしズームイン

明らかな共有情報というフレーム

①既に登場済み

I saw a cat. The cat was cute.

② 同じ時空間にいる

What is the time?

③特定できる条件がある

Can you get the usual milk?

④分割すると境界線ができる

I cried at the end of that film.

カテゴリー別というフレーム

①公共性や共通認識度が高い

I went to the supermarket.

②カテゴリー別に区分して認識

I play the piano.

存在として唯一というフレーム

①唯一の存在

the Japanese government

②地図という世界共通フレーム

the Sea of Japan

③ 世界共通のファクト

The Internet has changed the world.

限定・絞り込みズームイン

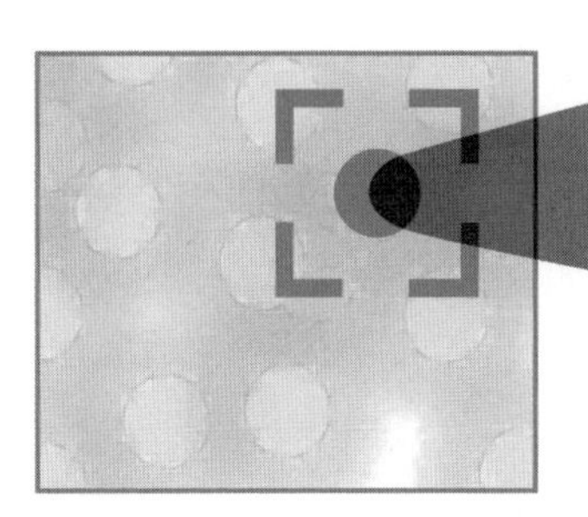

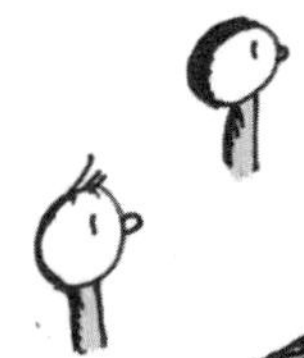

**情報の紐づけという
フレーム**

情報を絞り込むための紐づけ

- I forgot to put the milk in the fridge.
- My sister grabbed me by the arm.

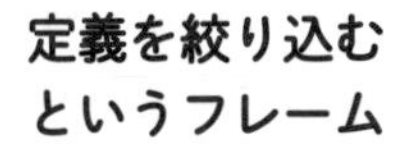

**定義を絞り込む
というフレーム**

①「これから説明して限定するよ」の合図

What is the weather like in Japan?

②コンセプトは広いので一定の枠で限定

The police act to keep the peace.

**同じグループという
フレーム**

ひとくくりにしてズームイン

- We invited the Moriyas for Christmas dinner.
- The rich should pay more tax.

1. 明らかな共有情報というフレーム内で、迷わず特定・一緒に指さしズームイン

»1. 既に登場済みなので、一緒に特定ズームインできる

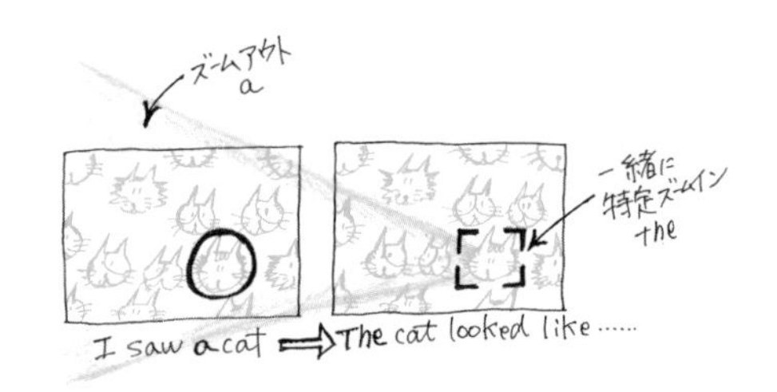

例 I saw **a cat** near my office. **The cat** looked exactly like my cat.
① ②
会社の近くで猫を見かけた。その猫はうちの猫にそっくりだった。

① **a cat**：この猫は偶然視界に入ってきたので、ここでは**ズームアウト**。a cat ということで、「猫と呼べるものならどれでもいいので輪郭を１つ描いて」と聞き手に指示を出します。
② **the cat**：これは多くの方が自信をもってズームインできたと思います。①のズームアウトの段階で１つの輪郭を描いていた a cat の話題を続けたいので、フォーカスをその **cat** に**絞り込んでズームイン**します。

＊このときは it でも OK。性別に自信があれば He や she にもできます

»2. 同じ時、空間にいるので、一緒に特定ズームインできる

話し手と聞き手が同じ空間にいるときは、その共有空間というフレーム内で、一緒に「あれね！」と同じものを指させます。

▷家の中という小さいフレーム

例 I was in **the kitchen**, so I didn't hear **the phone** ringing.
台所にいたので、電話が鳴ったのが聞こえなかった。
→台所、電話どちらも迷わずズームイン。家に電話が２台ある場合でも、そのときに鳴った電話を指させる

例 Shall I turn **the light** on?　（この部屋の）電気をつけようか？

✕ Shall I turn **a light** on?

家の中にある電気どれでもいいので１つをつけようか？

窓やドア、照明などはそれぞれの部屋にあるので、家の中には複数存在することになりますが、共有空間というフレームの中では１つに決まります。

▷公共の場などの大き目のフレーム

例 Where is **the toilet** (bathroom)？　（飲食店などで）トイレはどこですか？

→初めて入るお店であっても、店内にトイレがあるのが一般的なので、話し手と聞き手が１つにズームイン

比較→ 駅や公園などでトイレがあるかを聞きたい場合、あるかないか分からないものにはズームインできませんので、ズームアウトのままです。

Is there **a toilet** here?

例 Mind the gap.　隙間にご注意ください。

ロンドンの地下鉄名物のアナウンス。日本のアナウンスは「電車とホームの隙間にご注意ください」ですが、英語の場合は the が、「この場で、あなたと私に共通する隙間」というズームイン機能を持っていますので、それ以外の説明は不要です。

＊アナウンスの種類によっては、Mind the gap between the train and the platform. ということもあります

▷同じ時間の共有というフレーム

例 What's the time?　今何時？
– It's 7.　７時だよ。

お互いが「今の時刻」に特定してズームインできます。

»3. 既に特定できる条件があるので、一緒に特定ズームインできる

same、usual、only や最上級を伴うときは、既に「1つ」という情報なので、皆で一緒に特定ズームインができます。

例 I have **the same phone** as yours. 私の電話はあなたのものと同じだ。
→「同じもの」は聞き手も話し手も同時に指させる

比較→ I have **a similar phone** to yours. 私の電話はあなたのものと似ている。
→「似ているもの」は複数あるので、聞き手と話し手が指させない

例 It's **the only** way to solve the problem.
これは、この問題を解決する唯一の方法だ。
→「only=これしかない」といっているので迷わずズームイン

Can you get **the usual** milk? いつもの牛乳買ってきてくれる？
→「usual＝いつもの」でお互いが指させる

This is one of **the best** sushi restaurants I've ever been to.
これは今まで行ったお寿司屋さんの中で最高のレベルだ。
→ the most, the latest, などの「これしかない」と絞り込める形容詞にチューニング

It's time to tell **the truth**. It's a silly lie.
そろそろ本当のことをいいなさい。それは下手なウソです。
→この件に関する真実は「これしかない」ので、自動的にフォーカス枠がつく条件になる。ウソは色々とあるので指させない

»4. 分割すると境界線ができるので、一緒に特定ズームインできる

例えばホールケーキを４等分すると、切る前は大きな１つのものだったのに、４等分すると境界線ができて、区切られた部分が現れます。

こうすることで、皆が「1はこれ」「4はこれ」と同じものを指さすことができるようになりますね。また、基準を決めて対比することもできるようになります。

このように、1つの**大きいものを分割し境界線を引いて区別している**ということを示すために、フォーカス枠 the をつけます。

キーポイント

境界線を引いて分割→基準ができる→絞り込みができる→対比ができる

ここでも注意したいのは、次にあげる単語が必ず the と共に使われるというわけではない、ということです。示したい内容によっては、他の輪郭をつけたり、輪郭をつけなかったりもします。名詞の輪郭は相対的に決まるのでしたね。

▷ **left ー right**

例 Could you write it a bit more to **the right**?
もう少し右側に書いてもらえますか？

▷ beginning ― middle ― end

最初と最後は at でピンポイントとして捉え、真ん中は in で広く捉えることは、ロケーションワードの項でもう一度確認しましょう（414 ページ）。

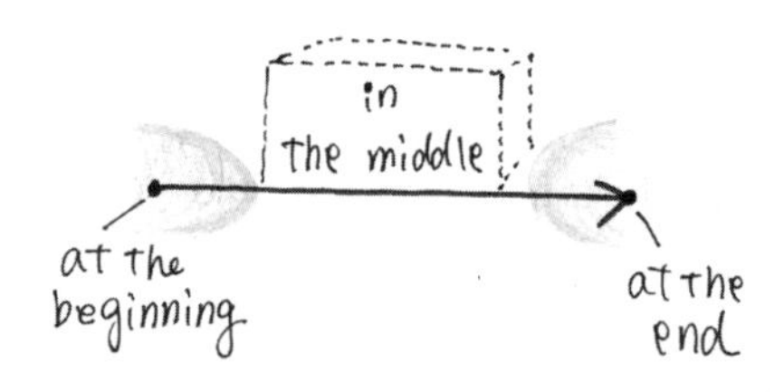

例 Don't call me **in the middle** of the night.　夜中に電話かけてこないでよ。
I cried **at the end** of that film.　あの映画の最後で泣いちゃったよ。

▷ morning ― afternoon ― evening

* at night については 415 ページ

例 The best time to study is **in the morning**. 勉強するのに最適なのは朝です。

▷ **north — south — east — west**

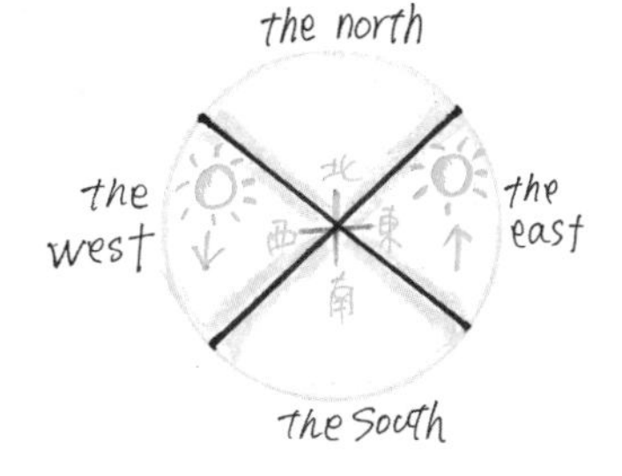

例 The sun rises in **the east** and sets in **the west**.
太陽は東から昇り西に沈みます。

日本語では「東から西に」と、「連続した線上での起点と終点」という捉え方をしますが、英語では「しっかりと分割したスペースの中 (in) での動き」と捉えるのもおもしろい違いです。

ちなみに、日本語では「東西南北」の順番に並べますが、英語では、north, south, east and west の順が一般的です。

比較→ In Japanese, it is said that it's better not to sleep facing **north**.
日本では、北向きに寝ない方がよいといわれている。

→「どこを基準にして北か」と絞り込む必要はない。コンセプトとしての「北側」

▷ past ― present ― future

例 I'm thinking of buying a house in **the near future**.
近い将来、家を買おうと思ってるんだよね。

→過去、現在、未来という区切り

▷ spring ― summer ― autumn ― winter

例 I sowed the seeds this winter and they will sprout in **the spring**.
この種は今年の冬にまいたので春になったら芽が出ます。

→「今年の冬」が基準になり、そこから見た「春」を絞り込む

比較→ I prefer spring to winter. 私は冬よりも春が好きです。

→基準を決めて絞り込む必要がないのでコンセプト

▷ right ― wrong

例 Sorry, I've got **the wrong number.** すみません、番号間違えました。

電話番号を間違えたときに相手に伝えるセリフです。電話を受けた側が、「あなたが間違ってると思いますよ」というのもよくあるシチュエーションですね。

例 I think you've got **the wrong number.**

間違った番号はたくさん存在しますが、区分すると「正」側か「誤」側かの２種類だけです。

比較→ この電話を切った後、家族に「今誰からだったの？」と聞かれた場合

家族：Who was that? 誰だった？

あなた：It was **a wrong number.** 間違い電話だった。

このときは、「たくさんある間違い電話のうちの１つだよ」とズームアウト a の方が優先されるのが自然です。

▷ light — dark

例 I'm scared of **the dark.** 暗いのが怖い。

→ dark だけだとコンセプトだけで実態ではないし、dark は輪郭 a をつけられない

Cats can see in **the dark.** 猫は暗闇でも目が見える。

比較→ I should go home before **dark**.
→薄暗くても真っ暗でもよく、基準を持って対比する必要はないので、漠然としたコンセプトでよい

▷ **city ― countryside**

例 Would you rather live in **the city** or **the countryside**?
都会と田舎だったら、どっちに住みたい？
→「都会」側と「田舎」側を2つに区分して対比したいので、境界線を引いてズームイン

日本語だと「都会と田舎だったら」の「**だったら**」に、「この2つに分けるとしたら」という分割と対比の感覚が表れているのかもしれません。

2. 情報の紐づけというフレーム内で限定・絞り込みズームイン

»「同名称のものならどれでもよい」を避けるために、紐づけて限定ズームインしたい

聞き手が一緒に指をさして特定できなくても、話し手が「**今話題に出ている人や物事と紐づける**」という意味でフォーカス枠をつけます。それにより聞き手も情報が「限定」されていることが分かります。

この紐づけがないと、「同名称のものならどれでもよい」ということになってしまいますね。

▷ **情報を紐づけて絞り込む**

例 I forgot to put **the milk** in **the fridge**.
昨日、買ってきた牛乳を冷蔵庫に入れ忘れた。
→自分が買ってきた「牛乳」なので、自分と紐づけて絞り込みズームイン
→自分の家に1つしかない「冷蔵庫」なので、自分と紐づけて絞り込みズームイン

例 I bumped into a friend from my hometown on **the train**.
（自分が乗っていた）電車で、田舎の友達にバッタリ会った。
→ a train にしてしまうと、「自分が乗っていたかどうかは関係ない、どれでもよい電車で」になる

例 What do you think about people doing their make-up on **the train**?
電車で化粧してる人ってどう思う？

これは一般論としてということなので、山手線でも新幹線でも外国の電車でもよいのです。よって聞き手と話し手が全く同じものを指させるわけではありませんが、「その人たちが乗っている電車」と紐づけて、**絞り込みズームイン**しましょう。

例 I saw a lot of dogs in **the park** today.　今日公園でたくさんの犬を見た。
→「私がいた公園」と紐づける。話し手が知っている公園や、自分がいつも行っている公園でなくても可能（文脈によってはその意味でズームインすることもある）

この場合、in a park とズームアウトの a を使っても間違いではないのですが、ちょっとだけ違和感センサーが鳴ります。

例えば「今日、**とある**公園でたくさんの犬を見たんだ」と聞くと、「と

ある公園」がなんとなく意味深で、次に、「実はその公園はね…」のように、これからズームインしていくのかな？という感じを与えますよね。

例 Rice balls taste better when you eat them in **the mountains**.
おにぎりって山で食べると美味しいよね。
→「おにぎりを食べている人」と「山」と紐づけ

例 If you see anything suspicious on **the street**, please report it to **the police**.
道で不審なものを見つけたら、警察に連絡してください。

the street →「あなた」と紐づいている「道」に絞り込みズームイン
the police →少し後に出てきますが、「共通認識としての警察という区分」に絞り込みズームイン

例 We have to protect **the environment**.
私たちは、私たちが住む環境を守らなければならない。
→「私たち」と「その私たちが住む環境」を紐づけ
比較→ This is produced in **an environment** that handles nuts.

日本語では一般的に「この商品はナッツ類を含む製品と共通の設備で製造しています」と書かれている商品表示と同じものです。「ナッツ類を生産する環境（設備）ならどれでもいいので１つ描いてね」という、ズームアウトのままでよい情報ですね。

例 My sister grabbed me by **the arm** because she found out I had used her lipstick. She was very angry with me.
お姉ちゃんは私の腕をつかんで私を止めた。彼女の口紅を使ったのがバレてしまい、すごい怒っていた。

→その腕を経由して私をつかんだ→私をつかむ手段が「その腕」だった(by → 423ページ)
→「私」と「私の腕」を紐づけ

日本語の考え方であれば、**grabbed my arm**(私の腕をつかんだ)としたくなってしまうところですが、描く絵の違いを見てみましょう。

① She grabbed **my arm**.

② She grabbed **me by the arm**.

この動作の目的は姉が「私」の動きを止めようとした、ということです。決して「私の腕」が目的ではないので、首(grabbed me by the neck)でも肩(grabbed me by the shoulder)でもよかったかもしれません。

ここでは、まずは**ズームアウトでこの行動の目的である me 全体を捉え、次に絞り込んで「腕」にズームインする**というカメラワークをイメージしてみましょう。

grab my arm と grab me by the arm の違いを英語母語話者に聞いてみると、大抵は「分からない」と答えます。それもそうです、彼らはこれ以外の見方を知りませんので、意識することはありません。でももう一度ゆっくり考えてもらうと、こんなふうに答えた人が何人かいました。

「She grabbed my arm. って切断された自分の腕ってこともありうるね」
（もちろん、普通はそんなシチュエーションはありませんので、「そう見ることもできる」という意味です！）

比較→ ✕ She grabbed me by **my arm**.
→「他の人の腕ではなく、私の腕をつかんで私を止めた」と聞こえるかもしれない
「私」の動きを止めるのに「他の人の腕」をつかむことはないので、腕の持ち主を明示する必要はない

比較→ 発話の目的によっては先ほどの① grabbed my arm の絵を描きたいこともあります。

My brother suddenly **grabbed my arm** and looked at my watch. He thought I was wearing his one.
お兄ちゃんは突然私の腕をつかんで、私の時計を見た。私が彼の時計をつけていると勘違いしたのだ。

この場合は、「腕」をつかむことが目的なので、最初から「腕」にズームインしましょう。

3. 目に見えないもの・定義を絞り込むというフレーム内で限定・絞り込みズームイン

»1.「後ろに詳しい説明が続くから、限定するよ」の合図

この辺りからは、目に見えないものが多く登場しますので、少し絵に描きにくくなりますが、これまでと同じように都度チューナー図に照らし合わせていきましょう。

例 What is **the weather** like in winter in Japan?
日本の冬の天気ってどんな感じ？

どこの weather か、絞り込むための情報が後から追いかけるので、weather に フォーカス枠 the をつけることで、「**これから限定して絞り込むよ**」という合図をします。

日本語の語順では、「**日本の→冬の→天気**」と、英語とは真逆になるので、「天気」という名詞にたどりつく前に「日本の冬の」と絞り込めます。英語の語順ではそれができませんので、名詞の前につく the は、大事な「絞り込み」の合図になってくれるというわけです。

例 Tell me **the reason** you are late. あなたが遅れた理由を教えて。

The capacity of the room is limited, so we can't invite many people.
この部屋の収容人数には限りがあるから、そんなにたくさんは招待できないよ。
→何についての「収容人数」かをこれから絞り込む

of は紐づけが得意です（407 ページ）。定義を絞り込むということは「この定義と紐づける」ことにもなりますので、of との相性がよいのですね。

例 Many people don't know **the dangers** of earthquakes.
多くの人は地震の危険性を分かっていない。

また、＜矢印の to ＞で詳しい絞り込みの理由（内容）に導くこともあります。

例 The group of students took **the opportunity** to make a statement about climate change.
その学生達は、その機会を利用して、気候変動に関する声明を発表した。

He has **the ability** to communicate with people in any situation.
彼はどんな状況下でも人とコミュニケーションをとれる能力がある。
→＜矢印の to ＞以下で絞り込んだ内容を説明

文章（主語＋動詞）によって絞り込みの説明をする必要がある場合は、まず that でくくってから ＜主語＋動詞＞をつなげましょう。

例 We should believe in **the ability** that children have naturally.
主語　動詞
子どもが生まれ持っている力を信じましょう。

»2. コンセプト（概念）は広いので、一定の枠に入れて限定したい

あるコンセプト（概念）が話の中に登場するとき、その会話のフレーム内で定義づけする必要があります。そうでないと、とてつもなく広い一般論としてしか伝わりません。

「**定**冠詞」の「**定**」は、コンセプト（概念）を一**定**の枠組みに入れるというしごともします。

例えば、peace（平和）という場合、戦争において使うのか、家庭内で使うのか、宗教的な話の中なのかという枠組みにより、定義が変わります。

例　The local police act to keep **the peace**.
地域警察はその地域の平和を守るために活動する。

→その地域における安全と定義を絞り込み。世界平和や人類の平和ではない

比較→ May you rest in **peace**.　安らかにお眠りください。

→ peace の魂だけでよい。全体像、コンセプト

a number of と the number of・a と the が物語るその違い

「a number of 〜＝たくさんの〜」「the number of 〜＝〜の数」という日本語に訳されることが多いこの２つ。

この日本語訳と紐づけてしまうと、せっかくの a と the のしごとぶりが見えなくなってしまいます。ここでもやはりポイントは a と the が描く絵の違いです。

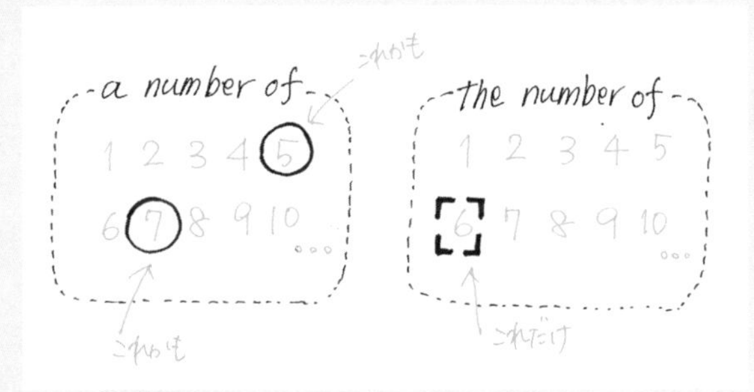

例 A number of students were absent.

→ある一定数の生徒は欠席した

The number of absent students was five.

→欠席した生徒の数は特定できている→それは５人

a number of は必ずしも「数が多い」ということではありません。number に輪郭 a がついているので、「はっきりと特定はできないけど、どれか１つの数に輪郭を描いてね」ということです。

「ある一定数の人はアレルギーをもっている」というと、多いかどうかは分かりませんが、決して少なくはないと受け取れますね。

一方、the number of students の the は、特定の数字にフォーカス枠をつけることができる、というサインでした。これが主語にくると、先の例の five のように、後にその特定した数字を示すことがありますし、次のような場合もあります。

例 The number of sweet shops in Japan is decreasing.
日本で駄菓子屋さんの数は減っている。

この場合は、その特定の数は示されていませんが、数→（なんの？）→駄菓子屋さんの、と限定されていきます。The number of sweet shops と of が紐づけをしてくれているので、情報の絞り込みズームインをしていることが分かります。

4.「同じ機能や特性をもつカテゴリー別」というフレーム内で特定・一緒に指さしズームイン

ここがいちばん、皆さんを悩ませてきた所かもしれません。I can play the piano. の the を不思議に思った方は多いと思います。

この見方にチューニングできると、あなたはもう日本語と英語の2種類のメガネを手にしているようなものです。ちょっと長いですがあとひと息です。

このフレーム内では、一般的な区分そのものにフォーカス枠をつけるのがポイントです。「どこの」「誰の」のような個別のものは指していません。

フォーカス枠 the をつけることで、**「あなたも私も知っている、一般区分のあれのことね」**という合図にします。

こんな風に考えてみて下さい。
「警察呼んで！」を「ケいサつ呼んで！」と書かれているのを見たら、どう感じるでしょう？「(漢字が書けないのかもしれないけど) 一般的な書き方をしないのはなぜだろう？」と、違和感センサーが鳴ると思います。
“Call police! (×)” もこれに似ていて、聞き手と話し手が「一緒にズームイン」するための the がついていない “police” は、人のニックネームやお店の名前かも知れないのです。だから the をつけて「私もあなたも知っているあれだよ」としてあげます。これで「警察（けいさつ）」にするることができるのですね。

»1. 公共性や共通認識度が高いもの・カテゴリー別にくくって一緒に指さしズームイン

▷ the police

例 Call **the police**!　警察を呼んで！

→（どんな場所にいても）私にとってもあなたにとっても police という区分のもの

比較→ Call **an** ambulance!

→救急車は物体としての形が明らかなので、1台ずつの輪郭（an）を描く

▷ the beach

例 I went to **the beach** last weekend.

→いわゆる「ビーチ」と区分される場所。街の名前やお店の名前ではないよ、という合図

自分が前に行ったことがあるビーチや聞き手も知っているビーチである必要はありません。

比較→ I went to Shirahama beach.　白浜海岸に行った。

→固有名詞（個人名のようなもの）なのでtheは不要

▷ the sea

例 I used to swim in **the sea** when I was a child.
子どもの頃はよく海で泳いだものだ。

比較→ I sent a package **by sea**.　荷物を船便で送った。

→手段にフォーカスするときは魂だけ

▷ the postman

例 **The postman** didn't come today.
→いわゆる郵便局員という区分の人。いつも来るのと同じ郵便局員という意味ではない

▷ 公共性の高い施設

例 近所の人：Hi, Where are you going? どうも、どこ行くの？
あなた：I'm going to **the supermarket/the gym**.
いわゆる スーパー / スポーツジム（という一般区分の場所）に行くところ。
→聞き手が知っているスーパーやジムという意味ではない

比較→ 情報の内容が「同名称のものならどれでもよい」ということを優先したい場合は、ズームアウトのままで輪郭 a を描きましょう。
I went to Okinawa on holiday and went to **a supermarket**. I was surprised to see so many different kinds of fish there.
沖縄旅行中、現地のスーパーに入った。色んな魚が売っていて驚いた。

「知らない土地でランダムに１つのスーパーに入ってみた」と伝えたいので、ズームアウトのままがピッタリですね（the でも間違いではありません）。

また、次のようなときも、輪郭 a を描いてもおかしくありません。

例 Usually, I don't go shopping for food, but I went to **a supermarket** last week.
普段は買い物に行かない自分が、先週は（なんと）スーパーに行ったんだよ。

伝えたい情報が、カテゴリーの区分を優先するよりも、「スーパーと名のつくものならどこでもいいでしょ」ということです。

例 I need to go to **the bank** today.　今日は銀行に行かなきゃ。

→いわゆる銀行という区分の場所。会話の内容次第では、「昨日銀行に行ったんだけど、また今日も同じ銀行に行かないといけない」という意味で、同じ銀行にズームインしていることも考えられる

比較→ Is there **a bank** near the station?

→「どの銀行でもよいので」というフレームを優先させたい情報

「いわゆるこういう一般区分の」と示すことが多い場所の例

キーワード：公共性　共通認識度　一般区分

the library　the bank　the post office　the cinema　the station

the police station　the gym　the zoo　the beach　the dentist*　the doctor*

読者の皆さんはだいぶ、the をつけ忘れたときの違和感センサーが備わって来たのではないかと思います。

そもそも、ものの名称の捉え方は、英語と日本語ではだいぶ違うようです。西洋文化圏では台風や嵐に人の名前をつけますね。アジア圏でもそうする国はあるようですが、日本では一般的に「台風 第○○号」と呼びます。「台風 まさお」のようにする発想はなかなか持てませんよね！

「病院に行く」に注意

日本語では、「医者に行く」「病院に行く」をあまり区別しませんが、英語の場合は、入院施設のあるような大きな病院のみを hospital と呼びます。

例 My grandfather is in hospital.　祖父は入院中です。

よって、それ以外の場合は、go to (see) the doctor というのが一般的です。歯医者や医者は通常、いつも行く所が決まっている場合が多いので、そういう意味で特定ズームインして the dentist/the doctor ということも多いようですが、そうでない場合は、a dentist/a doctor でも OK です。

例 I had a toothache while travelling, so I had to find **a dentist**.
旅行中に歯が痛くなってしまい、歯医者を探さないといけなかった。

»2. その他・カテゴリー別に区分して、一緒に指さしズームインしたいもの

ここまで見てきた例は場所が多かったのですが、次のようなカテゴリー別の区分もします。

▷ 楽器の区分

ピアノなど「楽器を演奏する」ことをいうときは「楽器の中でピアノに区分される、あれね」と捉えます。

＊ただし、アメリカ英語では、the をつけずに I play piano/guitar. というのも一般的

例 I play **the piano**.　→「ピアノ」に区分されている楽器を弾く
the harmonica.
the shamisen.
the drums.

比較→ I bought **a** piano.　ピアノを買った。

→「もの」としてみるときは普通の名詞のように数える

▷ 身体の器官の区分

例 **The heart** is a very important organ.　心臓はとても大事な臓器です。

→人間の臓器という全体の中で、「心臓」と区分されるもの

▷ 動物の区分

例 **The dog** is a very clever animal.　犬というのはとても賢い動物だ。

→いわゆる「犬」と区分されるもの。猫類や魚類と区別したい。個々の犬ではないため、複数形にはしない

ただしこのいい方はちょっと堅苦しいので、「正式」さが必要な場での発言に聞こえます。次のようにいっても全く問題ありません。

比較→ **Dogs** are very clever animals.

→複数で示すことに注意

スポーツはコンセプト

～ play the piano と play baseball ～

楽器を演奏するときもスポーツをするときも play を使いますが、スポーツ名はフォーカス枠 the でズームインしません。

例 We played baseball/football/rugby/tennis/cricket.

スポーツだけでなく、以下のような子どもの遊びも the はつけません。

かくれんぼ　play hide and seek

鬼ごっこ　play tag

キャッチボール　play catch

これらはコンセプト（＝魂）でしかなく、みんなで一緒に指さしズームインができるほどに決まった形はないと捉えているのかもしれません。

＊ a baseball game のように、game は輪郭 a をつけることができる

コンセプトは輪郭を持たないので、柔軟でもあります。1チーム11人で正式なサッカー場でなくても、「友達5人と空き地でサッカーした」というように、色々なバリエーションの「サッカーっぽいこと」ができます。

一方楽器の場合は、「ピアノっぽいものを弾く」ということはありません。やはり皆が一緒に「指さしズームイン」できる存在ということですね。

radio は肉体を聞き、television は魂を見ている

television は TV と呼ぶ方が多いですが、「テレビを見る」というときは、いずれにしても the は不要です。一方、radio はどんなときでも the が必要です。

例 I don't watch TV very much.　テレビはあまり見ない。

I listened to him on the radio.　彼の番組をラジオで聞いた。

TV（television）の魂は映像通信であり、TV の肉体は、それを受信する受像機です。私たちは普段「テレビを見る」といっていますが、本来はテレビで「映像通信」（テレビの魂の部分）を見ているのですね。よって、TV（television）には何も輪郭をつけません。

比較 → Can you turn **the TV** off, please?

→このときは、肉体（物体）としてのテレビ

radio も、魂だけのときは「無線通信」、肉体を持つときは「その受信機」なのですが、一般家庭で「ラジオ」を聞くときは無線通信ではないので、それを区別するために the をつけて「いわゆる一般家庭にあるやつね」と共通認識にします。

比較 We communicated with that ship **by radio.**
その船とは無線で連絡を取り合った。

ちなみに telephone は、遠くからの（tele）、音（phone）ですが、実際に私たちが「誰かと電話で話す」というときは肉体を持たせて、the phone と、ラジオと同じように捉えます。

例 I'm on the phone with my mum.　今、母と電話中。

比較 I had a meeting by phone.　電話でミーティングをした。
→「手段」なので魂だけでよい

5.「同じグループに属する」というフレーム内で限定・絞り込みズームイン

個々は違っていても、**同じグループとしてひとくくりにする**ことで境界線を作り、絞り込みます。

例 We invited **the Moriyas** for Christmas dinner. We had a great time.
守屋さん一家をクリスマスディナーに招いた。皆でとても楽しい時間を過ごした。

「守屋」さんという苗字の家族はたくさんいるので、自分が指す「1つ」に絞り込みます。守屋さん一家は守屋×複数名で構成されているので、-s をつけて複数形です。この守屋さん一家を知っている人との会話でこのように使います。苗字を複数形にするのは日本語の視点ではちょっと不思議ですね。

次にあげるのは、名詞ではなく形容詞にフォーカス枠 the をつけて、そのグループに属する人やものをひとくくりにする例です。形**容**詞は、同じ属性のものをまとめて入れる「**容**器」の役割をしてくれます。容器に入ると輪郭が１つにまとまりますね。

例 I think **the rich** should pay more tax.
金持ちはもっと税金を払ってもいいよね。
= rich people

This public toilet is not suitable for **the disabled**.
この公衆トイレは障がい者には向いていない。
→<形>心身障がいのある = people with disabilities

6. 存在として唯一である、というフレーム内で特定・一緒に指さしズームイン

»1. 唯一の存在なので自動的に特定・一緒に指さしズームイン

「日本政府」や「東京オリンピック」に、the をつけ忘れがちです。

例 **The Tokyo Olympics** were held in 2021.
東京オリンピックは 2021 年に開かれた。
= the Tokyo Olympic Games

国名はその成り立ちなどがかかわるので、都度確認する必要があります。

代表的なものだと、**The** United Kingdom（イギリス）、**The** United states（アメリカ）など は Japan という国名とは性質が異なり、それぞれ「連合した王国」「複数の州の連合」という国の構成要素の特徴が国名になっていますので、フォーカス枠で特定しなければ、同じ特徴を持つ他の国まで該当してしまいます。

例 **The capital** of Miyagi is Sendai.　宮城県の県庁所在地は仙台です。
→その県に1つだけ

I'm **the mother** of Kazuo Kimura. 私は木村和夫の母です。
→唯一の存在

例 This is **the house** I designed.　これ**が**私が設計した家です。

比較→ This is **a house** I designed. これ**は**私が設計した家です。
→他にも自分が設計した家があるかもしれない。対応する日本語の「これが」と「これは」に注目

»2. 地図という世界共通フレーム内で特定できる・一緒に指さしズームイン

ドローンの映像のようなフレームで見てみましょう。空中から大きな映像を見ています。その名前をいったら、皆が地図上で同じ場所を指させるのであれば、いつもフォーカス枠 the とセットです（国名や山の名前など、固有名詞のように扱う場合は除きます）。

例えば、「あの水族館のピラニア、アマゾンから来たんだって」といいたいとします。日本語では「アマゾン」で問題ありませんが、英語ではこれだと、お互いが描く絵が次のようになってしまうかもしれません。

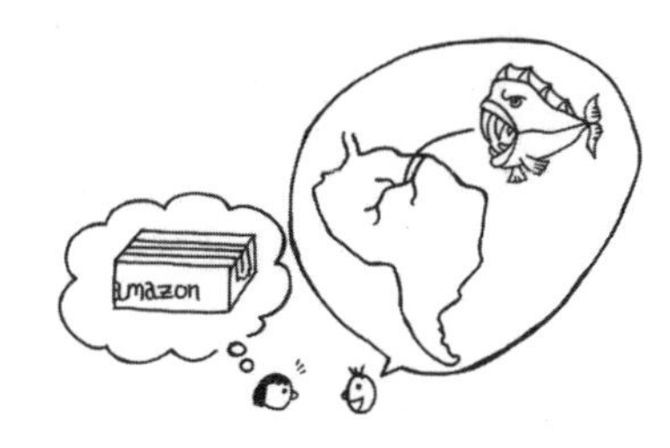

例
○ The piranhas in the aquarium are from **the Amazon.**
× The piranhas in the aquarium are from **Amazon.**

皆が地図上で指させるアマゾン川にする必要があるので、**「皆が一緒に指させるあれだよ」という合図の the** をつけるのですね。

このような例は他にもあります。

例
the Sea of Japan　日本海
→ the がないと「日本の海」にしかなりませんので、どの海を指しているのか分からない

the Seto Inland Sea　瀬戸内海
the Pacific　太平洋
the Himalayas　ヒマラヤ山脈

地理的な名称につける the も、私たちにはなかなかしっくりこないものです。こんな風に考えてみましょう。

例えば東京駅でタクシーに乗って、「海辺の町までお願いします」と運転手さんに伝えたら、お台場、葛西臨海公園、湘南などたくさんの選択肢があるので分かりませんよね。でも、「ザ 海辺の町までお願いします」と伝えると運転手さんは自分が知らなくても、「あなたと私が一緒にズームインできる「海辺の町」という名の場所」が1か所あることが認識でき、ナビに「ザ 海辺の町」と入れてその場所を探し当てることができるのです。

»3. 世界共通のファクトでしょ、というフレーム内で、一緒に特定ズームイン

これが最後（お疲れさまでした！）。いちばん大きいサイズのフレームで捉えるときです。ドローンはとうとう大気圏を飛び出して地球を外から見ています。

▷ **the earth**

例 **The earth** revolves around **the sun.** 地球は太陽の周りを回っている。

→他の天体と対比する必要があるときは、一緒に指さしズームインできるようにしなければならない

比較→ Fill the flower pot with **earth.** 植木鉢に土を入れましょう。

→定形がないので輪郭は描けない

これは、この章の最初に見たクリスマスツリーの星が "**the star**" なのと同じ考え方です。一緒にいる部屋という共通フレームを飛び出して、このような大きなフレームになっていくと、チューニングの勘が狂うことがあります。でも安心してください。チューニングは何度も微調整し

て整っていくものです。

▷ the Internet

例 **The Internet** has changed the world.　インターネットが世界を変えた。
→「世界中のコンピューターをつなぐシステムといえば……」で皆が一緒に指さすもの

世界共通のファクトの例

the moon　the sun　the earth　the world　the sky　the Internet

身近に埋もれている"the"に敏感に

実はこの the は私たちの身近にもあるのですが、日本語に訳されるとその存在は消えてしまいます。

例 Power To The People（ジョンレノン）　大衆に力を

「大衆」という訳にするとフォーカス枠が無いように聞こえますが、原題の the people は対象をきちんとフォーカス枠で絞っています。

例 We Are The Champions（クイーン）　伝説のチャンピオン

原題にはない「伝説」が追加されて、フォーカス枠の存在は跡形もありません。we も訳されないために、他人事のような歌に聴こえてしまっているかもしれません。

フォーカス枠をつける気持ちでこれらの曲をもう一度聞いてみてください。もしかしてちょっと違う風景が見えてくるかもしれません。＊カラオケで歌うときに、The Champions の -s も忘れてしまいがちですよ！

映画のタイトルでも同様です。

例 The Avengers　アベンジャーズ　（avenger: 復讐者）
The Martian　　オデッセイ　　（martian: 火星人）
The Great Escape　大脱走

身の回りにある the にぜひ興味を持ってみてください。

Part 3

some/any/輪郭のない複数形

1 some/any という輪郭のしごと

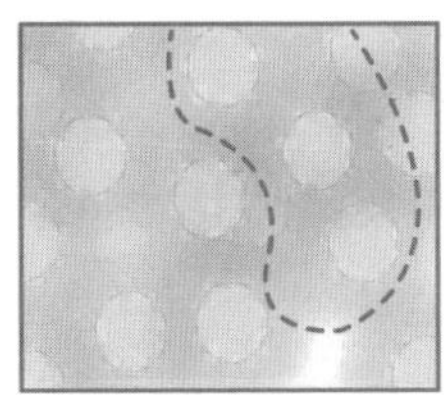
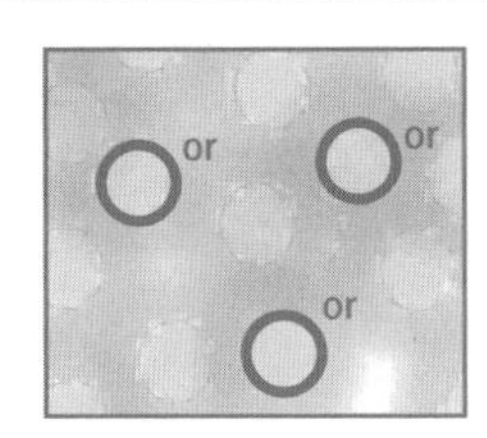

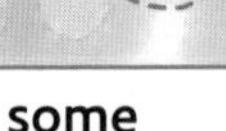

some　　　　any

some・輪郭はぼんやり、しごとはしっかり

someという輪郭は、はっきりとした数や量は示さず、日本語訳にも表れないため、存在感がないのですが、実はしっかりとしごとをします。**適当なところに適当な大きさの輪郭を描きたい**というときに活躍し、場所、時、人、種類などを**特定しない／できない**場合もこの輪郭を描きます。

数や量を特定しなくてよいため、コンセプト（魂）しか持たない名詞（不可算名詞）の輪郭にもなってくれます。

例 I bought **a bag of apples**, but **some of them** were rotten.
袋にいくつか入っているりんごを買ったけど、そのいくつかは腐っていた

She visited me with **some fruit**.
彼女は果物を持って私を訪れた。

I need **some advice** from you.
あなたからのアドバイスが欲しい。

I had **some cheese** at the restaurant. It was delicious.
そのレストランでチーズを食べた。とてもおいしかった。
→絵に描ける内容で、正確な数量が必要なときは some

some なしで、I had cheese at the restaurant. だと、「(他のものではなくて) チーズを食べた」というように、絵としての輪郭ではないところにフォーカスがいきます。

We have **some challenges** with this project.
このプロジェクトにいくつかの課題がある。
→目に見えないものでも、適当な範囲に輪郭を描いて実態であることを示す

any・あれでもこれでも大丈夫、あなたが選んでね。

複数の選択肢を聞き手に与え、どれを選んでもよいことを示す輪郭が any です。

 Would you like a chocolate? You can take **any one** you like.
1 ついかが？どれでもいいよ。

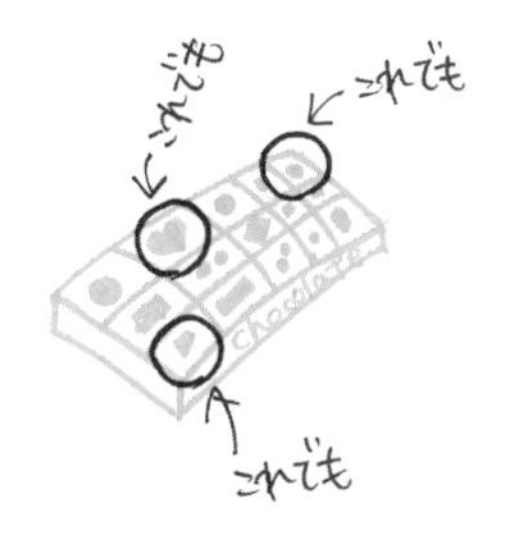

Can I use any credit card? どのクレジットカードでも使えますか？
→実際に使うのは 1 つなので単数形

Do you have **any questions**? 何でもいいですが、質問ありますか？
→ 1 つとは限らないので複数形

I'm not allergic to **anything.** I can eat **anything**.
アレルギーはないので何でも食べられます。

or
or
or
I can eat anything.
I can eat everything.

→日本語では「全て食べられます」ということができるので、everything とよく間違える

I can eat everything on the plate. →残さずに平らげることができます

Do you have a plaster **by any chance**?
（どんな偶然でもいいから）絆創膏を持ってたりしないよねー？

→慣用句として使われる

「ワンクッション」にチューニング

例 Do you need help/**some** help/**any** help?

この３つは「意味は同じ」といわれますが、使う単語が違えばどこかに違いがあるはずです。

some help / **any** help のように、help の前にワンクッションを挟むことで、ことばのシャープさやダイレクトさが緩和されることに注目してみましょう。

日本語でも同じことがいえます。「手伝おうか？」と「**何か**手伝おうか？」の場合、前者は少し唐突な感じていますが、後者はそれが緩和されている感じがします。「何か」というワンクッションで、聞き手に考える余地を与えているからかもしれません。

some や any はこのような役割も持ちます。特に人に何かを尋ねるときは、ちょっと意識してみましょう。

例 Shall we have **some** coffee?　コーヒーでも飲もうか？

実態があるものなので何かしらの輪郭はつけたい

→ a cup of のようなはっきりとした輪郭でなくてよい

→ some というワンクッションで「コーヒーでも」という感覚が入る

比較→「(いつもはお酒を飲むけど) 今日は車だから、コーヒーにする」といいたいとき

I'm driving today. I'll have coffee.

→「お酒とコーヒーを比較して」という情報なので、頭の中で絵を描く必要がない。物理的な情報ではなくて、魂だけがあれば大丈夫

2 輪郭なしの複数形・同じものをたくさん描く

輪郭なしの複数形

a、the どちらの輪郭も描かずに名詞を複数形で使うことがあります。

このチューナー図のポイント

周囲がぼやけている→輪郭を持たないので境界線が明確でない→**一般像を指している**

同じ大きさの○が**秩序よく整列している**→同族、同種など**同じグループに属するものを指している**

「境界線なく、同じ種類のものを好きなだけ描いてね」という指示だと考えてみましょう。

例 I like **bananas/dogs/kangaroos**.　バナナ / 犬 / カンガルーが好き。

I don't like **spiders/ghosts**/narrow **spaces.**　クモ / オバケ / 狭い場所が嫌い。

「私は犬好き」といいたいときは、このようになります。

例 ◯ I like **dogs**. → 全体の輪郭は、ぼんやり、犬は複数描く

✕ I like dog. → 犬の魂だけ！または食肉として

✕ I like a dog. → どれでもいいから1匹だけ

比較 → I fell in love with **a dog** in the animal shelter. I want to have him.
動物保護施設である犬にほれ込んだ。その犬を飼いたい。

例 ◯ I like **some dogs**, like **Chihuahuas** and **Pugs**.
ある種類の犬は好き。チワワとパグとか。
→チワワやパグなどの犬種名は、固有名詞ではなく、バナナやりんごと同じカテゴリー階層に属するので、複数形。近年ヨーロッパで人気の柴犬までも、Shiba inus と表記されている

輪郭のない複数形は、特定したものを示さない分、一般論をいうときに必要になるので、結構出番が多いのです。

▷目に見えるもの

例 **Doves** are a symbol of peace. ハトは平和の象徴です。

My son loves **cars** and **trains**. 息子は車と電車が大好きです。

I collect Japanese **pens**. 私は日本のペンを集めています。

Children are innocent. 子どもって無邪気なものだね。

This song is popular among **teenagers**.
この歌はティーンエイジャーの間で人気。

▷ 目に見えないもの／こと

例 What do you usually do at the **weekends**?　週末はいつも何してるの？
→「いつも週末は」→描く絵は「週末」がいっぱい

I don't like **Mondays**.　月曜日っていつも嫌い。
→描く絵は「月曜日」がいっぱい

I'm scared of **heights**.　高いところが嫌い。
→名詞で「高い場所」

▷ 感情を表すことばを複数形で使う　この気持ち×たくさん

文中で使うときは my などの所有を輪郭にします。

例 My son has passed the exam.　息子が試験に合格した。

ー That's great. **Congratulations**!　Give him my **congratulations**.
おめでとう！ 私からのおめでとうを伝えてね。

My apologies for not writing to you sooner.
もっと早くお便りしなくて申し訳ありませんでした。
→この形で使うときはいつも複数形、それ以外は単数で使う

比較→ I have **an apology** to make to you.
あなたに謝らなければならないことがあります。

Our **condolences** to the families of the victims.
犠牲者のご家族にお悔やみ申し上げます。
→追悼、お悔やみ

3 ＜まとめ＞ 輪郭を選ぶ決め手は「どんな絵を伝えたいか」

名詞の様々な輪郭が出そろったところで、**伝えたい内容により、名詞の輪郭がどのように変化するのか**を見てみましょう。できるだけ具体的な状況を思い浮かべながら、チューナー図に照らし合わせてみてください。

▷ **wine**

① I had **a glass of wine** last night.
昨夜はワインを１杯飲んだ。

② I had **a bottle of wine** all to myself last night.
昨夜は１人でワインを１本空けた。

③ I had **some wine** last night. I don't drink alcohol very often.
昨日はいくらかワインを飲んだ。普段はあまり飲まないんだけど。

④ I had **wine** last night. I usually drink beer.
昨夜はワインを飲んだ。いつもはビールなんだけどね。

⑤ Which **wine** would you like?　どの（銘柄）のワインがいい？
— I'm happy with **any wine**.　どのワインでもいいですよ。

⑥ The restaurant has **a lot of** South African **wines**.

このレストランにはいろんな南アフリカ産のワインがある。

→ 1 本ずつではなく、「種類」の輪郭×たくさん

▷ **chicken**

① I saw **a chicken** running around in the field.

1 羽のニワトリが原っぱを駆け回っていた。

② I had **three pieces of fried chicken.**

フライドチキンを 3 ピース食べた

③ I had **some chicken** for dinner.

私は夕食に鶏肉料理を食べた。

④ **Chicken** is healthier than beef.

鶏肉は牛肉よりもヘルシーです。

⑤ When I went to the shop in the evening, they didn't have **any chicken** left.

夕方お店に行ったら、鶏肉はどれも残っていなかった。

▷ **advice**

① I have a problem with my work. I need **some advice**.

しごとである問題があって、何かアドバイスが欲しいんだよね。

② I'm open to **any advice** from the team.

私はどんなアドバイスにも耳を傾けます（だからどしどしアドバイスくださいね)。

③ That was **a** really good **piece of advice**. Thank you.

それはすごくいいアドバイスだった。ありがとね。

advice はコンセプト（魂）なので、輪郭 a がついたり複数形にはできません。でも、一般論ではなく**実態がある話をしているとき**は **some / any / a piece of** で輪郭を描きましょう。

▷ **information**

① **Information** always needs to be accurate.

情報はいつも正確でないといけない。

→ information は「報じられた知識」というコンセプトなので輪郭なし

② She gave me **some information** about the accident.

彼女は私にその事故についての情報をくれた。

→ ✕ informations

③ I've received **an** important **piece of information** about the accident.

その事故について、ある重要な情報を入手した。

→ piece に輪郭 a をつけて、「ある 1 つの」とくくる

Chapter 3

動詞の 5 つのカタチ（原形 /to 原形 /-ing 形 / 過去形 / 過去分詞形）

1 状態を支える動詞と動きを担当する動詞

この章では「動詞」を見ていきます。

日本語では動詞は文の最後にきますが、英語では、主語とほぼ同時に走り出す第2走者ですので、日本語の動詞とは、しごとの仕方がだいぶ異なります。

ここでもできるだけ、「動詞が描く絵」にチューニングしてみましょう。

形容詞や名詞を支える動詞（be 動詞）

be 動詞は、「動詞」と呼ばれるにもかかわらず動きを伴うものではありません。状態（形容詞）や「こういう事がら（名詞）」を支えるための動詞と考えてみましょう。

例 You **are** tall.

→「背が高い」（形容詞）という状態を支えている

He **was** a nurse.

→「看護師であること」（名詞）を過去にして支えている

▷形容詞のように働く動詞

be 動詞が支えるのは、形容詞や名詞以外にも、**動作をしている状態**（現在分詞）、動作が**され終わった状態**（過去分詞）という、形容詞のように働く動詞の場合もあります。

現在分詞、過去分詞については後でもう少し詳しく取り上げますが、**動詞がカタチを変えることで形容詞（＝状態）**のようにふるまう機能です。

例 I am **cooking.**
→料理している状態 →現在分詞

This is **made** in China.
→作られた終わった状態 →過去分詞

▷助動詞

動詞のモード切替え役を助動詞と呼びます。その名の通り、動詞を助けるのがしごとなので、必ず動詞とコンビを組む必要があります(452ページ)。

例 You **can** be a singer.
→ can と be がコンビ

You **must** be tired.
→ must と be がコンビ

このように、助動詞と名詞の間に入って仲を取り持つのも、be 動詞のしごとです。be 動詞は通常主語と連動して変化しますが（I am / She is / You are....）、先の例のように、主語→助動詞→ **be 動詞**と、be 動詞が主語の直後につかない場合は、**主語の影響を受けない**ので、am/is/are の裸の形＝ be のままです。

動きを担当する動詞（一般動詞）

「一般」というのはちょっと不思議な呼び名ですが、日本での英文法解説では、be 動詞以外の動詞をこう呼びます。英語母語話者はもちろん「一般」というコンセプトは持っていませんし、他国の英語教育でもこれを単に verbs（動詞）と呼ぶことが多いようですので、特に「一般」という語に捉われずに考えましょう。

次の２つのタイプに分けることができます。

①**外的な動き**：物理的、肉体的なアクション全般

例 sleep eat run work sit buy push jump go

②**内的な動き**：思考や知覚、心的なもの

例 like believe imagine know smell think understand

これらの動詞は、現在形で主語が I と you 以外の単数のときに語尾に -s がつきます。これが日本人学習者泣かせの三人称単数現在（三単現）の s ですね。

日本語にはないこのルール、「なぜ三人称単数だけ -s がつくのか」と考えがちですが、「三人称単数の -s だけが残り、その他は消滅した」という英語史の事実を知ると、「三単現の -s 以外なくなってくれてよかった！」と思えてきませんか。

古い時代の英語には、他のヨーロッパの言語と同様に、主語が変わるごとに対応する動詞の形（屈折）があったのだそうです。それが消滅して三単現の -s だけが残ったといいます。

2

動詞がカタチを変えるとき
ドヤ顔の文法用語を再確認

名詞や形容詞は決まった輪郭を持っているので、カタチを変える必要はありませんが、人や物の「動き」は一定ではありません。「食べている最中」なのか「食べ終わった」のかは区別する必要がありますね。また、１つの動きの中にも<**始点ー最中ー終点ー完了状態**>のような小さなコマが存在しますので、それに応じて変化させた動詞のカタチが必要になります。

用語の確認とその考え方

英語の話になるとドヤ顔で登場するいくつかの用語の考え方を、ここで一度確認してみましょう。

»形容詞　adjective

その名の通り、「**容**（すがた）を**形**づくる」のが形容詞のしごとですが、実は日本人英語学習者の弱点になりがちです。「可愛い猫」の「可愛い」は形容詞ですが、「モフモフの猫」のようにオノマトペ（擬音語／擬態語）を使って表現することも多いですね。

目に見えるものであればさほど苦労しませんが、「**しっくり**こない」、「月曜日は**やる気が出ない**」のように、動詞なのか形容詞なのか明確ではないことがよくあります。

＜ことばモデル＞で見たように、英語は1語1語が独立していますので、名詞は名詞、形容詞は形容詞、という役割分担がはっきりしています。

例　I feel a bit **uncomfortable** in this jumper.　このセーターはなんかしっくりこない。
→形容詞

I don't feel **motivated** on Mondays.　月曜日はやる気が出ない。
→形容詞

＊形容詞については525ページでも見てみましょう

»不定詞　infinitive

英語の文構造では、大きな骨格を作る＜主語―動詞＞があり、その後ろに必要に応じて名詞や動詞がつながっていきます。主語の動きを示し、文の大きな骨格を作る動詞を**親分動詞**、文中に登場する動詞を**子分動詞**と考えてみましょう。

例　She **needs** **to go** to work.
→子分動詞（to go）
→親分動詞（needs）

上の例の子分動詞、to go というカタチを＜ to 不定詞＞と呼びます。

この不定詞、何が「不定」なのかというと、「英語は主語により動詞の活用が**定**まる」という前提から来ています。

先の例、she needs の need には、she に対応して -s がついていますね。もしこの主語が You であれば need でよいことになります。これが主語（She）が動詞の形（needs）を定めているということです。

よって先程の例だと、to go は主語の she に呼応して、to goes にする必要はないので「不定」です。**主語に左右されない、動詞の生まれたままの姿**です。カタチとしては辞書の見出しに使われるものと同じですので、本書では< **to 原形** >と呼ぶことにします。

»現在分詞・過去分詞　present participle・past participle

これは主にヨーロッパ諸語に見られる動詞の活用の仕方で、私たちには馴染みが薄い考え方です。

「分詞」とは「**分業している語**」を意味し、動詞でありながらカタチを変えることで、形容詞のしごともすることを意味します。**動的な形容詞**と呼ぶこともあります。動詞の分身だと考えてみましょう。

-ing の形を**現在分詞**、-ed（もしくは不規則変化）の形を**過去分詞**と呼びます。「現在」「過去」という名がついていますが、これは発話時を基準にした「時間の情報」ではありませんので、あまり気にしなくても大丈

夫です。

▷現在分詞・「そうしている状態」

例　**running** water
→現在分詞
→そうしている状態の水（流れている水）

この場合、running はその動きをしている**状態＝形容詞**のしごとをしていますが、同じカタチでも、次のような場合は名詞のしごとをしていることになります。

例　**Running** in the corridor is dangerous.
→「廊下を走ること」は危険

-ing 形がこのしごとをするときは、**動名詞**という機能名がついています。すると先ほどの running water は、**動形容詞**と呼んでもよいかもしれません。

これはあくまでも機能名ですので、父親が家ではお父さん、会社では部長と呼ばれるのと同じようなものです。最終的に「1枚の絵」に集約されることを後で詳しく見ていきましょう。

▷過去分詞・「そうされた」状態

過去分詞と仲良くなる大切なポイントは、**力の向き**をつかむことです。<ことばモデル>を思い出してみましょう。英語は一方向に一直線に進むので、どのように力が及んでいるのかが明確でした。

「その場に漂う」日本語では、方向性があいまいですね。

「故障した車」という日本語は車が自然に壊れたかのように聞こえますが、英語では「故障したという行為が完結した車」という必要があります。

  a **broken** car

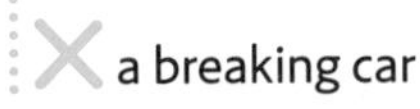 a breaking car

<**主語→する**> （能動態） I **invited** friends for dinner. 私は友達を夕食に招いた。	<**主語←される**> （受動態） I **was invited** for dinner. 私は夕食に招かれた。

過去分詞はなぜ受動態と完了形に使われるのか ～力の向きは同じ～

① Cheese is **made** from milk.　←受動態

② I have **finished** dinner.　←現在完了形

made、finishedはいずれも過去分詞です。受動態と完了形は示すものが違うのに、なぜどちらも過去分詞を使うのか？という疑問を持ったことがある方は多いと思います。そこで少し時代をさかのぼってみましょう。

現在の英語：I **have finished** dinner.　　夕食が終わった。←現在完了形

→過去分詞

古い時代の英語：I **have** dinner **finished**.

現在完了形は、そもそも＜私は→持っている→夕食を→食べ終わるという**動作が完結された状態で**＞という語順だったのですね。夕食は人によって**食べられる**側なので、dinner は、「finish された」ことになります。

～された状態（受動）＝その動作が完結して主語に戻ってきている状態

このように、完了形と受動態は、その根本的な考え方においては同じルーツを持っているということになります。

身近なものの「力の向き」

力の向きの捉え方は、日本人英語学習者の盲点になりがちです。「干し柿」の柿は「干された」側ですが、「干された柿」とは呼びませんね。

英語の視点では、語単位から人との関係性に至るまで、「どこを起点にどの方向に進むのか」を曖昧にすることはできません。私たちがカタカナで使っている英語由来の単語も、日本語の型に入ると「**力の向き**」を失ってしまいます。

身近な例で、力の向きにチューニングしてみましょう。

例

アイスコーヒー　**iced** coffee

→冷やされたコーヒー

比較→ cold coffee

→熱かったものが時間の経過で自然に冷めたように聞こえます。矢印の向きに注目しましょう

カラー鉛筆（色鉛筆）　**coloured** pencils

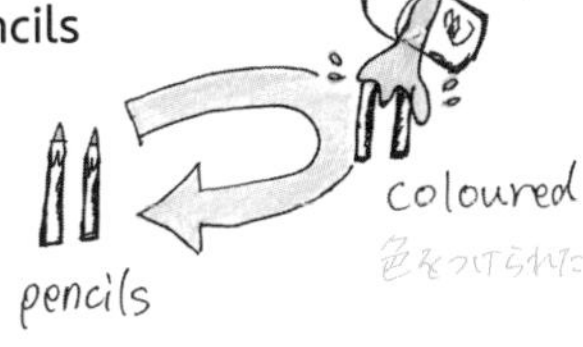

ステンドグラス　**stained** glass

→染められたグラス

マッシュポテト　**mashed** potato　→マッシュされたポテト

落ち葉　**fallen** leaves　→落ちるという動作が完了した葉

カットフルーツ　**cut** fruit　→カットされたフルーツ

*cutの過去分詞

流れ星　a **shooting** star　→流れている星

塗り絵（の本）　a **colouring** book　→（人が）塗るという動作をする本（175ページも参照）

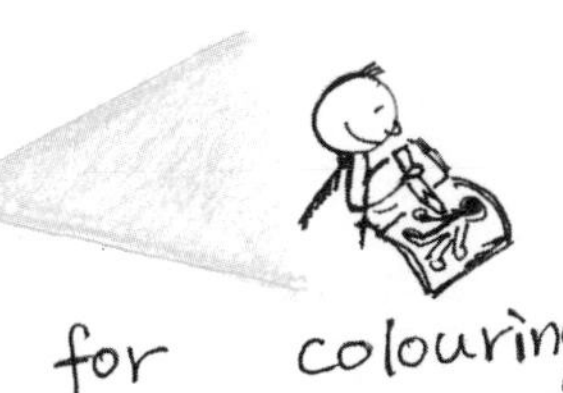

あおり運転　tailgating (driving)　→後続車が車の後部にぴったりくっついてくる運転

3 動詞はカタチを変えてしごとをする
原形 / to 原形 / -ing 形 / 過去形 / 過去分詞形

動詞のカタチを5種類に分けて考えてみます。

①原形
②to 原形
③-ing 形
④過去形
⑤過去分詞形（-ed もしくは不規則変化）

では、それぞれの＜動詞のカタチ＞とそのしごとぶりを見ていきましょう。

④の過去形に関しては時制の章（220ページ）で触れますので、ここではそれ以外の4つのカタチを取り上げます。

まず次のページに make を例にした＜**動詞のカタチ表**＞があります。ここで全体像と相互の関係性、キーワードを掴んでみましょう。その次のページから個別に詳しく解説しています。

動詞のカタチ

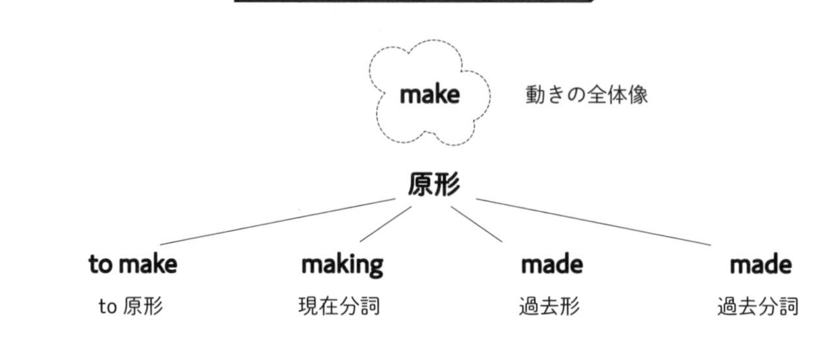

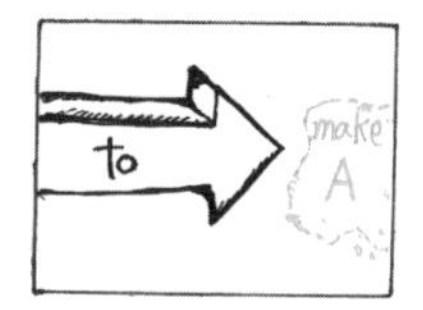

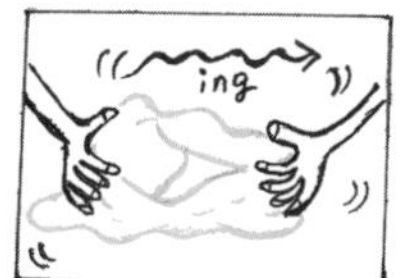

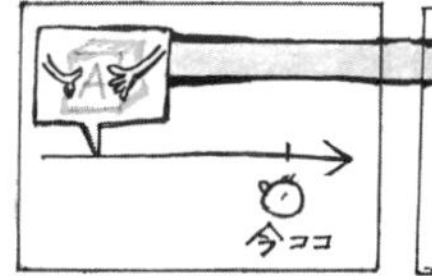

I want **to make** A. I'm going **to make** A. I'll start **to make** A.	I'm **making** A. I enjoy **making** A. This is for **making** A. **Making** A is easy.	I **made** A last week.	I have **made** A. A is **made** by me. **Homemade** A.
順次性	実写性	時の情報としての過去	完結性・受動性
・<矢印のTo>こちらに→向かう →makeに達したかは分からない	・動作中のスナップショット ・makeしている状態→動形容詞 ・もの/こと化する→動名詞	過去空間での一点	Aがmadeされた状態

①<原形>・動きの全体像

キーワード：**全体性、動詞の魂、輪郭を持たない**

base form や root form と呼ばれます。文字通り、他の動詞のカタチを支えてくれる根幹の部分です。

これだけでは時間情報を持たず、「この動作とはこういうことだよね」という**全体像**であるため、実態というよりは動詞の魂の部分で、はっきりとした輪郭を持っていません。

その動作の一コマを具体像として伝えるのではなく、その動作の魂を借りて全体像を示したいときは動詞の＜**原形**＞の出番です。

▷動きの全体像①・現在次元でのファクト

ファクトは**「こういうことである」という事実**です。時間の限定もないので、簡単には動かないどっしりとした情報です。

例 I **drive** every day.　私は毎日運転する。

→運転という動作を毎日する　→「今している」や「これからする」ではない

You **like** jazz.　あなたはジャズが好き。

→あなたはジャズが好きだというファクト。「好きかも」とか「これから好きになる」ではない

▷動きの全体像②・助動詞の後ろ

例 I can **swim** fast.　私は速く泳げる。

→swimという動作ができる　→全体像（「今泳いでいる」のように部分的ではない）

I should **go** home.　家に帰らなきゃ。
→ go という動作をすべき→全体像

▷動きの全体像③・知覚や使役と相性がよい

通常、子分動詞は< to 原形>や< -ing 形>などにカタチを変えて親分動詞にくっついていきますが、あるタイプの動詞が親分動詞になると、動きの全体像である原形を欲しがります。

それが、make、help、let などの使役を表す動詞や、see、hear、smell などの知覚に関係する動詞です（182 ページ）。

これらが親分動詞であるときは、子分動詞で**動きの全体像**を示したいことがあるということですね。

例 In space, no one can **hear** you **scream**. 宇宙では誰にもオマエの叫ぶ声は聞こえない。
（hear → 親分動詞／scream → 子分動詞 原形）

映画「エイリアン」の有名なセリフです。scream（叫ぶ）という行為の全体像を伝えられればよいので原形がピッタリです。そもそもの設定が非現実的なので、「実際に叫んでいるという動作中」というところにはフォーカスしていません。

比較 → I **heard** a group of people **screaming** outside, so I couldn't sleep.
（heard → 親分動詞／screaming → 子分動詞）
何人かのグループが外で叫んで、眠れなかった。

この例では、「まさに**そうしている**様子」を頭の中で描きながら相手に伝えようとしているので、スナップショットのようにその動きの一部を切り取る -ing 形がピッタリです。

使役動詞や知覚動詞については後に詳しく見ていくことにしましょう。

②< to 原形>・順次性で次に導く

キーワード **：順次性、方向を示す矢印 ⟶**

一般的には、「to 不定詞の○○用法」のようにたくさんの用法に分類され、まるでコンビニの店員さんのようにいろんな種類のしごとをしているように見えますが、そのど真ん中にあるのは**順次性**です。それに色々な意味付けがされていきます。

»「こちらに向かいますよ」と導くのがしごと

< to 原形>と仲良くなるポイントは、「**to と後に続く動詞は一体**」と考えることです。< eat—eating >の関係と同じで、< eat—to eat >と、動詞の１つのカタチと考えてみましょう。

ロケーションワードの章でも前置詞の to が登場しますが、そのしごとぶりは同じです。

< to 原形>のキーワードである**順次性**のしごとは、<次はこの動作に向かう>という矢印 ⟶ の絵を描き、順々に次の情報へと導くことです。

だから必然的に、want、need、plan のように、「これからこの動作に向かう」という情報を欲しがる親分動詞と相性がよいのです。

以下の例では、to の部分を「⟶」に入れ替えて順時性を示しています。日本語では、to の後ろを先に伝えますよね。＜ことばモデル＞の英語の方向性と合致させながらチューニングしましょう。

例

I want ⟶ eat something　何か食べたい。
欲しい⟶何かを食べる

I need ⟶ think.　考える必要がある。
必要がある⟶考える

I'm planning ⟶ go to Okinawa.　沖縄に行く予定を立てている。
予定を立てている⟶沖縄に行く

I have decided ⟶ buy a new phone.　新しい電話を買うことに決めた。
決めた⟶新しい電話を買うって

I'm expecting ⟶ receive a parcel today.　今日小包が届くことになっている。
期待している⟶今日小包が届くということを

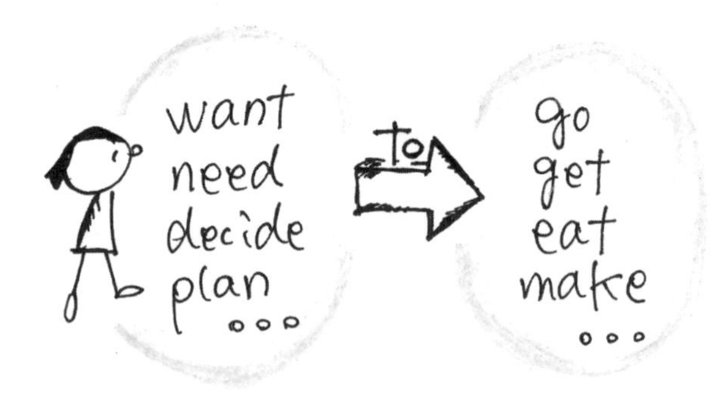

» ＜こちらの動作に向かう＞という情報を必要とする親分動詞

以下の動詞が親分になると、次に続く子分動詞は＜ to 原形＞である必要があります。これらは＜こちらに向かう＞という**順次性**が必要という共通点があることにチューニングしましょう。

want　need　decide　expect　promise　refuse　manage　pretend　offer
fail　afford　agree　hope　learn

例 I can't afford **to buy** a new car.　経済的に新しい車を買えない。

新しい車を買う動作に向かう経済的余裕はない→経済的に新しい車を買えない

I've never learnt **to swim**.　泳ぎ方を習ったことがない。

泳ぐという動作に向かうための習得をしたことがない→泳ぎを習ったことがない

» ＜順次性の to ＞は「そしてこうする」と導く・理由や目的という意味づけ

「～するために」という日本語が対応するので、逆から訳してしまいがちですが、英語は進行方向が命です。

例 I bought a suit **to** wear **to** my friend's wedding.
友達の結婚式に着ていくためにスーツを買った。

私は買った→スーツを→そしてそれを着て→友達の結婚式に向かう

ここでも to の、「こちらの動作に向かう→」というしごと内容は変わりません。

例 I'm ready **to go**.　出かける準備ができている。

準備できた→そして go する

I came **to see** you.　あなたに会いに来た。
私は来た→そしてあなたに会うよ

» ＜順次性の to ＞は、まとめ情報から詳しい情報へと導く

これまで見てきた例では、「この次はこれをする」と動作の順番がはっきりしていましたが、動作の順番ではなく**「まとめ情報→詳しい情報」**へと導くこともあります。

例 It was impossible **to remember** all the words.
その語を全て覚えるのは無理だった。
それは無理だった（まとめ情報【抽象】）→その単語を全て覚えるのは（詳しい内容【具体】）

このように、＜順次性の to ＞は、**まとめ情報（抽象）→詳しい内容（具体）へ**という導き方をします。

ここでも＜ことばモデル＞を思い出してみましょう。文が進むと共に○の大きさがどんどん小さくなっていましたね。この原理に従うと、ひとつの文内での情報の大きさは、**大→小**へ、つまり**荒い情報→細かい内容**に移行すると考えられます。

＜抽象→具体＞は、英語でのコミュニケーションに欠かせない考え方ですので、525 ページでもう一度見てみましょう。頭の片隅に置いておいてください。

例 It's kind of you **to** say so.　そういってくれるなんて、親切ですね。
それはあなたの親切な一部ですね（大）→ そういってくれることは（小）

(It's) nice **to** meet you.　お会いできてうれしいです。
うれしいです（大）→ あなたにお会いできて（小）

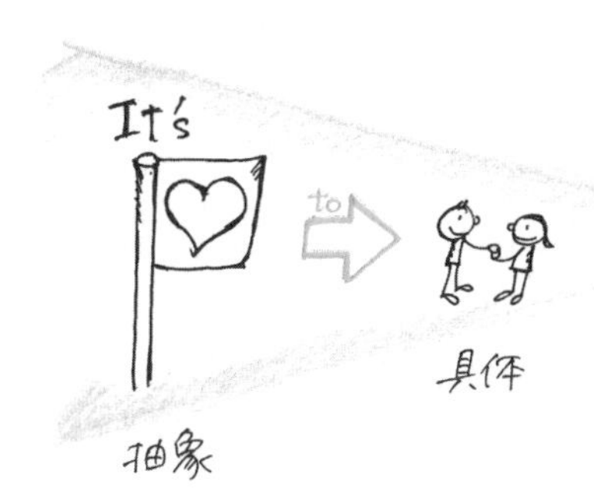

この場合でも、to の時間的な順次性が完全なくなるわけではありません。Nice **to** meet you. は、既にその相手を目の前にして交わす挨拶ですが、その相手との会話を本格的にはじめるのは「これから」ですので、<うれしいです→**これから**あなたと知り合いになれるのが>と考えることもできます。

比較→ Nice **meeting** you.

後に見てみますが、この meeting は<動作中のスナップショット>ですので、「そうしている絵」が既に描けていることになります。よって、別れ際に「お会いできたことがうれしかったです」と伝えたいときにピッタリです。

例 I'm sorry **to** hear that.
残念な気持ちです（大）→それを聞いて（小）

これも、すでに残念な知らせを聞いた後のセリフですが、ここで聞いたのはまだ「荒い情報」です。現実的な会話では、相手が詳しい内容をこれから話すのが自然な流れですので、<残念な気持ちです→これからあなたが話す内容を聞くのは>という時間的な順番と捉えることもできます。

例
A: I've lost my job. 実は、失業したんだよ。

B: I'm sorry **to** hear that. 気の毒に思うよ。

残念な気持ち→これからその詳しい内容を聞くのが

A: Ten people have been laid off and I'm one of them.

10 人が解雇されて、自分もその中の 1 人でさ。 → that の詳しい内容

比較→ ここまでの例を見てきて、「遅れてすみませんでした」を次のようにいいたくなるかもしれません。

✕ I'm sorry to be late.

この場合、I'm sorry と be late. の関係は、「遅れた」という事実が先にあって、それに対して「ごめんね」といっています。「ごめんね→これから遅れるよ」ではないので、to が be late に導いてしまうと、違和感センサーが鳴ります。

よって、次のように伝えましょう。

◯ I'm sorry **I'm** late.

» <順次性の to >が文頭にあるときも、「こちらへどうぞ」は生きている

かつて中学でこのような書き換え問題がありました。

Q. “To see is to believe.” を動名詞を用いて書き換えなさい。
（学校で習う文法だと、正解は Seeing is believing.）

日本語では to see でも seeing でも「見ることは信じること」という訳が対応するので「意味は同じ」と捉えがちですが、カタチが変わればそこに宿るものも変わります。< to 原形 >の場合は**順次性**が働いていると考えるのが自然です。

-ing という動詞のカタチについてはこの後に触れますが、-ing 形のキーワードは**実写性**です。

よって、状況によって、この２つを区別したくなります。

例

あなた：今公園で人間と同じくらいの大きさの犬を見たよ。

友達：ウソでしょそんなの。

あなた：ほんとだよ。じゃ一緒に見に行こう。
“To see is to believe” だよ！

To see is to believe.

（その公園に一緒に行く）

友達：ほんとだ！あの犬、人間と同じくらい大きい。
“Seeing is believing” だね！

Seeing is believing.

というように、「これからその動作に向かう」ときは**順時性**が欲しいので to で導き、「その光景を実際に見た後の発話」では、**-ing の実写性**が欲しくなります。

「To do list（やることリスト）」は「これからやること」を書かなければなりませんので必要なのは順次性です。「Doing list」だと「やってるリスト」になってしまいますね。

では次に -ing という動詞のカタチを見てみましょう。

③< -ing 形>・動作中のスナップショット

キーワード ：**実写性、動作中のスナップショット、もの/こと化**

動詞の原形に -ing がつくカタチです。

＜動詞のカタチ表＞（160 ページ）で、making の絵と他の動詞のカタチの絵を比べてみてみましょう。

making だけはこの 1 枚の絵を見ただけでどんなアクションをしているのかが分かります。他の絵は、どんなアクションなのかを当てることはできませんね。

通常アクション（動詞）は絵に描きにくいのですが、-ing の絵は流動的な動きを**スナップショット**してくれるので、その動きの様子が**客観的に分かる**ということがポイントです。

このカタチが描く絵は、「その動きをしている**状態**（動形容詞）」と「その動きをすること/している**こと**（動名詞）」という２つのしごとをすることになります。機能は違っても、**描く絵は同じ**であることにチューニングしましょう。

例 A boy is **running**  in the corridor. 男の子が廊下を走っている。

Running  in the corridor is dangerous. 廊下を走るのは危ない。

例 The babies are **sleeping.**  赤ちゃんたちが寝ている。

Sleeping  babies are cute. 寝ている赤ちゃんってカワイイ。

例

I like  私は泳ぐのが好き。

 is good for your health. 泳ぐことは健康によい。

» <動作中のスナップショット>・動きに「尺」があるから状態になる

「現在進行していること」は一瞬で終わる動きではなく「**尺**」があるので、「**そうしている状態**」になります。よって、状態を支える be 動詞が必要です。この状態動詞で現在のことか過去のことかを区別します。

例 **I'm eating** lunch. お昼ご飯を食べている。
→現在→今まさに食べている（状態）

I **was eating** lunch when my mum called me.
母から電話があったとき、お昼ご飯を食べていた。
→過去→食べていた（状態）

この**動きの尺**はファクトと区別するための重要なしごとも担います。日本語では次のようないい方で区別します。

1）彼女は**恥ずかしがりや**です。

2）彼女は**恥ずかしがって**います。

1）she=shy で、彼女の性格をファクトとして捉えており、時は無関係。
2）「今」何かの理由があり恥ずかしい思いをしている。

この違いを英語で示すとこうなります。

1) She **is** shy. →彼女はシャイな人だというファクト=静止的

ファクト
She is shy.

2) She **is being** shy. →動作中のスナップショット=動的→そのときそうしている状態（その後はまた変化する）

ing
She is being shy.

このように、＜動作中のスナップショット＞はファクトにすべきではない事がらに、「今そうしている状態なだけ」という情報を与えてくれます。

例
You **are** unreasonable. あなたは理不尽な人だ。
You **are being** unreasonable. あなたは今理不尽な言動をしている。

例
You **are** nice to me. あなたは（いつも）私に優しい人だ。
You **are being** nice to me. あなたは今私に優しくしてくれてる。
→普段はそうじゃないのにね、という皮肉になりかねないので注意

» <動作中のスナップショット>・名詞の前や後ろにポジショニング

名詞の前や後ろにつき、その名詞により詳しい動きの絵を与えたり、その名詞の動きを絞り込んだりという、形容詞のようなしごとをします。

▷ 名詞の前につき、名詞に「動きの絵」を与える

既に "sleeping babies" の例で見てみました。< -ing 形 > が名詞の前にポジショニングすることで、**「これからこういう動きの名詞を描いてね」という指示**になります。

例 We've got some **breaking news** for you.　ニュース速報です。

もしこれが、to break だったら「これから break に向かう」と、まだブレイクはしていない＝ニュースになっていない、ということになりますね。

例 That was an **exciting match**.　あれはとても興奮する試合だった。
We watched a **depressing film** last night.　私たちは昨夜、暗い映画を見た。

このポジショニングをとると、形容詞と見分けがつきにくくなりますが、-ing の「今そうしている／今そうなっている感」は生きています。

例 an **underlying** health condition
→基礎疾患。英語では「下（＝見えないところ）に横たわっている」健康状態
ongoing negotiations
→今進行中の交渉（まだ終わっていない）

▷ 名詞の後ろにつき、名詞の動きを説明して、絞り込めるようにする

このときは、<名詞→それは今そのアクションをしている>という順番で説明を加えることになり、**その名詞の情報を絞り込んで**いきます。

例 The lady **singing** is my sister.
→「あの女性」に説明を加えて「何をしてるのか」を絞り込めるようにする

比較 → ✕ The singing lady is my sister.

→「歌姫」のような響きになる

＊Dancing Queen → 歌のタイトル（あえて訳すと「ダンスの女王」）

例 Who is the man **standing** over there?

→「その男性」に説明を加えて絞り込めるようにする

あそこに立っている男の人は誰？

→親分動詞

The car just **turning** the corner looks like my dad's.

今ちょうど角を曲がっている車は父親の車に似ている。

→ car の今の動きを説明。is turning ではないので、親分動詞ではないことが分かる

» <動作中のスナップショット>・静止画だから<もの/こと化>する

-ing 形は<動作中のスナップショット>＝静止画なので安定的で、**名詞化（＝もの/こと化）**することができます。よって通常は名詞が牛耳るポジションに、名詞の顔を装って居座ることができます（動名詞）。

例 **Walking** every day is good for you. 毎日歩くことは身体に良い。

I'm looking forward to **seeing** you soon. 会えるのを楽しみにしています。

→ I'm looking forward to it. のように名詞と入れ替え可能

Thank you for **coming** today. 今日は来てくれてありがとう。

→ロケーションワード（for）は安定的なものと接着する

▷ 名詞 + for + < -ing >に置き換えてみる

先に見た running water は、water 自体が流れている状態（running）でしたが、同じカタチでも、捉え方の調整が必要な場合があります。

例 **washing** machine → a machine for **washing**.

人が関与してそれを動かしたり、人が関与しないとその機能が果たせ

ないものは、このように入れ替えて考えてみましょう。

例 **living** room
→人が living するための部屋 → a room for **living**

skipping rope
→人が skip するためのロープ（縄跳び縄）→ a rope for **skipping**

④過去分詞・<完結>しているから<受動>できる

過去分詞は、**動作が完結された状態**であり、その対象に視点を置くと「その行為をされたもの/こと」という側面を持ちます。時制における完了形や受動を示すためにはこのカタチでした。ここでも**力の向き**にチューニングしましょう。

例 I got **lost** in the forest. 林の中で迷子になった。
→lose という動作が完結（＝lost）された状態

Let's get **started**. → Let's get (it) **started**. さあ、始めましょう。
→それを「スタート完了状態」にしよう

lost and found（駅などの 遺失物取扱所の名称）、イギリス英語では lost property（property：所持品）と、「落とされた」「見つけられた」という力（ちから）と時の向きがはっきりしていますが、日本語の「落としもの」は「落とす」と「もの」の関係が示されませんね。

»＜完結と受動の過去分詞＞・するのか、されるのかの関係性を見極める

日本語訳には表れないので、「する側」か「される側」かを見失わないようにしましょう。

例 Keep the door **locked**.　　ドアを施錠したままにしておいて。

→ドアはロックされる側

I need to get **changed**.　　着替えなきゃ。

→ I need to get (myself) changed. → 自分は着替えさせられる側

I need to get changed.
change
された自分を
ゲット

例 Pocky are long, thin biscuits **coated** with chocolate.
ポッキーは細長いビスケットがチョコレートでコーティングされている。

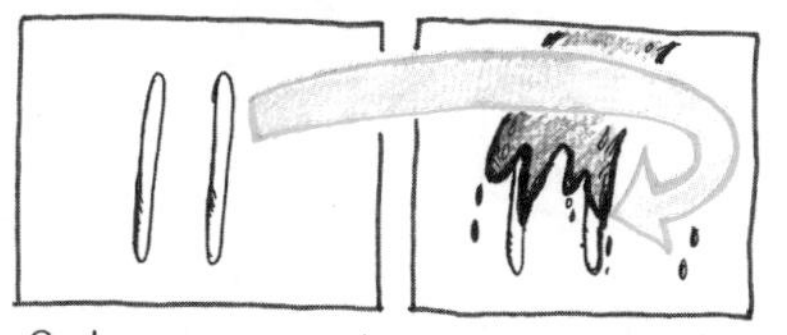
Pocky are long, thin
biscuits
coated
with chocolate

例 Would you like your bento **warmed** up?
お弁当を温めますか？

チンッ
Would you like
your bento
warmed
up?

会話の中で「了解です」といった感じで、“Understood.”と1語だけでいうことがあります。これは、過去形ではなく、It’s understood. →その内容は理解された、ということですね。

»＜完結と受動の過去分詞＞・既に完結された動きを、今持っている

例 I have **decided** to quit my job.
→しごとを辞めると決定した→その決定を今も持っている

＊現在完了形については、時制（225 ページ）

We will miss you. と You will be missed.
〜「動きの向き」が描く気持ち〜

miss: 欲しいと思うものを手に入れることができない

例

I missed the last train.	終電を逃した。
I missed it!	はずれた！

→遠くからゴミ箱にゴミを投げ入れようとして入らなかったときなど

「miss + 人 = 〜がいなくて寂しい」という紐づけは一度アンインストールしましょう。宅急便の不在通知には、どこの会社のものでもだいたい“Sorry we missed you.”と書かれています。ここでは寂しがってはいませんね。

引っ越す人や会社を辞める人などに送るカードには、“We’ll miss you.”と

"You'll be missed." の２種類が売られています。読者の皆さんなら、どのように選び分けるでしょうか。

We'll miss you. が描く絵

We が起点なので、会社の同僚や学校の同級生など、複数名が属していたところからその人がいなくなるという印象が強いかもしれません。

You will be missed. が描く絵

you が起点ですが矢印はまた you に戻ってきます。you が主役なので、特に存在感があった人に対しては、こちらを選びたくなるかもしれません。

お葬式では故人に "You'll be missed forever." というメッセージを送ったりします。「誰に」よって miss されるのかは不要であり、「あなたの存在自体」にフォーカスしていることが分かります。

» <完結と受動の過去分詞>・気持ちは勝手に動かない

ここで見てみたいのは、気持ちを表す動形容詞です。辞書上の分類では形容詞になりますが、**力の向き**の考え方は、これまでと同じです。

英語は「ムカつく」という発想はしません。「（何か／誰かに）ムカつかされる」です。

心の動きを表すとき、その主体である「人」は「される側」です。何か原因がなければ自分の気持ちは動くことはないという発想ですね。

例
I'm **surprised.** 驚かされた。
amazed. 驚愕させられた。
depressed. 落ち込まされた。
disappointed. がっかりさせられた。

frustrated.	イライラさせられた。
stressed.	ストレスを感じさせられた。
bored.	退屈な気分にさせられた。

自分にその感情をもたらした対象を示したいときは、ロケーションワード（前置詞）で接着します。

例 I'm **disappointed with** the test result.

比較→ The test result is **disappointing.** そのテスト結果は残念なものだった。

(I had a very **disappointing** test result.)

人ではなく、＜もの/こと＞が主語になる場合は、力の向きは変わるので、disappointing で「そのような状態」にしましょう。

例 I'm getting **bored of** eating curry every day.　毎日カレーで飽きてきた。

→自分は飽きさせられてきた →毎日カレー食べることによって

Eating curry every day is **boring**.　毎日カレーはつまんないよね。

→毎晩カレーを食べる＝つまらない状態

日本語では「毎日カレー**で**飽きてきた」のようないい方をするので、「飽きてきた」と「毎日カレー」の関係性が絵には表れません。しかし、英語ではしっかりと矢印の方向が描けることにチューニングしましょう。

4 親分動詞との関係で決まる、子分動詞のカタチ

文中に登場する子分動詞は、親分動詞との関係でそのカタチが決まります。

例 I've **decided to quit** my job.　しごとを辞めることにした。
（decided →親分動詞、to quit →子分動詞は<to原形>）

You always **make** me **smile**.　あなたはいつも私を微笑ませてくれる。
（make →親分動詞、smile →子分動詞は原形）

want、hope、plan…のように「こちらに向かう」という情報が欲しい親分動詞は、< to 原形>との相性がピッタリなのを見てきました。しかし親分動詞の中には、示したい内容によって、< to 原形>< -ing形>かのいずれかを選ぶ必要があるものがあります。ここでは親分動詞と子分動詞の相性について見てみましょう。

1）make、let、help は動作の「引き金」を引くこと

使役動詞と呼ばれる **make**、**let**、**help** は、力の方向に敏感な英語にとって、なくてはならない存在です。

日本語には使役動詞というものはなく、「～してもらう」「～させる」という動詞の語尾で表しますね。

「使役」というのは、主語が相手の動作や状態の引き金を引いてしま

うことだと考えてみましょう。

これが英語の型に入ると、<**主語→引き金を引く(使役動詞)→相手→(相手の)動作**>となります。

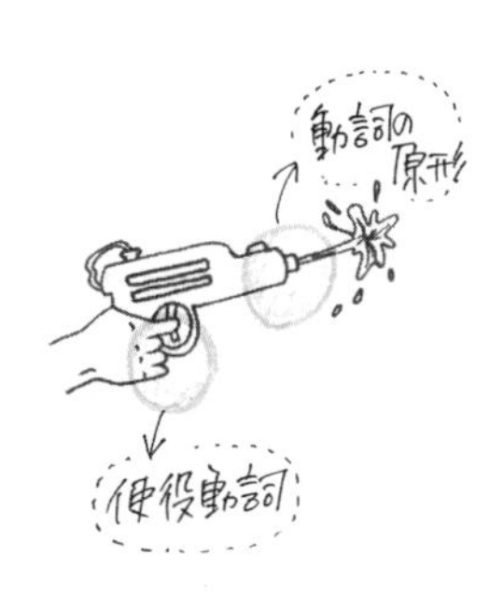

親分動詞と子分動詞が同時発射することになるので、make、let、help に続く動詞は**動作の全体像を示してくれる原形**がピッタリです。

▷ **make**

対象がものでも人でも「ある形や状態につくる」ことを意味します。

＊原理動詞 319 ページ

例 My parents **made** me **go** to school.

→「学校に行く」という動作の全体像→原形

両親は作った→私が→学校にいくという動作を

(私の意思は関わっていない→両親は私を学校に行かせた)

「私が学校に行く」という動作の引き金を両親が引いていることになるので、自分の意思ではないことになりますが、make が必ずしもネガティブな引き金を引くことにはなりません。

例 You **made** me **laugh**. あなたは私を笑わせてくれた。

この場合、「あなたは私が笑う引き金を引いた」ことになりますので、自分を笑わせてくれるポジティブな意味をまとっています。

▷ help

help も使役動詞の仲間です。このことからも、使役動詞＝無理やり感、ではないことが分かりますね。

例 You **helped** me **go** to school. あなたは私が学校に行けるように手助けしてくれた。

比較→ You **made** me **go** to school. あなたは私を（無理やり）学校に行かせた。

それがその人(目的語)の望むことであれば help したことになりますし、その人の意思にそぐわないものであれば make したことになる、というわけです。

▷ let

let=「～させる」、という紐づけは一旦アンインストールしましょう。

let を体感するとこんな感じです。両手でボールを持っているとします。その手を離してそのボールが地面に落ちるところを想像してみましょう。このとき、あなたはボールを let go したことになります。

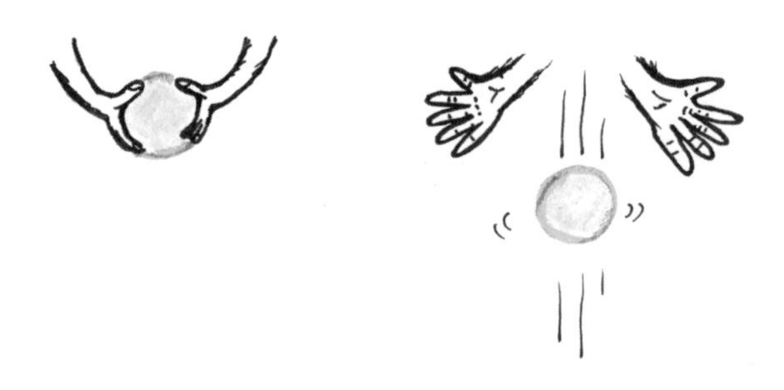

動作主（主語）→ボールが動かないように、その動きを止めている
ボール（対象）→手を離されたら自然に動く、動きたい

このように、**動きたい側とその動きを止めている側**がいて初めて let が成り立ちます。日本語の「〜させる」とは守備範囲が異なることに注意しましょう。以下の 3 つの中で、let が必要なのはどれでしょう？日本語を頼らずに、先ほどの絵にチューニングしてみてください。

①そのレポートは部下に**提出させる**。
②犬を自由に走り**回らせる**。
③子どもに夕食を**食べさせて**から出かけた。

この中で、let しているのは、②だけですね。

① I'll **have** a junior colleague submit the report.

② I **let** the dog run around.

→犬は離すと自由に走り回る。人間側はそれを止めていることになる

③ I gave my children dinner and then went out.

例 Please **let** me **know** if you have any questions.
何か質問があればお知らせください。
→Eメールでの締めによく使う →me は know したがっている

I'm sorry that I **let** you down. がっかりさせてごめんなさい。
→you は down したいわけではないが、I が何もしなければ you は down しない。持っていたボールを離すように自然に down した

»対象とアクションの「力の向き」に注意

これまで見てきた例では、対象とそのアクションとの関係は<対象―する>というものでしたが、<**対象―される**>という関係もあることに注意しましょう。

例 You must **make** your voice **heard**.

→ your voice は「聞かれる」側

自分の声を（社会）に聞かせなければならない。

あなたは→ make しなければならない→自分の声（が）→聞かれる状態を

I know enough Japanese words to **make** myself **understood**.

自分のことを理解してもらえる程度の日本語は知っています。

→ myself は understand される側

私は十分な日本語を知っている→ make する→自分自身（が）→理解される状態を

2）知覚で捉えるものは、全体像かスナップショット

知覚動詞と呼ばれるものについて考えてみます。

知覚というのは、見たり、聞いたり、嗅いだりすることですが、これらの動作が親分動詞になるときは、**原形**か **-ing 形**どちらかを子分に置きます。

「ある動作を見る、聞く」と自覚している時点で、既にその対象となる動作は起きているはずなので、< to 原形>のしごとである「この動作に向かう」とは性格が合わないことが分かりますね。

例 前提：He broke his leg two days ago.　彼は 2 日前に脚の骨を折った。

→ I **saw** him **walk** from the hospital to his car.

彼が病院から車まで歩くのを見たよ

→脚、大丈夫なんだ！

→原形で全体像

前提：It's 7 pm now, but my daughter hasn't got home yet.
もう夜７時なのに娘がまだ帰ってきていない。
→ I **saw** her **walking** past the convenience store earlier.
さっきコンビニの前を通るのを見たよ。
→動作中のスナップショットでそのときの動きにフォーカス

伝える内容によっては、ほとんど違いを作らない場合もありますが、まずは、次のことにチューニングしましょう。

動きの全体像を知覚（見る/聞く/嗅ぐ）したことを伝えたい → 動詞の原形で動きを丸ごと

動きの一部を知覚（見る/聞く/嗅ぐ）したことを伝えたい → 動作中のスナップショット（-ing 形）で、その動作の一部を切り抜く

例 I **heard** him **play** the piano. I thought he could only play the guitar.
→動きの全体像
彼がピアノを弾くのを聞いたよ。弾けるのはギターだけだと思ってた。

I **heard** someone **playing** the piano next door.
→動作中のスナップショット
隣の家で誰かがピアノを弾いているのが聞こえた。

»このときだけは譲れない・can と知覚

このときだけは -ing 形を譲れない、という場合があります。

例 I **can smell** something **burning**.
→今まさに何かが焦げている

知覚動詞に **can** がついているときは、子分には、＜**動作中のスナップショット**＞である -ing 形でなければなりません。

もしここに原形を引き連れてしまうと、＜原形＝全体像＞ということから、「私は焦げの匂いを嗅ぐという行為自体が可能なのだ」という情報になってしまうのですね。

＜動作中のスナップショット＞の -ing 形にすれば、「今」進行形で起きている出来事、と限定することができます。

例 ○ I **can hear** someone **talking** about me.
→誰かがまさに私について話しているのが聞こえる

× I **can hear** someone **talk** about me.
→「自分についての会話」を聞く能力を持っている

3) 親分動詞のすぐ後に子分動詞・親分の性格次第

ここでは、親分と子分が直接つながるケースを見てみましょう。
以下の 3 パターンに分類できます。

①＜ to 原形＞だけを従える親分動詞 → ＜この動作へ向かう＞と導きたい

②＜ -ing 形＞だけを従える親分動詞 → 動作中のスナップショットで＜この動作をしていること＞とダイレクトにつなげたい

③＜ to 原形＞か＜ -ing 形＞かを選ぶ親分動詞 → 伝えたい絵が決定打

まずは、＜**親分動詞と子分動詞の関係図**＞で全体像にチューニングしてみましょう。

<to原形>だけを求める親分動詞

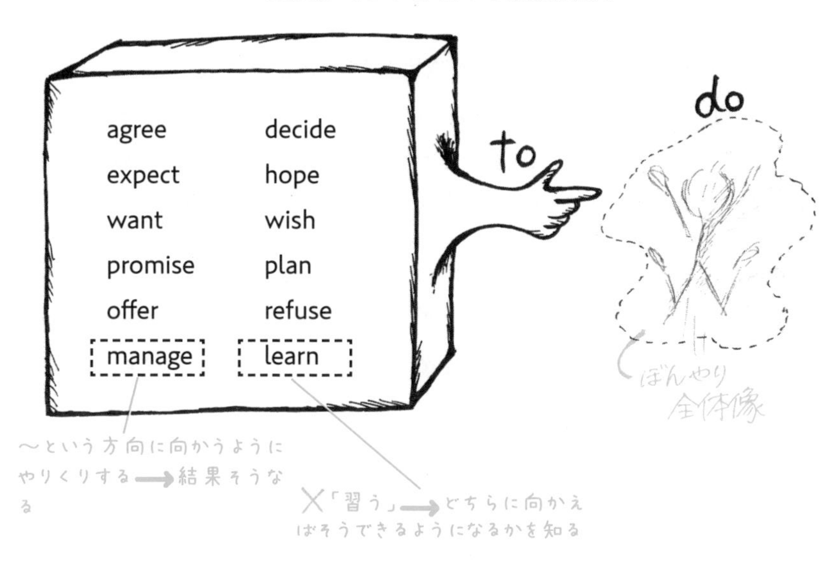

agree
decide
expect
hope
want
wish
promise
plan
offer
refuse
manage
learn
to
do
ぼんやり
全体像
〜という方向に向かうように
やりくりする→結果そうなる
×「習う」→どちらに向かえばそうできるようになるかを知る

<-ing>だけを求める親分動詞

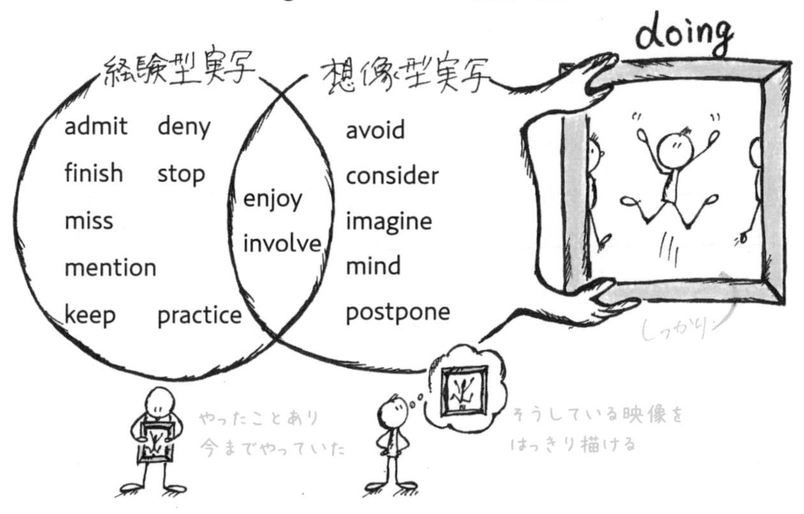

経験型実写
想像型実写
doing
admit
deny
finish
stop
miss
mention
keep
practice
enjoy
involve
avoid
consider
imagine
mind
postpone
しっかり
やったことあり
今までやっていた
そうしている映像を
はっきり描ける

»①< to 原形 >しか従えない親分動詞・「この動作へ」と導きたい

< to 原形 >は「⟶」で導く**順次性**を持っていましたね。

親分動詞と子分動詞の間に to というワンクッションが挟まることで、「そちらに向かう」ということに焦点が置かれます。子分動詞が示す動きを実際にやったかどうかはその時点では分かりません。

例 I **promised to study** hard.　私は一生懸命勉強すると約束した。
約束した⟶一生懸命勉強するという方向に向かうことを

In winter my car always **refuses to start**.　冬は車がなかなか発車しない。
冬はいつも車が拒む⟶スタートに向かうことを

I'm just **pretending to be interested** in your story.
私はあなたの話に興味があるフリをしてるだけ。
伸ばしている⟶あなたの話が面白いっていう方向に（あなたの話に興味があるふりをしている）
→【原義】：pretend：前方に（pre）＋伸ばす（tend）to　手を伸ばす方向を示したい気持ちが感じられる

»②< -ing 形 >しか従えない親分動詞・動作中のスナップショットで<その動作をしていること>とダイレクトにつなげたい

< -ing 形 >は< to 原形 >のときのようにワンクッションを挟まないので、親分動詞と子分動詞の連携が密接です。子分動詞にはダイレクトに、「**まさにそうしていることを**」という示し方をしてもらう必要があります。

< -ing 形 >が示す <動作中のスナップショット>を、2つのタイプに分けて考えてみましょう。

1）経験型スナップショット：実際にやっている／やっていたことがある

例 I **stopped drinking**.　（これまでは飲んでいたけど）お酒をやめた。
→それまではお酒を drinking していた

I **miss talking** with you.
（それまではよく話していたので）あなたと話すのが恋しい。
→それまではよく talking していた

2）想像型スナップショット：実際にやったことがなくても、そうしている姿を思い浮かべることができる

例 I'm **imagining living** near a beautiful beach.
きれいなビーチの近くに住んでいるのを想像している。
→きれいなビーチの近くに住んでいる姿を想像で描いている

Would you **mind turning** your music down a little?
少し音楽の音を下げてもらってもいいですか？
→ボリュームを下げているところを想像したときに、嫌かどうか

3）その他

enjoy や involve は時制によってタイプが変わりますが、いずれにしても<動作中のスナップショット>が必要です。

例 I **enjoyed talking** with you.　あなたとお話して楽しかった。
→実際にやったこと →経験型

You'll **enjoy talking** with him.　あなたは彼と話すのを楽しめると思うよ。
→実際にそうしている姿を想像 →想像型

My work **involves communicating** with many people.
私のしごとは、多くの人とコミュニケーション取ることを必要とします。

»日本語訳ではなく、単語の「ど真ん中」にチューニング

対応する日本語を基準にして考えると間違いやすい単語をいくつか取り上げて、そのチューニングの仕方を見てみましょう。

日本語訳で英単語を認識すると、それは既に日本語の型に入れていることになりますので、ここでは辞書に書かれている「原義」「基本義」

に目を向けてみましょう（単語によってはこの記載が辞書にないものもあります）。

＊参照：ジーニアス英和辞典第4版

▷ **manage to do**

【原義】「（馬を）手綱で巧みに扱って**ある方向**に進ませる」→**方向性の to**

例 I **managed to** save a lot of money this month.
今月はかなりお金を節約できた。
→お金を節約するという方向に手綱を操った→色々やりくりしてお金を節約できた

▷ **learn to do**

【原義】「**どの方向に進めば**それができるようになるかを知る」→**方向性の to**

例 I'm **learning to** write Kanji.　漢字を書けるようになるために学んでいます。
→どちらの方向に進めば漢字を書けるようになるかを習得している →漢字を書けるようになるために学んでいる

▷ **consider doing**

【原義】（星占いで）星（sider）をよく調べる

これから行うアクションについて使われるため、順時性の to で導きたくなりますが、**既に**頭の中で絵が描けているものを「これで本当に大丈夫かな」と確認することを意味するのですね。

例 I'm **considering buying** a new TV.
新しいテレビを買おうか考え中なんだよね。
→新しいテレビを買っているという絵を何度も描いている→新しいテレビを買おうかずっと考えている

▷ mind doing

mindのど真ん中は、「意識に引っ掛ける」ことです。

意識に引っかけるためには、その動作のスナップショットをしっかりと描けていないといけません。

例 Would you **mind giving** me your email address?
メールアドレスをいただいてもよろしいですか？

Would/Do you mind～？は、「あなたがそのアクションを**している(=ing)**のを想像すると、それは引っかかりますか？」ということになります。

例 Would you **mind** me **asking** a question?
私があなたに質問しても嫌に思いませんか？

»③意味したい内容により、＜to原形＞か＜-ing形＞かを選ぶ親分動詞・伝えたい絵が決定打

この場合は、単語周辺だけを無機的に見てしまうと全体像が見えなくなってしまいますので、時制や会話全体が描く絵もあわせて、絵に矢

印→が出てくる（順次性の to）か、それとも＜動作中のスナップショット＞（-ing 形）かにチューニングしましょう。

▷ remember

【原義】：再び（re）心にかける（member）

● remember to do

顔は矢印の方向（未来）を向いています。

例 **Remember to lock** the door before you go to bed.

寝る前に鍵をかけるのを忘れないようにね。

→寝る前に鍵をかけるという方向に向かうのを

Please **remember** not **to be late** today as the meeting is very important.

今日はとても重要な会議なので、遅刻をしないってことを心に止めといて。

→ミーティングに遅れるという方向にはいかないことを

● remember doing

今度は過去の方を向いています→経験型スナップショット

例 I **remember meeting** her a long time ago.
ずいぶん前に彼女に会ったことを覚えている。

覚えている→彼女に会ったというスナップショットを

I'm sure I locked the door because I **remember holding** the key when I went out.
出かけるときに鍵を握っていた記憶があるから、鍵はかけたはず。

覚えている→鍵を握っていたというスナップショットを

▷ forget

【原義】：入手する（get）ことができない（for）

原則は remember と同じです。タイムライン上に絵を描きましょう。

●forget to do

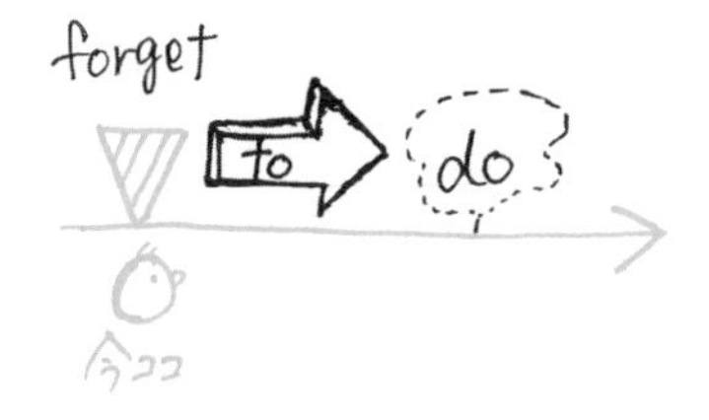

例 I **forgot to close** the window last night, so I was really cold in the morning.
昨夜、窓を閉めるのを忘れてしまい、今朝とても寒かった。

忘れた→窓を閉めるという方向に向かうのを

I can't **forget to buy** my mum a present. Her birthday is today!
母にプレゼントを買うのを忘れちゃまずい。今日はお母さんの誕生日だ！

忘れちゃいけない→プレゼントを買うという方向に向かうのを

●will never forget doing

< forget+-ing >にする必要があるできごとは現実的にはほとんどなく、<will never forget+-ing> が定型と考えてみましょう。

例 I'll never **forget meeting** Haruki Murakami.
村上春樹に会ったことをこれからも忘れない。

→実際にそうしたというスナップショットを忘れない

比較→「昨日卵を買ったことをすっかり忘れていた」といいたいとき

✕ I forgot buying eggs yesterday.

卵を買ったというスナップショットは既に持っているので、形としてはよさそうですが、このいい方は違和感センサーが鳴ります。この場合は次のようにしましょう。

〇 I **forgot** that I bought eggs yesterday, so I bought some more today.
昨日卵を買ったことを忘れて、今日も買ってしまった。

▷ try

【原義】：sift（ふるいにかけて選別する）→選び出す→ trial（裁判、試験）

< **try to do** > と矢印の to で向かうときは、「こちらに向かうことを試みる」ということなので、そのアクションが実現したかどうかは分かりません。よって、過去形< tried to do >「こちらに向かうことを試みた」のときは、聞き手は「**でもできなかった**がくるぞ」と予想しています。

「試みたけどダメだった……」という流れを作るので、子分動詞は難易度が高いアクションが多くなります。漢字で表現するなら「**挑**」といったところです。

< **try doing** >の場合は、実際に子分動詞が示すアクションをやっている絵が描けるので、さほど困難を伴わない行動が多くなります。漢字で表現するなら「**試**」といった印象です。

①I **tried to** reach the top of Mount Everest last year (but I didn't make it). 昨年エベレストの山頂まで登ることに挑戦した。⟶（けど達成できなかった） ②I **tried to** watch the horror film to the end(but I couldn't). ホラー映画を最後まで見ることに挑戦した。⟶（けどダメだった） ③I **tried to** finish my report tonight(but I was too tired). 昨夜、レポートを終わらせようとがんばった。⟶（けど疲れすぎててダメだった） ④It's challenging, but I'll **try** not **to** drink too much. 簡単じゃないけど、お酒を飲みすぎないようにがんばってみる。	①**Try adding** more salt to the soup. スープにもう少し塩を入れてみて。 ②You should **try getting** up early. もっと早く起きる努力をした方がいいよ。 ③If you can't reach me by email, **try calling** me . もしEメールでつかまらなかったら、電話してみてください。

▷ **regret**

【原義】：再び（re）泣く（gret）

この単語からすぐに「後悔する」という日本語を思い出す方も多いと思いますが、その意味になるのは「終わったこと」に限定されます。regret の後に to で導くときは、「これからそちらに向かうのが残念」ということですね。

例 I **regret to tell** you that you didn't pass the exam.
→こちらに向かう
あなたがテストに合格しなかったとこれから伝えるのが残念です。

I **regret getting** angry with my son.　息子を叱ったことを後悔している。
→動作中のスナップショット

▷ **stop**

ひと昔前までは、stop smoking と stop to smoke を例にした解説が定番でしたが、歩きたばこの規制が厳しい今では、この例は時代に合わなくなりましたね。

これを機会に、< stop to do >と< stop doing >を並列に比較するのをやめてもいいかもしれません。なぜなら stop は、そのアクションが描く絵が、他の親分動詞とは少し異なるからです。

● **stop to do**

例 I **stopped to buy** a coffee.　コーヒーを買うために立ち寄った。

このとき stop したアクションは、walking や driving などの「そのときやっている動作」です。

例 I **stopped (driving) to buy** a coffee.
車を止めた→コーヒーを買うので

会話の背景を共有している相手には、この driving のような「今やっている動作」をいう必要がないのが普通です。そのために、stop と to が直結しているように見えますが、全体像を掴むと、次のようにいい換えることができます。

例 On the way to the airport, I **stopped to get** a coffee.
→ stopped **(driving)** to get a coffee
空港に向かう途中で車を止めた→そしてコーヒーを買った

このように、stop の後に to をつなげるときは、

stop ⟶（そのときしていたアクションを）⟶そして新たなアクションに向かう（**to** ⟶）

と補って捉えてみましょう。

例 On the way to Osaka, we **stopped to look** at an old temple.
→ We **stopped** (our journey) **to look** at an old temple.
大阪に向かう途中、古いお寺に立ち寄った。

● **stop doing**

「ある動作をストップした」というときは、経験型スナップショット（-ing）を持っている必要がありますね。

「スポーツジムに行くのをやめた」という場合、間違いなくその人は「これまでスポーツジムに行っていた」ので、子分動詞は -ing 形です。

例 I **stopped going** to the gym after many years.
長年通っていたジムに行くのをやめた。
→これまで通っていたという経験型スナップショットがある

I **stopped buying** coffee every day to save money.
節約のため、毎日コーヒーを買うのはやめた。
→今まで毎日コーヒーを買っていたがそれをストップした。→経験型スナップショット -ing

▷ < to 原形 > でも < -ing 形 > でも意味は同じ？カタチが違えば描く絵も違う

子分動詞が < to 原形 > でも < -ing 形 > でも「意味は変わらない」といわれる親分動詞もいくつかありますが、頭の中で無意識に描いている絵は違うと思っていいかもしれません（英米の差もあるようです）。

▷ like

例 I like **to sing**.　　私は歌うことが好きです。
I like **singing**.

この場合は、like はファクト（現在形）で、「これから歌う」という要素は持っていないので、どちらも伝える内容は変わりません。

でも、次のように明らかに「これから」のことを示すときは、やはり矢印の to で「こちらに向かう」と導く必要がありますね。

例 ○ I'd like **to have** some coffee.　コーヒーが飲みたいな。
× I'd like having

▷ **start**

start というアクションは、<雨は降っていない→降り**始める**→本格的に降る>、のように動きの変化の中で起こるワンシーンです。

頭にポツリと冷たいものを感じ、「あ、雨だ」というときの咄嗟のひと言は、

例 It's started **to rain.**
It has

と出る人が多いようです。まだ本格的には降っていないので、to rain で「**これから**降るぞ」という感覚ですね。

既に雨は降っていて、その降り方が激しくなってきたときは、次のようにいいたくなります。

例 It's started **raining** hard.
It has

もう既に雨が降っているというスナップショットは持っていますので、-ing の絵が描けていることが分かります。「今まで降っていた雨が止んだ」といいたいときは、もちろん It's stopped **raining** ですね。

さて次は、この章で見てきた動詞の 5 つのカタチをタイムライン上に展開して、時制について見ていきましょう。

Chapter 4

時の絵はタイムライン上に描く

1 ＜時の捉え方＞ 2つの法則

法則1「時」は現在と過去の2つ・未来は<今ココ>のもの

まず、「時」の捉え方を整理しましょう。

一般的には、＜現在ー過去ー未来＞という分け方がありますが、ことばでそれを表現するときは**現在と過去という2つの<時の空間>しか存在しません**。なぜなら、「未来」はまだ起きていないので、それは「**現時点**で未来をどう捉えているか」に過ぎないからです。

「来月、東京ディズニーランドに行く」というのは「**現在（=今ココ）**はそのような予定を持っている」とうことですし、「しごと終わったらラーメン食べに行こうかな」も、そう思っているのは**現在（=今ココ）**ですね。

右の図はタイムライン上でそれを示したものです。現在と過去という＜時の空間＞内で、色々な動きや状態が進行したり完結したりします。このように時制は、現在か過去かの**<時の空間> + <どんな動きや状態か>**で表現されることになります。

〈現在空間〉
I cook.
I'm cooking.
I have cooked.
I have been cooking.
今ココ

〈過去空間〉
I cooked.
I was cooking.
I had cooked.
I had been cooking.
今ココ

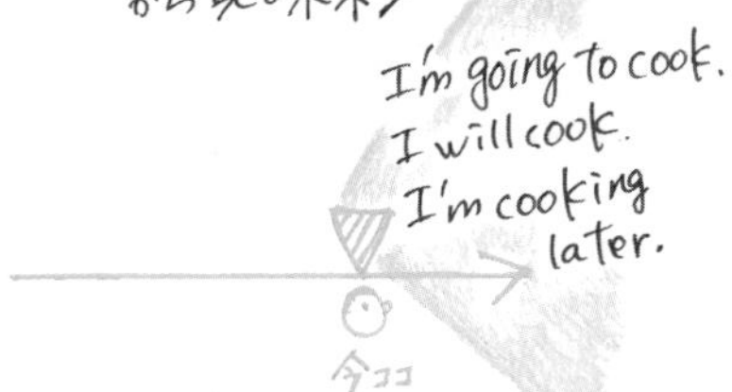
〈現在空間から見る未来〉
I'm going to cook.
I will cook.
I'm cooking later.
今ココ

それぞれのタイムラインの顔の向きにも注目してみてください。

図のいちばん上、＜**現在空間**＞の話をしているときは真正面を向いていて、その下、＜**過去空間**＞での出来事について話しているときは過去を振り返るように顔の向きが変わります。いちばん下、＜未来＞のことについては、＜今ココ＞から未来側を向いています。

これを日本語訳や文法用語だけを頼りにして考えてしまうと、ちょっと混乱してしまいます。

例 I have cooked dinner.　私は夕食を作った。

このような現在完了形は図のいちばん上、＜現在空間＞にあります。対応する日本語が「〜た」で終わり、「完了」とついているので過去のことを示している印象が強くなりがちですが、この have は I have a pen. の have と同じで、現在のことを指しています（280ページ）。だから顔はしっかり正面を向いたままです。

このようなポイントをつかみながら、英語の時制が描く絵を見ていきましょう。

法則2　アンカー（▽）を下ろしながら、タイムライン上を一直線に移動する

次のページにタイムラインを勢ぞろいさせました。まずは全体像をつかんでみましょう。

<タイムライン全体表>

	静止	
現在空間	①現在形 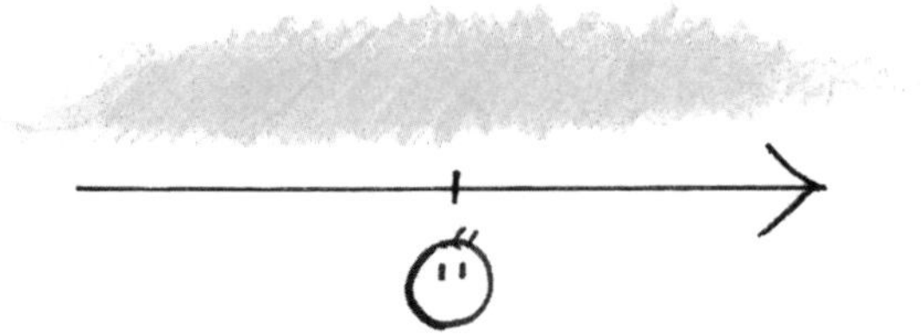 He **cooks** every day.	
過去空間	④過去形 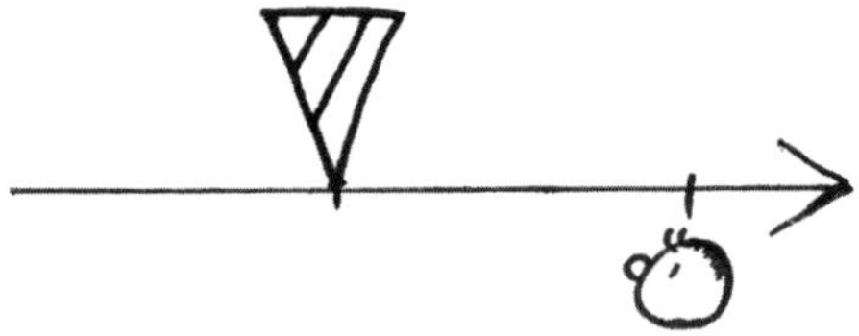 He **cooked** dinner last night.	

動〈動作中のスナップショット〉	動作の完結
②現在進行形 ing He **is cooking** dinner.	③現在完了形 done have He **has cooked** dinner.

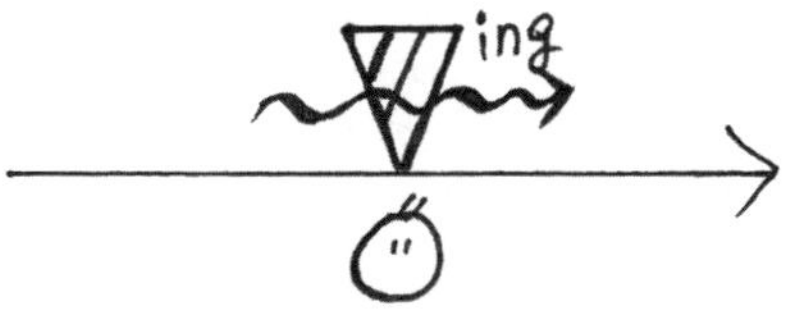

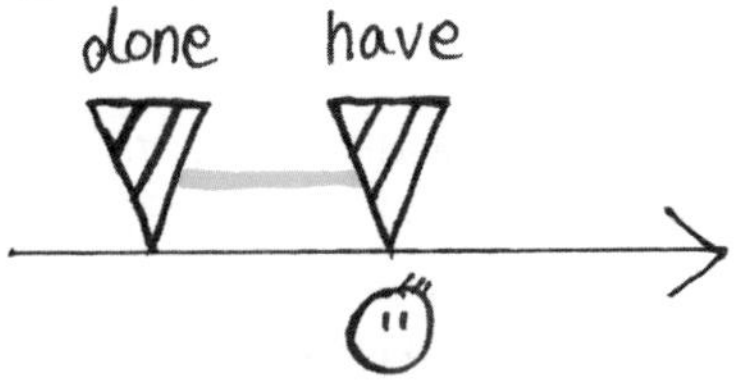

②+③現在完了進行形

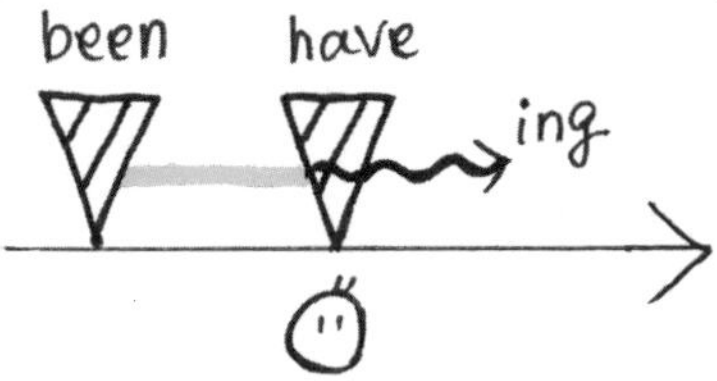

been have ing

He **has been cooking** for two hours.

⑤過去進行形 ing He **was cooking** when I called him.	⑥過去完了形 done had He **had** already **cooked** dinner when I got home.

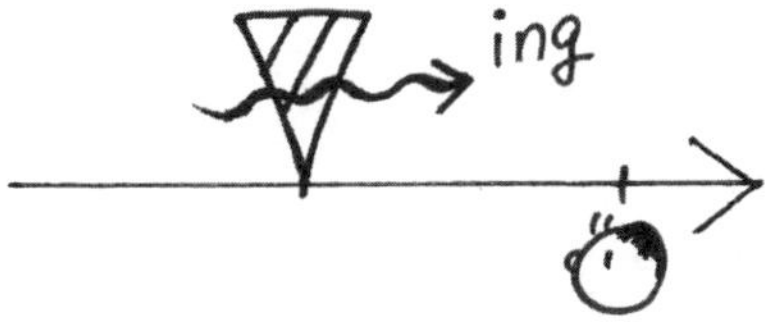

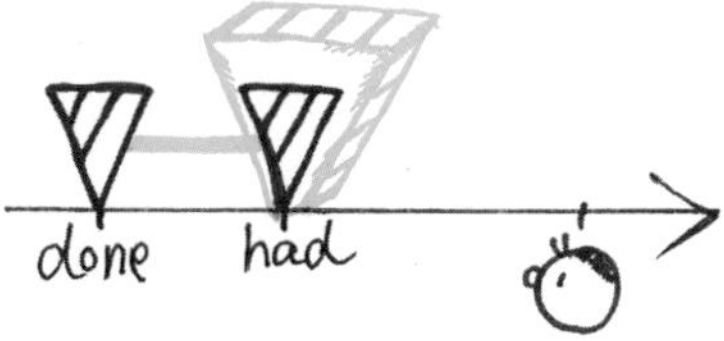

⑤+⑥過去完了進行形

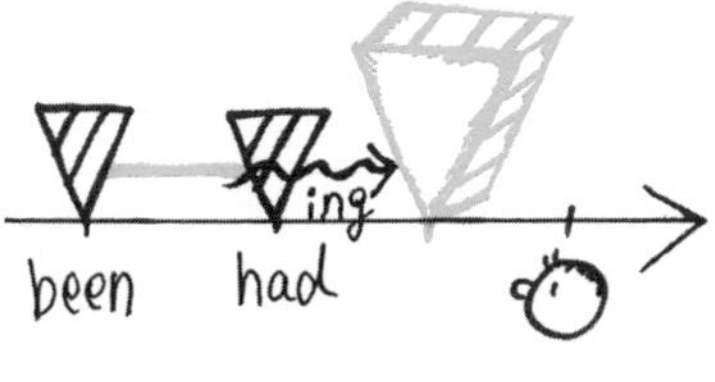

ing been had

He **had been cooking** for two hours when I got home.

＜ことばモデル＞（28ページ）で見た英語の一直線のラインがそのまま、時間を表す絵＝**タイムライン**になります（時間は左から右へ進むという前提です）。このタイムライン上で、**「時」のポイント**にアンカー▽を下ろします（**アンカーポイント**）。ここが大事な基点になります。

アンカー：anchor：船のイカリ→綱引きでいちばん後ろで引っ張る人→リレーの最終走者→テレビなどで意見をまとめる人（アンカーマン）。このように意味が移行する面白い単語です。そのど真ん中は、どっしり安定感があって簡単には動かない、重要な役割を持っているということですね。

»タイムラインとアンカーポイント

▷ I went to bed at 11 pm last night.

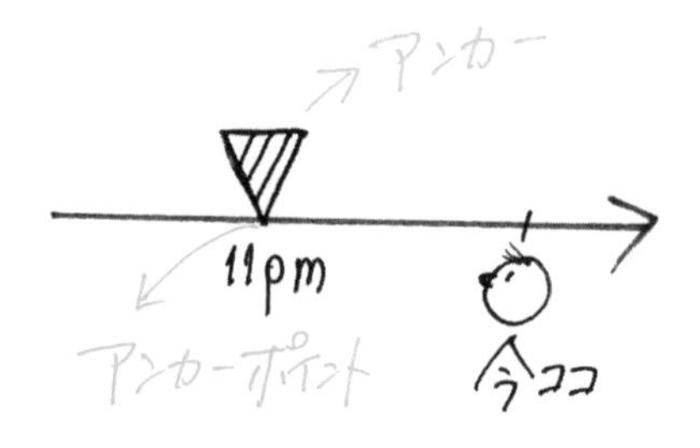

このタイムラインはこれから何度も出てきますが、必ず顔の向きを確認するようにしてください。

では、＜タイムライン＞をもとにそれぞれの時制を見ていきましょう。

2 現在形・現在進行形（図①②）現在空間での＜静止＞と＜動作中のスナップショット＞

現在形・＜過去ー現在ー未来＞をカバーする静

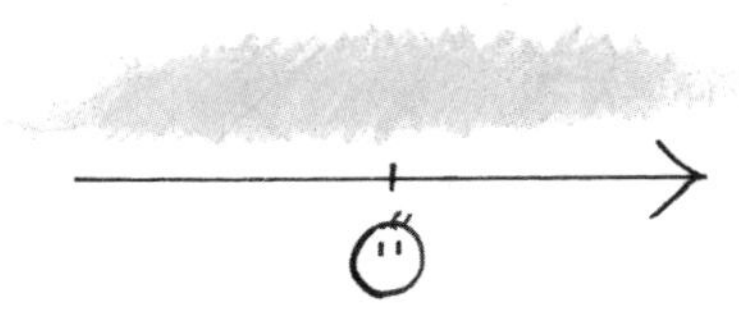

He **cooks** every day.

図①は、どこにもアンカーが下りていません。時の情報ではなく＜**静止状態**→**動きがない**→**変化がない**＞ことを示します。将来的に変わる可能性があったとしても、時空間は＜現在＞なので現在を見つめます。動詞のカタチは原形と同じです。

例

I **live** in Japan.　私は日本に住んでいる。

She doesn't **have** long hair.　彼女の髪は長くない。

It **takes** about two hours from Sendai to Tokyo on the bullet train.
新幹線で仙台から東京まで約２時間です。
→毎日変わったりしない

I **eat** meat.　私は肉を食べます。
→肉を食べるというファクト→ベジタリアンではない

I **think** English **is** easier than French.
私が思うに、英語はフランス語よりも簡単です。
→自分の意見としてのファクト

I **go** shopping every Sunday. 私は毎週日曜日に買い物に行く。
→自分が定期的にやるルーティーン

ファクトには客観的に誰が見てもそうだと判断できるものと、主観的な意見や感情で判断するものがあります。主観的なファクトは、自分がそれを「ファクト」だと認識することで成り立ちますので、「毎週日曜日に買い物に行く」のような自分にとってのルーティーンもカバーします。

現時点で既にファクトと見なしてよい未来のこと

実際には未来に起こることでも、カレンダーや時刻表に記入されていて、**現時点で既に「動かない」と見なしてよい**事がらは、現在形を使いファクトとして扱います。

例
I **have** a meeting this evening. 今日の夕方ミーティングがある。
My summer holiday **ends** next Sunday. 夏休みは来週の日曜日で終わる。
This train **leaves** at 8 am. この電車は午前８時に出発する。

動きと変化を伴うのに「ファクト」と捉えるとき

レシピ本や料理動画などでは、動作の進行とともに解説をしていても、このように現在形のままです。「このレシピはこうである」というファクトをまとっているからですね。

道案内のときも同じです。「誰がそうしてもそこにたどり着く」というファクトの要素が潜んでいます。

例 Add flour, milk and a pinch of salt. **Whisk** well.
小麦粉、牛乳、塩少々を加えてよく混ぜる。

You **go** straight ahead and **turn** left at the first corner.
ここをまっすぐ行って、最初の角を左に曲がります。

「もしこうなら」や「これからこうなら」は仮のファクト

ある程度**現実に近い想定や仮定**をする場合は、それが＜今ココ＞よりも先のことを示す場合でも、動詞の現在形を使い、「これがファクトだとして」という設定をします。

例 **If** it **rains** tomorrow, the picnic will be cancelled.
明日雨が降ったら、ピクニックはキャンセルだね。

I'll give you a call **when** I **get** to the station.
駅に着いたら電話するね。

I'm going out **before** you **come** home.
あなたが帰ってくる前に私は出かけるよ。

＊ファクト扱いではなく、時や次元の情報を使うこともある（459ページ）

―「今からこれ**食べる**」と「これ**食べる**?」―日本語の語尾に注意

日本語と英語の違いから、ファクトと捉えてはいけないものをうっかりファクトにしてしまうことがよくあります。描く絵の顔の向きと、どんな運転モード（助動詞）かを見極めましょう。

例 今からこれを食べる。

→「今から」進む動作＝変化→気持ちがまさにそちらに向かっている。

→ I'm going to eat this.

例 （よかったら）これ食べる？

→ if 次元（もし良かったら）で相手の意思を聞いている

→ Would you like to eat this?

現在進行形・アンカーポイントを通って進む<動作中のスナップショット>

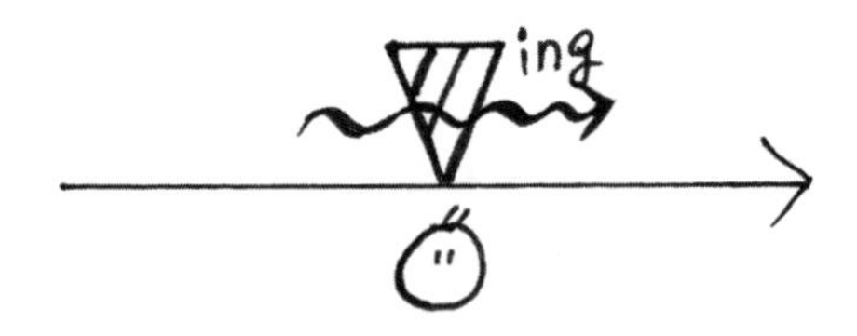

He **is cooking** dinner.

図②、現在空間での＜動作中のスナップショット＞はアンカーポイントを通ってぐんぐん進んでいきますので、**動きと変化**を伴います。

例 It's **raining** now. 今雨が降っている。

I can't find my phone. I'**m looking** for it.
電話が見つからないので、今探している。

You **are looking** good. いい感じに見えるよ！

→いつもはカジュアルな服装の人が、ビシッとスーツを着て目の前に現れたら、こんなセリフが出てくる

<今ココ>にフォーカスした「動」と「変化」が感じられ、-ing という音の響きにも躍動感あり

お馴染みマクドナルドのキャッチコピー、"I'm Lovin' (loving) It"も、-ing の音の感覚が、ぐんぐん進んでいる感じをうまく表現しています。因みにケンタッキー・フライド・チキンのキャッチコピーは、"It's finger lickin' (licking) good"です。
（finger-licking：指まで舐めたくなる程美味しい）。こちらも、-ing が全体の音のバランスをリズミカルでポップな感じにしてくれています。このように英語は音の強弱や長短に静と動が表れやすいといえますね。

動きと変化を伴うこのカタチは、＜今ココ＞で持っている未来の計画や予定を表すときにも活躍します。詳しくは 249 ページで見てみましょう。

＜〜している＝ doing ＞をアンインストール

「〜している」＝現在進行形ではないということにチューニングする必要があります。日本語ではよくこんないい方をします。

1）風邪をひい**ている**。
2）息子は今学校に行って**います**。
3）では（来週）お待ち**しております**。

1）風邪をひいている。

✕ I'**m catching** a cold.
→目の前で風邪の症状がどんどん進んでいることをいいたいのであればOK

〇 I'**ve got/have** a cold.
→今持っている →風邪をゲットした状態を

2）息子は今学校に行っています。

伝えたい絵はこれです。

このとき、「動」を伴う必要はありませんね。

例 ○ My son **is** at school.

My son is **going** to school. だと聞き手はこの絵を描いてしまいます。

3）では（来週）お待ちしております。

これは、「お会いできるのを楽しみにしています」という気持ちを込めた比喩ですね。また、「待ち合わせに遅れそう」という相手に対し「大丈夫だよ、待ってるね～」と返すときは、「帰ったりはしないから安心して」という意味を込めています。

○ I look forward to seeing you next week. （来週）お待ちしております。

→しっかり見てますよ→あなたに会うという方向を（なぜならそれは楽しみだから）

○ Don't worry. I'll wait for you.
（待ち合わせに遅れている人に）大丈夫だよ、待ってるね～。

→<今ココ>で旗を上げる will（484ページ）

× I'**m waiting** for you.

こういってしまうと、このような絵を聞き手に伝えてしまうことになります。

比較→do と doing　静と動

do と doing の違いを、各チューナー図に照らし合わせながらチューニングしてみましょう。

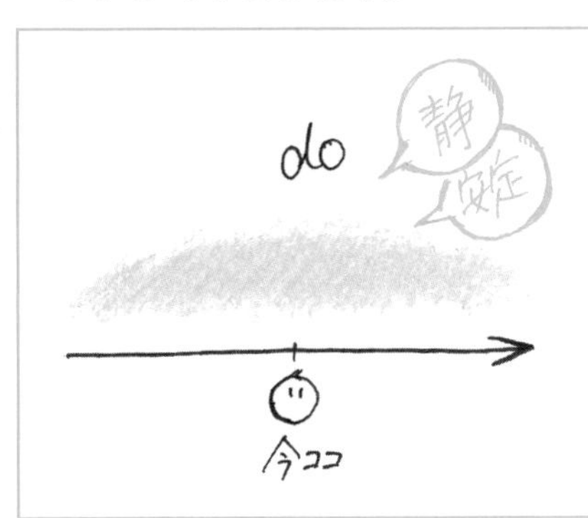	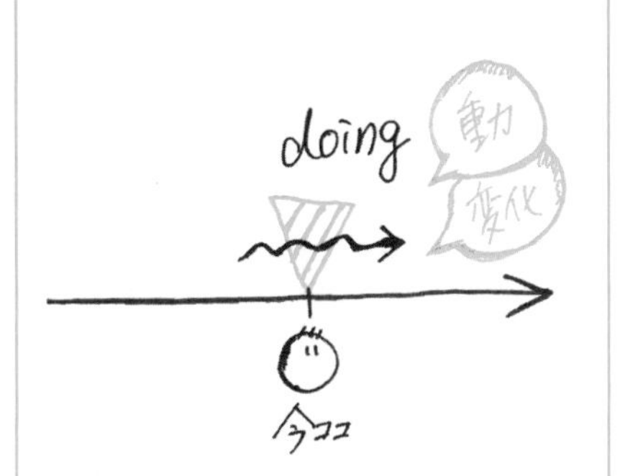
① I **live** in Japan. ② I'**m** hungry. ③ I **don't eat** meat. ④ It **rains** a lot in June. ⑤ The train **leaves** at 10 am. ①私は日本に住んでいます。 ②私はお腹が空いている。 ③私は肉を食べません。 →そのときだけの気分ではなく、ファクトであることに注意（＝ベジタリアンなど） ④ 6 月には雨がたくさん降ります。 ⑤その電車は 10 時に出発します。	① I'**m living** in Japan now, but I'm moving to China next month. ② I'**m getting** hungry. ③ I'**m** still **eating** dinner. ④ It'**s going** to rain soon. ⑤ The train **is leaving** in five minutes. ①私は（今は）日本に住んでいますが、来月中国に引っ越します。 →doing の「動」がここで生きてくる ②だんだんお腹がすいてきた。 ③私はまだ夕食中です。 ④もうすぐ雨が降りそうだね。 →雨が降るという方向に going している（＝動） ⑤この電車はあと 5 分で出発しますよ。 →時はどんどん進んでいる（＝動）

3 過去形・過去進行形（図④⑤）過去空間での＜静止＞と＜動作中のスナップショット＞

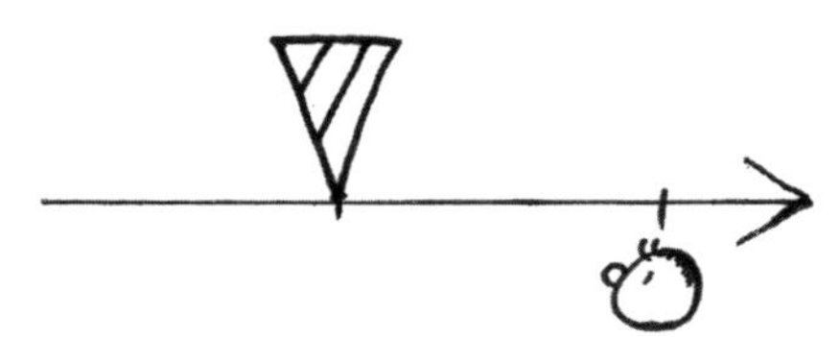

He **cooked** dinner last night.

ここでの最大のポイントは、過去空間での静止状態（図④）は、**過去の一点にしかアンカーポイントがない**、ということです。つまり、継続した時間の「尺」を持っていないので、＜今ココ＞とのつながりはありません。「過去にこんなことあったよ」の裏は「今はそうじゃないよ」であることにチューニングしましょう。

例
○ I'm sorry.　申し訳ございませんでした。
× I was sorry.
→「今は関係ないよ」といってはまずいですね

一方、**過去空間での＜動作中のスナップショット＞**（図⑤）（過去進行形）は、アンカーを通って進む矢印がありますので「**尺**」を持っています。ある程度継続した動きを示しますが、この矢印は＜今ココ＞までは続かずに、**過去空間だけで終わっている**のがポイントです。やはり＜今ココ＞とのリンクはありません。

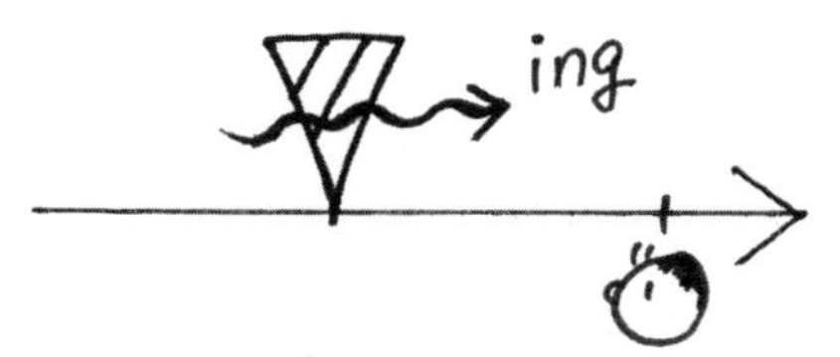

He **was cooking** when I called him.

例 The dog **was barking** all night.　一晩中犬が吠えていた。
→今は吠えていない

When I **was walking** to the station, it suddenly started to rain.
駅に向かって歩いていたら、急に雨が降ってきた。
→「歩く」のは一点の動きではなく、継続した時間が必要→<今ココ>とは関係ない

< used to > 過去の一定期間をすっぽり箱に入れる

「〜していた」という日本語から、過去進行形（図⑤）にしたくなりますが、ここでいいたいのは「動作の進行」ではありませんね。

例 I **used to** watch Doraemon when I was a child.

こんなときは、**過去に一定期間続いていたことをすっぽりと箱に収める used to** の絵を描きましょう。

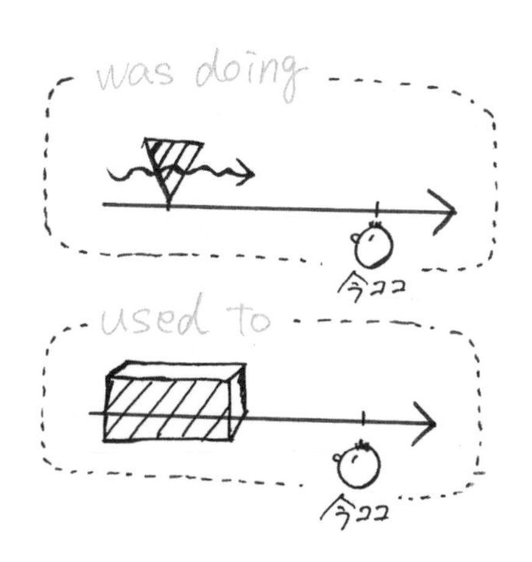

　この used to は助動詞に分類されますが、そもそもは動詞の **use**（繰り返し使う→習慣になっている）が、過去のことだけを表すための助動詞に変化したといわれています。助動詞なのに疑問文や否定文のときに、普通の動詞のように did を使うのはこのためです。

＊Used to ～？という疑問文の作り方も存在するが、現代英語ではほとんど使われていない

例 **Did** you **use to** watch Doraemon when you were a child?
小さい頃にドラえもん見てた？

例 ○ My mum **used to** make jelly for me when I was a child.
母は子どもの頃よくゼリーを作ってくれたっけ。

× My mum was **making** jelly for me when I was a child.
→「進行」とは無関係の情報なので -ing ではない

例 There **used to** be a cinema here, but it's a bank now.
昔はここに映画館があったんだけど、今は銀行だね。

見た目は過去形だが、働き方が違う< If 次元形>

　仮想や想像など、事実や現実ではないことを仮に設定するときは、動詞が過去形と同じカタチをします。本書ではこれを < If 次元形 > と呼びます。

　詳しくは < If 次元 > の項（459 ページ）で見てみることにして、ここでは、次のことにチューニングしてみましょう。

①現在（present）ではないこと→ < 今ココ > から離す→過去形

「現在」から離す

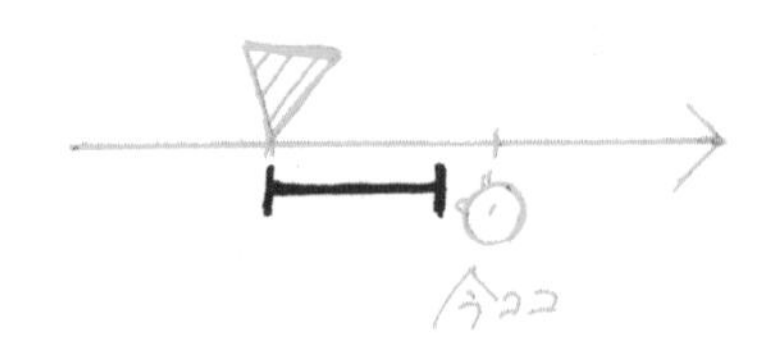

②現実（reality）ではないこと（仮想や想像）→現実離れ→＜今ココ＞から離す→過去形と同じ形の＜ If 次元形＞

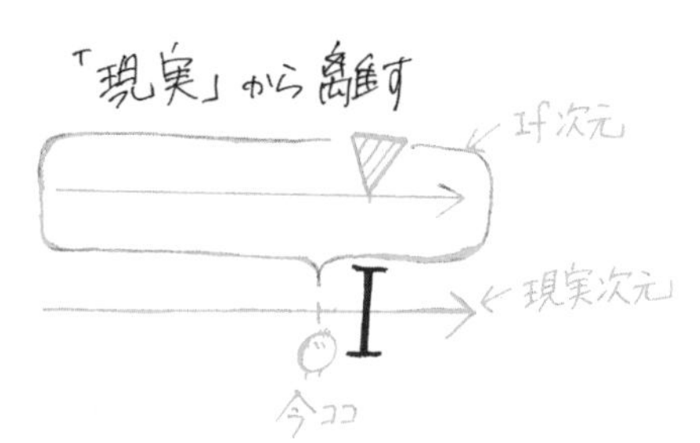

この①と②は、どちらも＜今ココ＞にはアンカーが下りていないという共通点があります。

よって、使う動詞はどちらも「見た目」は過去形なのですが、働き方が違うので、本書ではこの２つを分けて考えます。

・現在（present）から離す→過去形
・現実（reality）から離す→ If 次元形
＝カタチは同じだが、働き方は違う

＜今ココ＞の顔の向きはコロコロ変わらない

例 My teacher **said** she **liked** the essay I wrote last week.
私が先週書いた作文を、先生が**いいね**っていってくれた。✕よかったね
→そのときに書いた作文を指しているので、＜今ココ＞までは影響しない

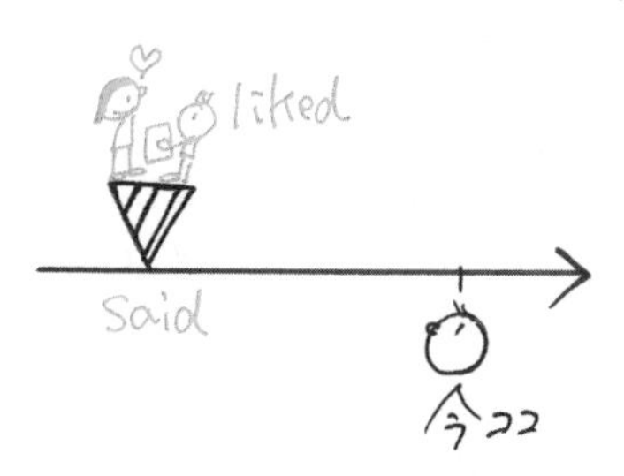

I **thought** you **were** leaving tomorrow.　明日**出発する**と思っていたよ。
✕出発した

日本語は下線の部分を過去形にはしませんが、英語は同文内ではどちらの動詞も過去形です。これはタイムライン上の**＜今ココ＞の顔の向き**に理由があります。

過去空間にアンカーを下ろすときは過去空間の方向を見ています。そこを一度見つめたら、顔の向きはコロコロ変えません。これが「時制の一致」と呼ばれるものです。

助動詞のときもこのルールは同じです。

例 You **said** you **would** go out tonight. Why are you still here?
今夜出かけるっていってたよね？なんでまだいるの？
→ said と同じ方向を向く。will の過去形

I **told** my boss that I **might** be late for the meeting tomorrow.
明日のミーティングに遅れるかもって上司にいっといた。
→ told と同じ方向を向く。may の過去形

比較 → 顔の向きが変わるとき・「ファクト」は正面を向いたまま。

次の例は時制の一致が起きていません。「ファクト」である情報はその後も変わらないので、顔が正面を向くと考えてみましょう。

例 My mum **said** that she **can** swim fast.
→ 過去空間だけでなく、＜今ココ＞でも有効な情報

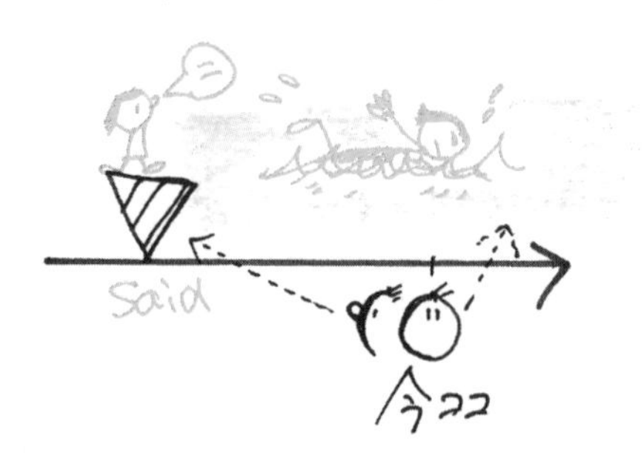

I **told** my husband that he **is** a good cook.
夫に、料理がとても上手だねといった。

現在完了形（図③）<今ココ>と過去をつなぐ、現在過去リンク形

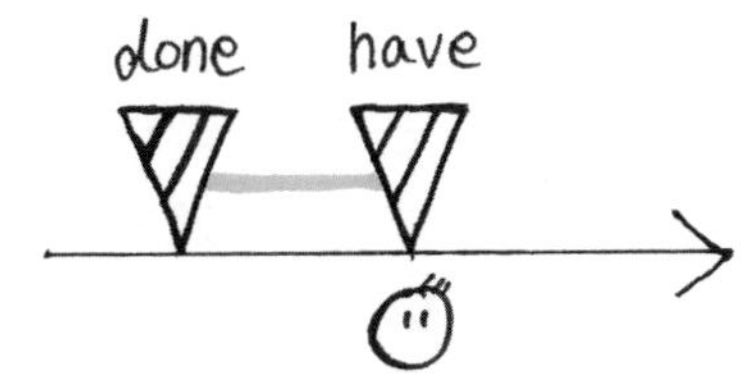

He **has cooked** dinner.

一般的には現在完了形と呼ばれるものですが、現在完了形の「完了」という響きがどうもしっくりこない方は多いのではないでしょうか。完了している（終わっている）のなら現在は関係ないような響きがあります。
そこで、**現在過去リンク形**と考えてみましょう。

過去形と現在過去リンク形を比べてみましょう。

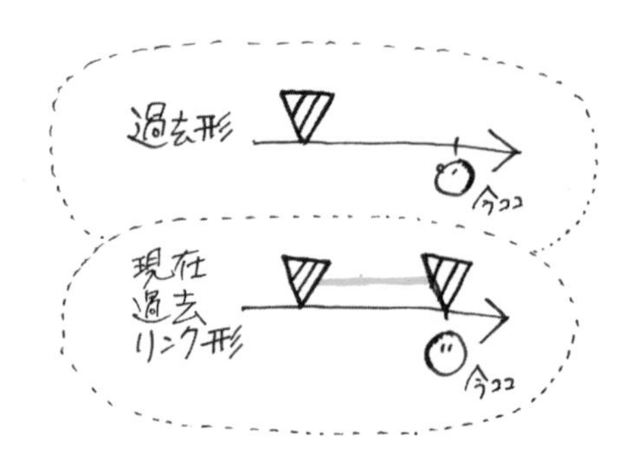

過去の出来事は、過去の一点だけにアンカーを下ろし、＜今ココ＞とのつながりはないことは既に確認しました。

現在過去リンク形は、＜今ココ＞と過去の両方にアンカーを下ろして、その２点をつなぎます。そうすることで、**過去にやったことと今ココをリンクさせます**。フォーカスするのは現在空間なので、**顔は正面（現在）を向いたまま**です。

日本語でもある特定の内容を示すときは、今と過去をリンクさせるためにこのようにいいます。

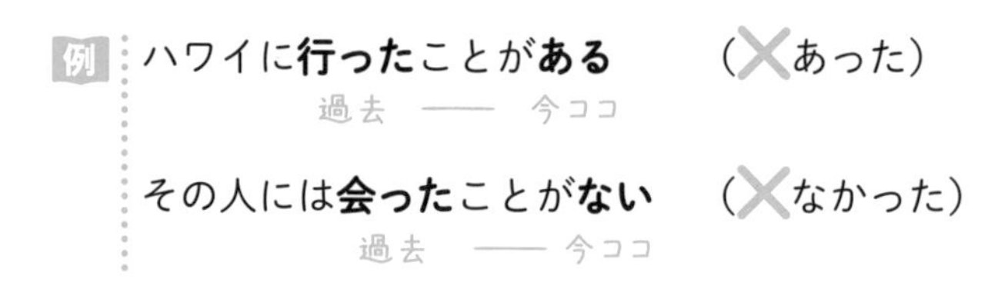
例　ハワイに**行った**ことが**ある**　（✕あった）
過去 —— 今ココ

その人には**会った**ことが**ない**　（✕なかった）
過去 —— 今ココ

しかし、日本語がこうするときはとても限定的です。「もうご飯食べた？」というときは、「もう」が＜今ココ＞のアンカーの代わりをするため、「ある」は使わないので、過去と現在をリンクさせるという直感センサーが働きにくいのですね。

「～た」で終わるとき・まずは<今ココ>とのリンクを考える

日本語が「～た」で終わるときは、すぐに＜過去形＞と決めつけずに、＜今ココ＞とリンクしているかを考えましょう。

＜今ココ＞に下ろしたアンカーは have（has）を使い「今持っている」ことを示します。過去に完結した動作や状態は過去分詞を使いましたよね。つまり、have（has）と過去分詞をリンクすることで、**それが完結した状態を＜今ココ＞で持っている**、ということを示すことができます。

例 I **have decided** to quit my job.

→そう決めたのは以前（これが数か月前でも数時間前でもよい）、その決定を＜今ココ＞でも have している

比較→I **decided** to quit my job.

→＜今ココ＞にアンカーが下りていない→決めたのは過去で、「今はそれはどうなってるの?」となってしまう

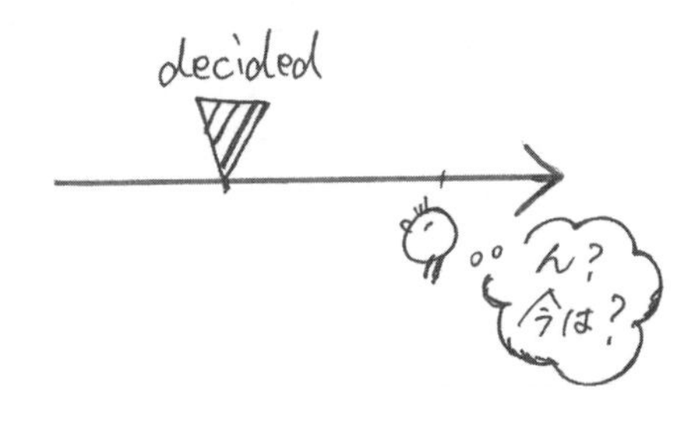

▷ <今ココ>よりも以前は全て過去

「過去」という響きから「かなり前に終わったこと」と捉えがちですが、<今ココ>よりも前のことは全て過去です。

私たちの身の回りには<今ココ>に近い過去がたくさんあることにチューニングしましょう。

例 **Has** Tanaka-san **gone** home? 田中さん帰った？

→知りたいのは<今ココ>に田中さんがいるかいないか

— I think he **has** (gone home). 帰ったと思いますよ。

→「家に帰った」という状態を<今ココ>で持っている

比較→ **Did** Tanaka-san go home? 田中さん、帰った？

→<今ココ>にリンクしていない。過去空間での一点の情報

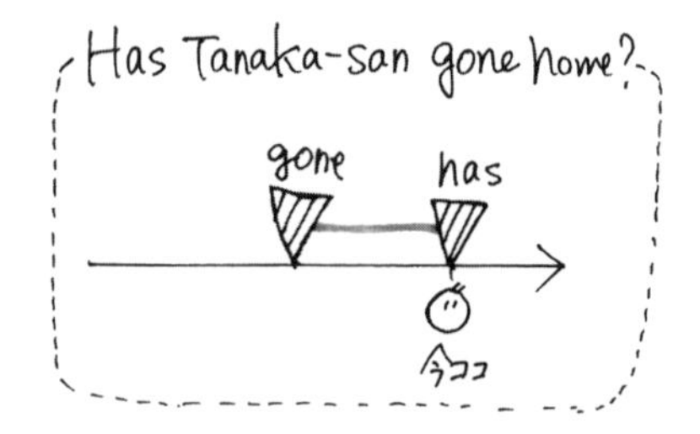

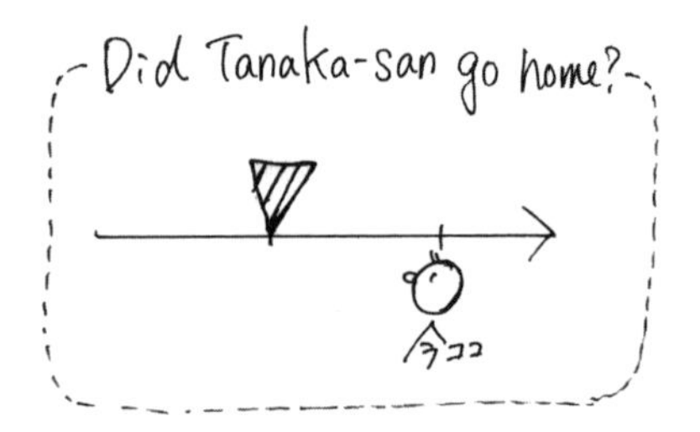

例 **Have** you **had** a haircut? 髪切った？

→髪を切ったのは過去で、<今ココ>につながっている状態なので、2つのアンカーをリンクさせる

比較→ **Did** you have a haircut?

→こういっても間違いではありませんが、描く絵の違いにチューニングしましょう

Did you have a haircut **yesterday**? のように過去を示す単語がある場合は、<今ココ>にアンカーを下ろすことはできませんので過去形（did）です。have/has（今持っている）と yesterday を共存させてしまうと、「昨日会議がある」のようなチグハグな情報になってしまいますね。

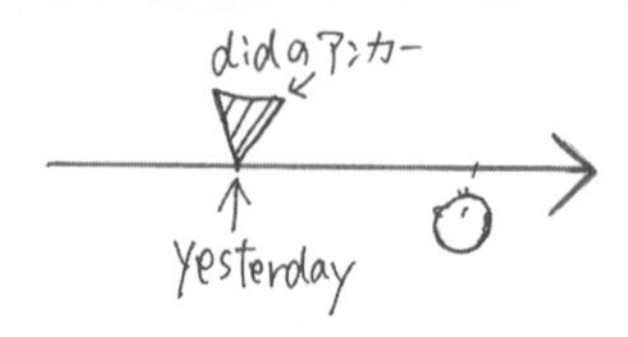

例 Is it still raining? 雨まだ降ってる？
— It's stopped. もう止んでるよ。
It's = It has
→雨が止むというアクションは既に完結しており、それを＜今ココ＞で has している
知りたいのは＜今ココ＞の状況ですので、has で＜今ココ＞とリンク

過去と<今ココ>のチューニング練習

過去と＜今ココ＞をリンクする練習に適しているのは英語のニュースです。「国会で○○が決定されました」「犯人が捕まりました」「○○と報告されました」のようにニュースというのは、過去に起きた出来事を今レポートしているわけですので、必然的に過去と現在両方にアンカーを下ろす情報が多くなります。もし＜今ココ＞にアンカーが下ろされてなければ、その出来事が今はどうなっているのかは分からないことになってしまいますので、ニュースの意味がなくなりますね。

【様々なニュースの見出し】

- The 12-year-old **has qualified** for the GB team for this summer's Tokyo Olympics.
  12 歳で、今夏開催される東京オリンピックの GB チームへの参加資格を得た。
- Tiger Woods **has won** 15 professional major golf championships.
  タイガー・ウッズは、プロのメジャーゴルフ選手権で 15 回優勝している。
- A rare bird **has been seen** in Australia.
  オーストラリアで珍しい鳥が目撃される。

「100 年前からある」の視点を変えると「100 年間ずっとある」になる

「このお寺は、100 年前からここに建っている」というときの英語の視点を見てみましょう。

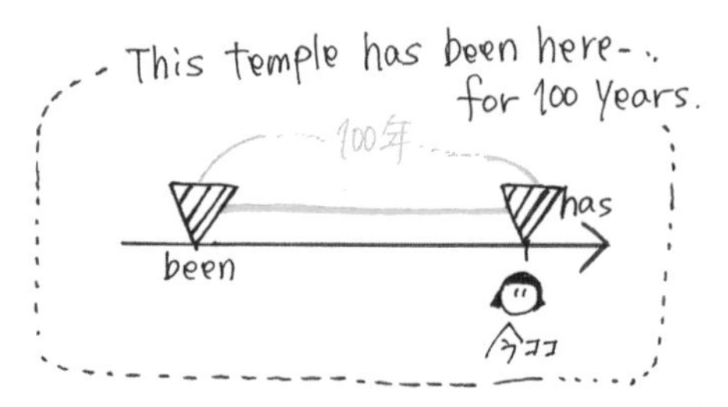

タイムラインの＜100年前＞(been)と＜今ココ＞(has)両方にアンカーを下ろしてリンクさせて、そこに視点を置きます。

例 This temple **has been** here **for 100 years**.

具体的な「時」の情報を入れたい場合は、since でつなげます。

例 This temple **has been** here **since 1921**.

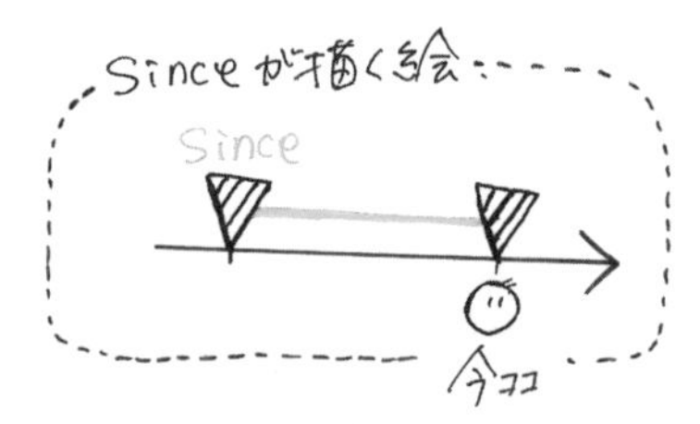

日本語では通常、「1921年**以来ずっと**」とはいわずに「1921年から」ということが多いので、from と since の混同にも注意しましょう。

✕ This temple has been here from 1921.

from は起点になるポイントしか示さないので、＜今ココ＞までをカバーしないのですね。

日本語ではよく、「〜年になる」といういい方をします。「なる」は「自然にそうなる」という感覚がありますが、英語ではタイムラインにしっかりアンカーポイントがあることにチューニングしましょう。

例 My grandad **has been gone** for ten years. 祖父が亡くなって10年に**なる**。

→ gone はここでは「その場から離れたのでもうそこにはいない状態」を示す形容詞。比喩的に「亡くなった」というときに使う

We **have been married** for five years. 結婚して5年に**なる**。

<今ココ>での影響力大であれば、直前に終わったことでも<今ココ>とリンク

私たちの日常には細かい動きや変化があり、それが心的なものとも密接に結びついています。よって、アンカーポイントが、現実的な時間のポイントと少しずれることがあります。

例 あなた：**Have** you **seen** Tanaka-san?　田中さん見なかった？
同僚：I just saw him in the kitchenette.　さっき給湯室で見かけたよ。

あなたはオフィスで、田中さんを探しています。決して昨日や数時間前の居場所を知りたいのではなく、**<今ココ>でも有効な情報**が必要なので、過去のアンカーポイント seen と<今ココ>のアンカーポイント have をリンクさせます。

Did you see ～？としてしまうと<今ココ>とのリンクがないため、1週間前でも昨日でもよい、過去の一点だけにアンカーを下ろすことになってしまうので、<今ココ>の情報を聞いていることにはなりません。

答える側の同僚は、I've just seen him. と答えることもできますが、田中さんがまだ今も給湯室にいるかは分かりませんし、**just があることで、<今ココ>と同等の情報と捉えることができます**ので、I just saw him. といっても大丈夫です。

友達と一緒にデパートで買い物をしているとしましょう。ずっと一緒にいたはずなのに気づいたら友達がいなくなりました。あちこち売り場を探して回っていると、友達がトイレから出てくるのを見つけたとしたら、このようになります。

例 あなた：Where **have** you **been**?
どこに行ってたの？

友達：**I've** just **been** in the toilet.
ちょっとトイレに行ってた。

あなた：I **looked** everywhere for you.
あちこち探したんだよ〜。

この場合、友達がトイレから出てきたのと、あなたが友達を探し回っていたのは、＜今ココ＞からみたらちょっと前に起きていますので、実質的には＜今ココ＞にアンカーを落とさなくても良いところですが、**心的には＜今ココ＞まで引きずっている**感覚は想像できますね。

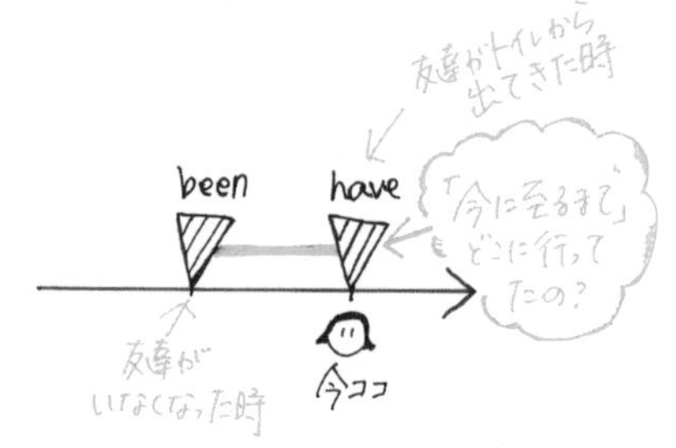

このときに過去形を使ってしまうと、顔が過去空間を向いてしまい、＜今ココ＞とは関係ないものを見ている感じがします。

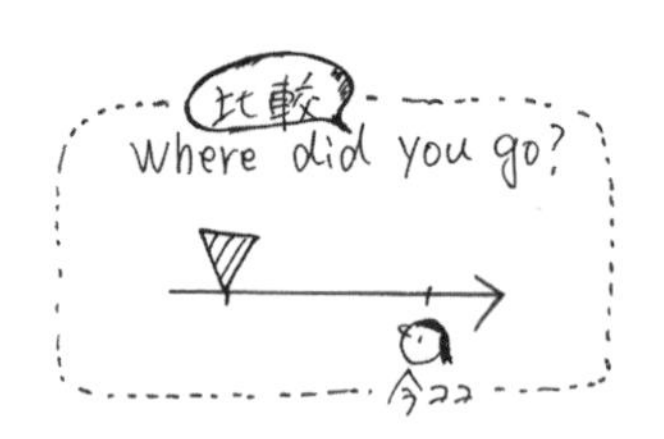

次は、近所の人と道ですれ違ったときを想像してみましょう。

例 あなた：Where **have** you **been**?　どこにお出かけだったの？

近所の人：**I've been** to the pharmacy.　薬局に行ってきたところだよ。

やはり <今ココ> have とリンクさせます。「今はあなたの前にいる」ということにフォーカスがあるからですね。

こんなとき日本語では、「薬局に行ってきた**ところ**です」といういい方をしますね。この「ところ」がまさに、<今ココ>とリンクしている気持ちの表れかもしれません。

アメリカ人はイギリス人よりも現在完了形を使わない説

過去と<今ココ>のアンカーの位置がとても近いときに、イギリス英語ならば現在完了形を使うところを、アメリカ英語では過去形を使うことが一般的とされています。

「今お母さんから電話あったよ」

：Your mother has just called.

：Your mother just called.

just が十分に<今ココ>を示しているので、アメリカ英語では、have/has は不要と考える傾向があるようです。イギリス英語でも、人によりこのような使い方をすることはありますが、より違いが顕著なのは次です。

「宿題やったの？」「うん、やったよ」

：Have you done your homework yet?　　Yes, I've already done it.

：Did you do your homework yet?　　Yes, I already did it.

このアメリカ英語のように yet や already を過去形と共に使うと、イギリス人は違和感センサーが鳴るようです。

もしかしてアメリカ人とイギリス人両方の先生に英語を習ったことがある方は、現在完了形と過去形の使い方の指導の仕方が違い、戸惑ったことがあるかもしれませんが、これは方言のようなバリエーションですので、文法の間違いではないと思って大丈夫です。

How are you? と How have you been?

How are you? は誰もが知っているフレーズですが、日本語にはない挨拶ゆえ、実はどう取り扱ったらよいのかが分かりにくいものです。これは友達同士、家族、または、カフェの店員など知らない人が相手でも交わす挨拶です。

一方、久しぶりに会った人へは、How have you been? がピッタリです。

この2つの絵の違いをチューニングしましょう。

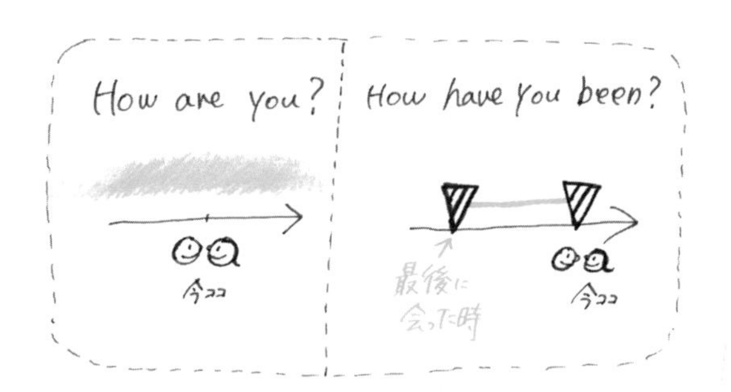

▷ How are you?

＜現在空間での静止＞（図①）で見たように、タイムラインにはのらない広い部分をカバーしていると考えます。

＜今ココ＞というときに限定せずに、「ここんとこ調子どう？」という感じです。

例
私　：How **are** you?
友人：I'm good/fine/very well.
　　　And you?/yourself ?

このように、相手にも聞き返してワンセットと考えてみましょう。初対面の人でも、「聞かれたら聞き返す」が英語の鉄則です。

▷ How have you been?

アンカーポイントは、「最後に会ったとき」と<今ココ>です。

答えるときも、同じアンカーポイントで答えます。

例 私　：How **have** you **been**?　（会っていない期間）ずっとどうだった？

友人：**I've been** good/fine/very well.

▷ How was your day?

一日の終わりには、このように声掛けをすることがあります。

まだ今日という日は完全には終わっていませんが、一日の活動時間はもう終わったということで、お互いを気にかける意味合いの強い声掛けです。

例 私　：How **was** your day?　今日はどんな日だった？

友人：It **was** good/great.　いい日だったよ。

→ここではまだ具体的に「何をしたか」などを答える必要はない

▷ How has your day been?

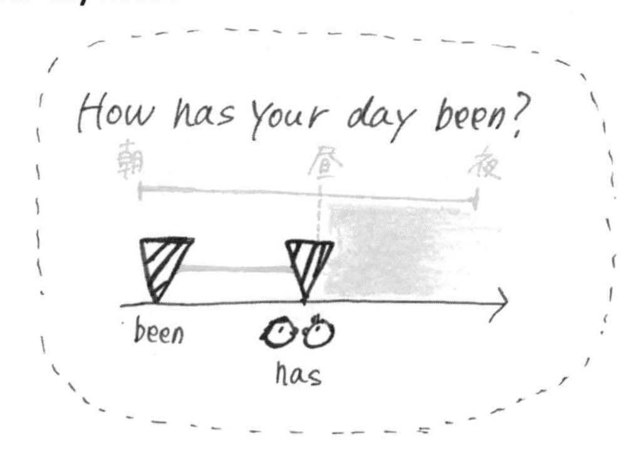

日中会った人に「今日は（いまんとこ）どんな感じ？」と聞きたいときです。

やはりアンカーポイントが変わります。だいたい午前11時〜午後3時くらいだとこんな声掛けがピッタリです。

例　私　：How **has** your day **been**?
→既に過ぎ去った時間 been と、<今ココ> has をつなぐ

友人：It'**s been** good/great.
→答える方も、会話の相手と同じ場所にアンカーを下ろす

"How are you?" のときは、＜現在空間での静止＞の are でよかったのですが、主語が you ではなく your day のときは、フォーカスが「時間」にあるので、過ぎた時間と＜今ココ＞にアンカーを下ろしてしっかりと時間の守備範囲を示したいのですね。←✕ How is your day?

「納豆は初めてですか?」・経験は過去と<今ココ>のリンクでできている

「納豆を食べたのは（これが）初めてですか？」と、一緒に食事をしている外国人に聞いてみたいとしましょう。

例　私　：Is this the first time you'**ve had** natto?

相手：Yes, this is the first time I'**ve had** natto.
そうです。初めて納豆を食べました。

No, I'**ve had** natto before. This is the second time.
前に食べたことがあります。これで2回目です。

「何かをしたことがある」という経験は必然的に、過去と＜今ココ＞をリンクさせることになりますね。

✕ Is this the first time **to have** natto?
→過去と<今ココ>とのリンクがないので経験を意味できておらず、「納豆、食べる、最初?」のような聞き方になっている

一見、「経験」という呼び名がしっくりこないような場合でも、過去と＜今ココ＞とリンクさせることで、「過去の一点」ではなく、「過去とつながっている今ココ」にフォーカスします。

例えば、同僚をつかまえようと何度も電話して、やっと同僚が電話に出たとしましょう。

例

○ This is the fifth time I**'ve called** you. これで（電話したの）5回目だよ。

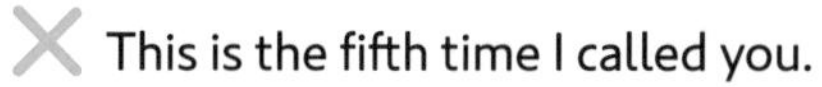

× This is the fifth time I called you.

→＜今ココ＞にアンカーがない

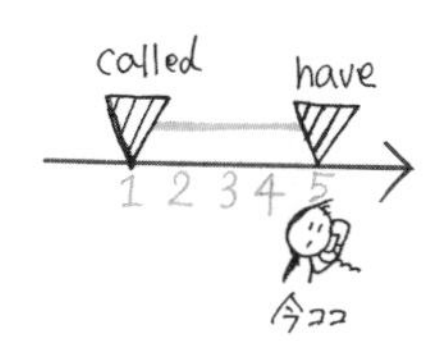

5 現在完了進行形（図②+③）<今ココ>と過去をリンクし、更に未来へぐんぐん進む

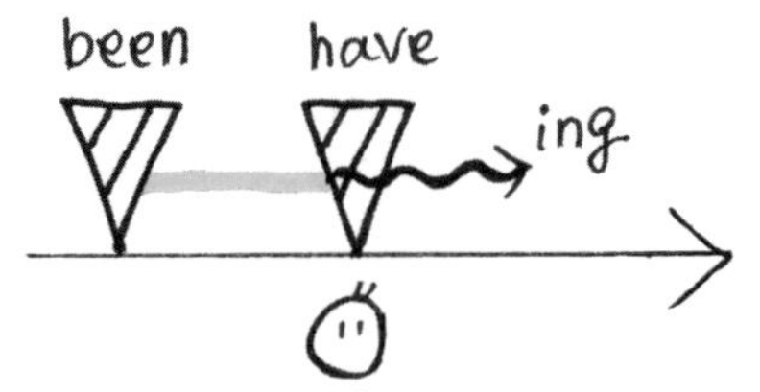

He **has been cooking** for two hours.

あなたは、友達から本をプレゼントされました。後日その友達に、「あの本読んだ？」と聞かれたとしましょう。

①読み終わったよ。
②まだ読み始めてないんだ。
③今読んでいるところ（まだ終わってはいないけど）。

これらが示す時のアンカーをタイムライン上に下ろしてみましょう。

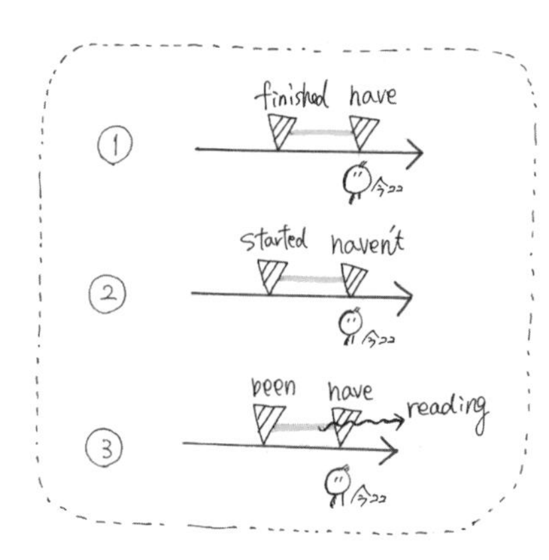

① I've **finished** reading it.

It was fascinating.

うん読んだよ、すごい面白かった。

② I **haven't started** reading it yet.

I've been very busy.

忙しくて、まだ読み始めてない。

③ I**'ve been reading** it for a few weeks.

ここ数週間読んでるよ。

①〜③全て、＜今ココ＞と＜過去の一点＞にアンカーが下ろされ、その２つがリンクします。そして③はさらにそこから -ing の矢印が進みます。まだ読み終わっていない（＝動作完結していない）ので、**-ing 形でこれからもぐんぐん進みます。**

»I'm reading it. と I've been reading it.

③の答えの場合、日本語では「今読んでるよ」といういい方もしますので、I'm reading it. がすぐ出てきそうになります。描く絵の違いにチューニングしましょう。

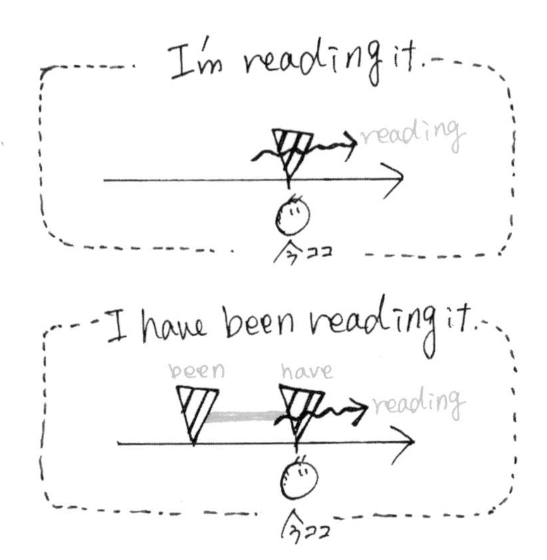

▷ I'm reading it.

今目の前で読んでいるか、ごく最近読み始めたことになります。読むという動作がぐんぐん進んではいますが、アンカーは＜今ココ＞にしかありません。

▷ I've been reading it.

過去と＜今ココ＞がリンクし、更にぐんぐん進んでいますので、＜今ココ＞よりも前コツコツ読み進めている印象を与えます。

I'**m waiting** for you at the ticket gate. — Okay, I'll be there in five minutes. あなた：改札口で待ってるよ。 友達　：オッケーあと５分で着くから。	I'**ve been waiting** for you over an hour. — I'm so sorry to keep you waiting. I've been sitting in traffic for over an hour. あなた：もう１時間以上も待ってるんだけど。 友達　：待たせてごめん。１時間以上渋滞にはまってて。

have done と have been doing・背景にある絵を見る

タイムラインだけでなく、ことばの裏に隠れている絵にも注目してみましょう。

例 I'**ve cleaned** the kitchen.　キッチンの掃除をした（し終わった）。
I'**ve been cleaning** the kitchen.　キッチンの掃除をしているところ。
→まだ終わっていないかもしれない

比較→ I'm exhausted. I**'ve been cleaning** the kitchen. I've only just finished.
すごく疲れた〜。ずっとキッチンの掃除をしてたんだよ。
今ちょうど終わったばかり。

→掃除は終わったが<have been cleaning>
「ずっと掃除をしていた」にフォーカスがあるので、<今ココ>での心的影響が大きい

過去完了形（図⑥）過去空間で２つの出来事をリンクさせる

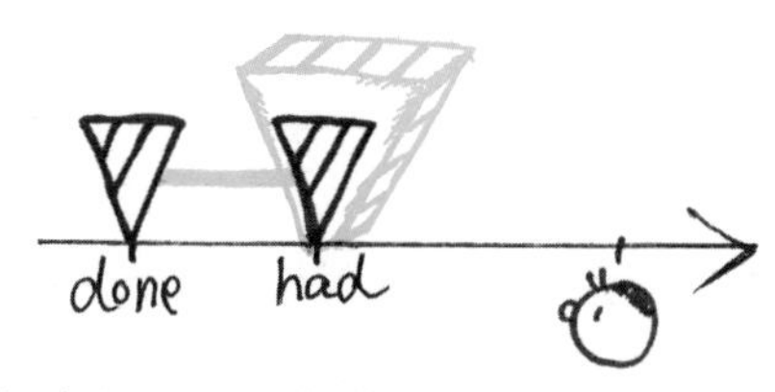

He **had** already **cooked** dinner when I got home.

ここでは、過去空間で複数の出来事があった場合のタイムラインの描き方を見てみます。

既に見てきた＜現在過去リンク形＞では、＜今ココ＞とリンクさせるためにと have/has（現在も持っている）を使いました。今度は、全てのアンカーが過去空間にありますので、have/has は過去形 had になります。顔の向きもやはり過去の方向に変わっています。

例えば、「今朝、牛乳を飲もうとパックを開けたら腐っていた」ということを、その日の夜に家族に伝えていると考えてみましょう。

今朝牛乳を飲もうとしたら、腐っていた。
②　①

①→②は発生順です。腐っていたのは、飲もうとしたときよりも前ですね。日本語では、時間差がある出来事が複数ある場合、古い方は「～していた」といういい方をして区別をします。

例 **I was**(②´) about to drink some milk **this morning**, but it **had**(②) **gone**(①) bad.

→②のときには、既に①の状態を持っていた

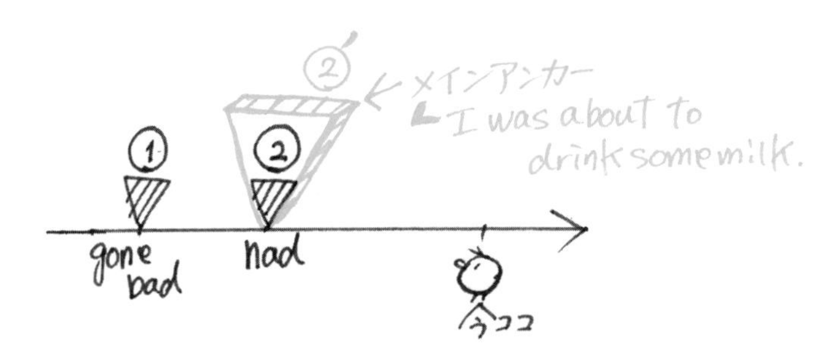

過去空間に３つのアンカーが下ろされます。この情報の**時の基点**は「今朝」ですので、それを**メインアンカー**②´としてみます。それが「牛乳を飲もうとしたとき」であり、牛乳が腐っていると気づいたとき②と重なります。

牛乳が腐り始めたのはいつからか正確には分かりませんが、飲もうとしたときよりも以前であることは確かなので、gone のアンカーは②よりも後ろに下ろします。

このように、過去完了形は、**過去空間に基準となるアンカー**（メインアンカー）**を下ろして**、それを基点に考えます。

✕ I **was** about to drink some milk this morning, but it **went** bad.

→飲もうとしたときと腐ったときが同時であることになってしまう

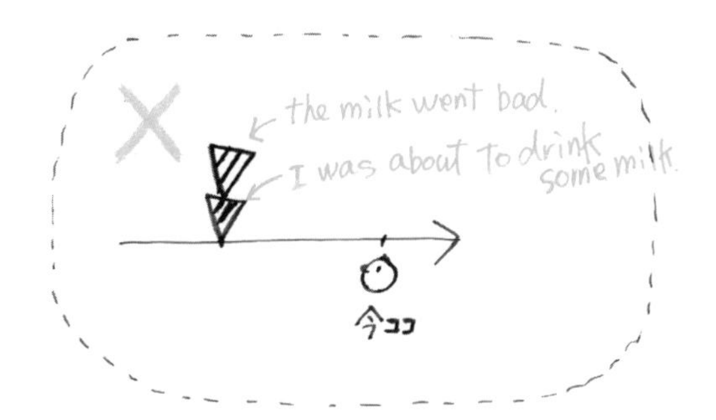

何度も英文とチューナー図を照らし合わせてチューニングしてみましょう。

例 After work, I **rushed** (②´メインアンカー) to the supermarket, but it **had** (②) already **closed** (①).

しごとが終わってから急いでスーパーに行ったが、既に閉まっていた。

I **had** (②) never **been** (①) a big fan of beef tongue until I **tried** (②´メインアンカー) some in Sendai last year.

去年仙台の牛タンを食べるまでは、ずっと牛タンは苦手だった。

that 節がある場合も考え方は同じです。

例 Yesterday, she **told** (②´メインアンカー) me that she **had** (②) **passed** (①) the test.

昨日彼女がいってたんだけど、テストに受かったんだって。

7 過去完了進行形（図⑤+⑥）過去空間のメインアンカーが終着点

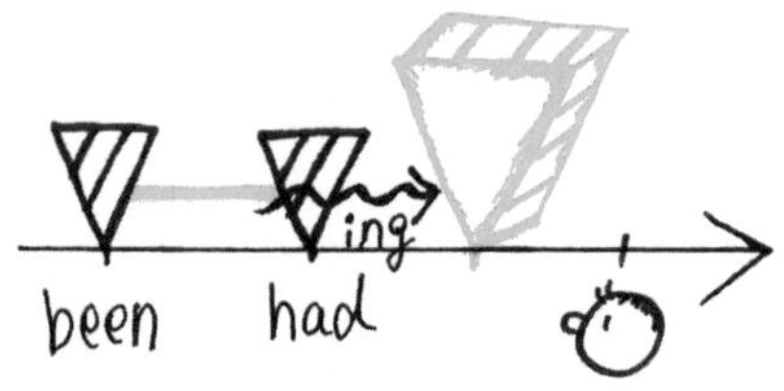

He **had been cooking** for two hours when I got home.

タイムラインの過去空間がとても賑やかになってきました。ここでも、基点となるメインアンカーに注目しましょう。

先週医者に行った。それまで何週間も体調がよくなかったから。
②´メインアンカー　①－②

今は元気になった。

②´メインアンカー　②　①

例 I **went** to see the doctor last week as I **hadn't been feeling** well for weeks. I'm better now.

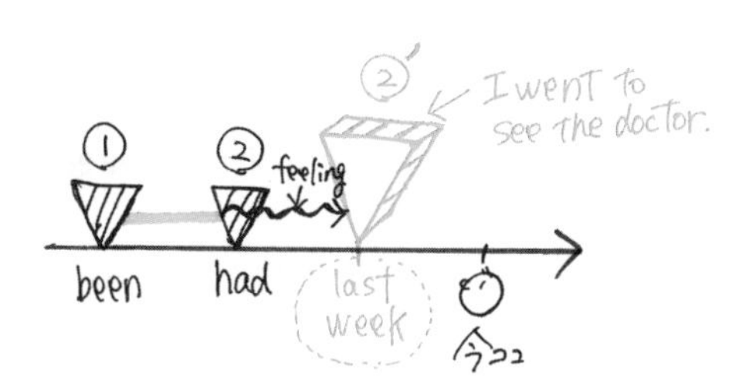

ポイントは、メインアンカー②´に至るまで①ー②の状態は続いていたということです。よって、-ingのぐんぐん進む矢印は、②´のメインアンカーまで伸びています。

比較→I went to see the doctor last week. I **didn't feel** well.

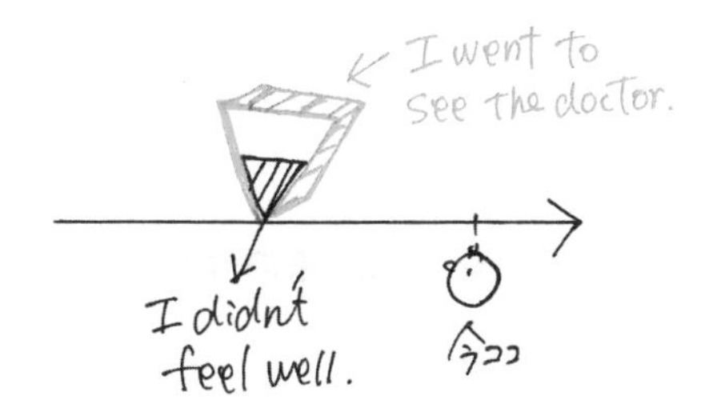

体調が悪くなったのと医者に行ったのが同じポイントにアンカーが下りていますので、「体調が悪かったので医者に行った」（必ず同日とは限りませんが）ということを伝えることになります。描く絵は伝えたい情報によって変わることにチューニングしましょう。

次の例文も、チューナー図と照らし合わせながらチューニングしていきましょう。メインアンカーになる情報を最初にキャッチするのがポイントです。

例

②´メインアンカー　②　①形容詞 rainy でもよい

This morning it **wasn't** raining, but it **had been raining** a lot so the ground was wet.

今朝は雨が降っていなかったが、その前まではずっと降っていたので地面が濡れていた。

②´メインアンカー　②　①

I **felt** so tired last weekend. I **hadn't been sleeping** well, but I feel much better now.

先週末はとても疲れていた。それまでよく眠れていなかったので。今はすごく元気。

②´メインアンカー　②　①

Finally, the bus **came** at 9.30. I**'d been waiting** for 30 minutes.

9 時半にやっとバスが来た。30 分も待ってた。

②´メインアンカー　②　①

Leo **was** out of breath when I saw him. He **had been running** with his dog.

リオは私が見かけたとき、息を切らしていた。それまでずっと犬と一緒に走っていたから。

では次に＜今ココ＞を基点にした未来の表し方を見てみましょう。

3

未来表現
未来は<今ココ>がにぎっている

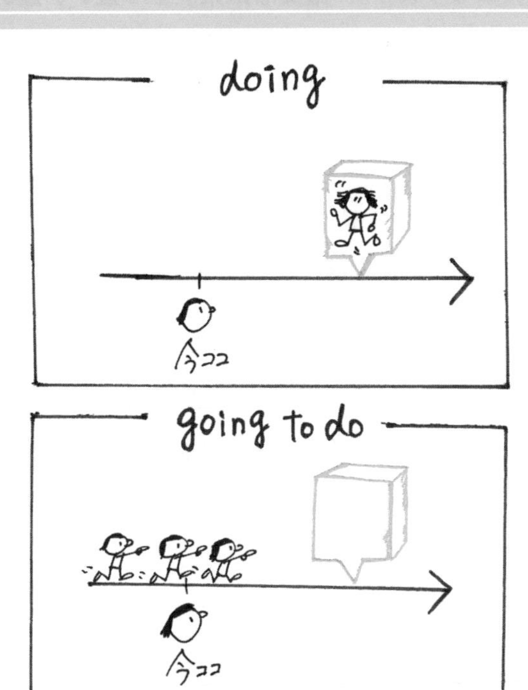

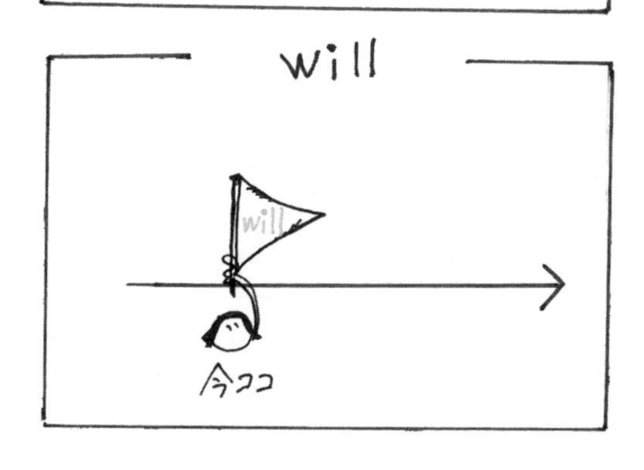

英語の動詞には、「過去形」という活用はあっても、「未来形」という活用形はありません。過去に終わったことは既に結果があり、<過去のファクト>になっていますが、**未来のことは<今ココ>の自分の頭の中にしかない**ため、未来の動きはまだ「カタチ」を持っていないのです。

よって、未来のことは、<今ココ>でのその動作主の心持ち、計画性などが判断要素になります。**「確実な未来」や「近い／遠い未来」のように、未来側に条件があるのではなく、**あくまでも、<今ココ>で、未来に関して**自分がどのような絵を描いているか**がポイントです。

まず、<英語型・未来仕分け方法>を見てみましょう。

<今ココ>のあなたから見て、次のようにいえることをそれぞれ2つずつ挙げてください。この後すぐ起きることでも、ずっと先のことでも構いません。

①そのときが来たら当たり前に行う/起きる
②今の時点で、そのつもりであること、そうしたいと思っている

私の場合はこんな感じです。
①
・明日も普段どおりにしごとをする。
・来年の6月に長女が大学を卒業する。

②
・今夜は餃子を作ろうと思っている（後で材料を買いに行く必要がある）。
・今週末は時間があるので、友達のMikiを誘って川沿いの散歩に行こうと思っている（でもまだMikiの予定を聞いてないし、天気が悪かったら行けない）。

では、①②それぞれが描く絵を見てみましょう。

＜今ココ＞よりも以前に決めていた未来

▷今そうしているといっても過言ではない doing

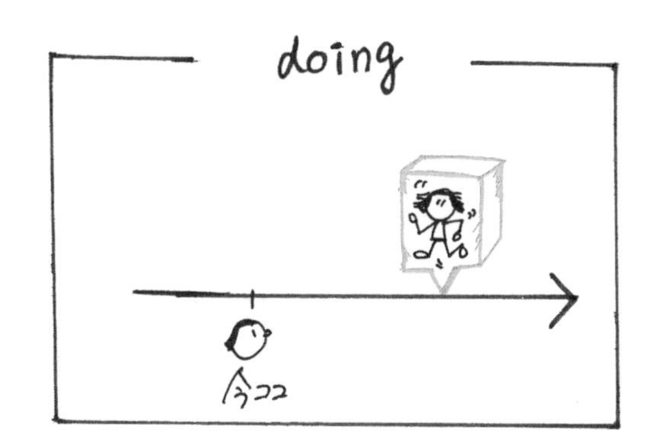

①はそのときが来たら当たり前にそうする／なると、＜今ココ＞の自分が思っていることでした。上のチューナー図のポイントは、自分が**未来の箱**の中で既にその動作をしている、というところです。

＜今ココ＞で「未来のその動作をしている」と認識しているということは、＜今ココ＞よりも前からその未来予想図は描けていたと考えるのが自然です。

先ほどの私の例はこんな感じです。

例 **I'm working** tomorrow.　明日も普段どおりにしごとをする。

My daughter **is graduating** from university in June next year.
来年の６月に長女が大学を卒業する。

このカタチは、現在進行形（タイムライン全体図②）でしたね。まだ起きていない未来のことですが、「今それを**している**といっても過言ではない」状態と捉えます。どんな未来にも「絶対」ということはありませんので、結果的にそうならなくても問題はありません。

私の場合は「明日もしごとをする」ことは<今ココ>の時点で当然となっています。しごとの種類によってはそうでない方もいらっしゃるかもしれません。

長女が来年の６月に大学を卒業することも「今そうしているといっても過言ではない」と<今ココ>の私は受け止めています（実際にはそうならない可能性もあります！）。

▷ それを目指して進んでいる going to

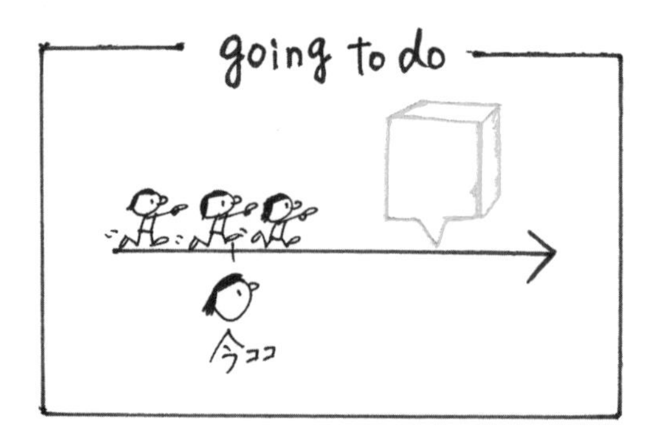

②は「今の時点でそのつもり、そうしたいと思っている」ことでした。私の場合はこうです。

例 **I'm going to** make dumplings tonight.　今夜は餃子を作ろうと思っている。

I'm going to ask Miki if she'd like to go for a walk along the river with me this weekend.
今週末は時間があるので、友達のミキを誘って川沿いの散歩に行こうと思っている。

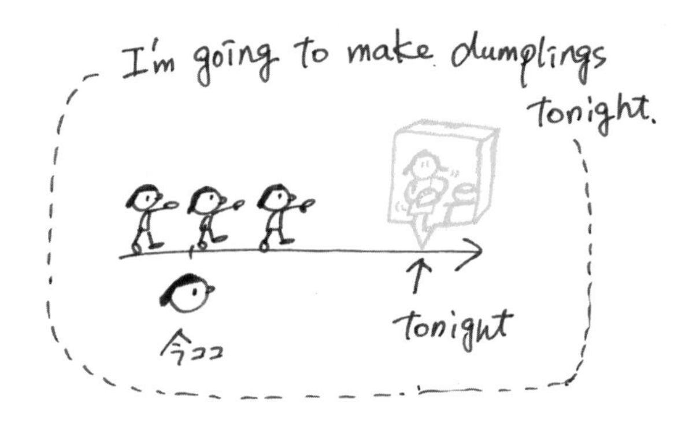

未来のことに向かっている（= going）している絵を描きます。＜今ココ＞でそうすることを決めたのではなく、＜今ココ＞よりも以前から**goingの絵が描かれています**。「未来の箱」に未来予想図を描き、それを目指して進んでいますが、まだそこには達していないのがポイントです。

＜今ココ＞の自分が描く未来予想図

① be doing

② be going to do　＊話すときは短縮する→ I'm gonna do.

①と②を比較してみると、① be doingは② be going to doよりも単語数が少なく、短いですね。これは今目指している未来のこととの心的距離とも関係があると考えられます。①の場合は、「今やっているといっても過言ではないのだから、goingを挟む必要ないよね」ということです。

これはあくまでも「心的」距離ですので、実質的な時間の遠さで選択するものではないことに注意しましょう。時間的に先のことでも「今それをしているといっても過言ではない（といえるくらい当然である）」ようなことはあります。

例 **I'm moving** to Hokkaido **next year.** 来年北海道に引っ越します。

既に引っ越しや新居の手配も終わり、後はそのときが来たらそうするだけ＝今それをやっていると言っても過言ではない、と<今ココ>の自分が捉えているかどうかが判断基準です。

＊5年後に北海道に引っ越すことを<今ココ>で全て手配が住んでいるということは考えにくいので、このように進行形を使うのは、必然的に何十年も先の遠い未来でないことにはなる

例 **I'm meeting** my friend this weekend. We have arranged a time and place.

→その時間になったらそこに行くだけ →今会っていると言っても過言ではない

今週末友達に会う。もう場所も時間も決めてある。

比較→ **I'm going to meet** my friend this weekend. He is checking his work schedule now.

→友達に会うという方向には向かっている

今週末友達に会う予定なんだけど、彼が今予定確認中なんだ。

▷ <今ココ>で意思表示の旗を上げる　will

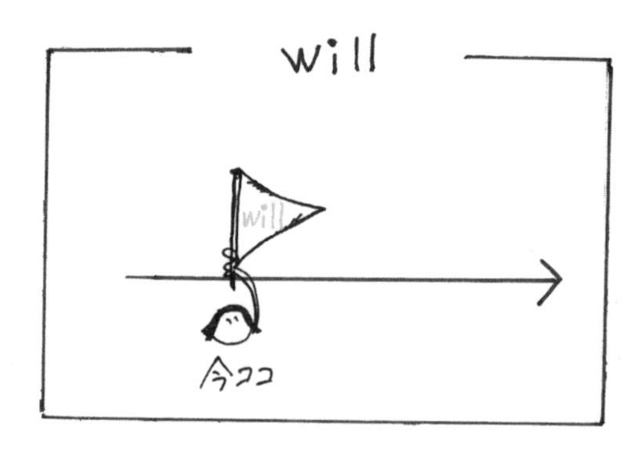

引き続き、もう１つ状況を想定してみましょう。

今上司からあなたに電話がかかってきて、「明日早めに出社できないか」と伝えられたとします。リラックス中の方、ゴメンナサイ！

あなたは、「はい、大丈夫です。では8時までには出社するようにします」と伝えたいとします。

例 No problem. **I'll** be there by 8 o'clock.
はい、大丈夫ですよ。では8時までには出社するようにします。

ここで登場するのがwillです。willは助動詞（484ページ）で詳しく取り上げますが、**動詞の運転モード**の1つなので、他の2つの未来表現とは性格が違います。いちばんの違いは、＜今ココ＞よりも前から予定や計画をしているわけではない、ということです

willは＜今ココ＞で未来側に向けて旗を上げるような絵を描きます。顔も未来側ではなく正面を向いています。

予め目標を定めているわけではないので、「未来の箱」も描けません。

次の例が、予定や計画とは違う性質の**「意思表示」**であることを、会話の状況や目的を想像しながらチューニングしてみましょう。

＊意思＝強い決意ではないことに注意

例 **I'll** call you tomorrow. では、来週お電話差し上げますね。
→このときの会話で決めたこと→意思表示

I've just changed my mind. I **won't** go out tonight.
やっぱり今夜は出かけないことにするよ。
→＜今ココ＞で決定の旗を上げた→意思決定

I'll do my best. （がんばってね！）→はい、頑張ります
→「その前は頑張るつもりがなかった」というわけではない。予定や計画ではなく「意思表示」であることがポイント

「未来への気持ち」にチューニング

ここまでで未来に関するいい方が3つ出そろいました。この3つを相対的に見てみましょう。

例えば、母親と子どもが話しています。いつも帰宅してからすぐに宿題に取り掛かる約束ですが、子どもはゲームをはじめました。

母親：Do your homework first. 先に宿題をやりなよ。

子の気持ち①このゲームはあと10分で終わるので、そしたら宿題に取り掛かろう。

例 I'**m doing** it after this game.
→今宿題をしているといっても過言ではない。すでに「未来の箱」で宿題をやっている

子の気持ち②宿題をすべきなのは分かっているけど、このゲームの後にもう1つやりたいゲームがある。

例 I'**m going to** do it soon.
→宿題をするという方向に向かってはいる。忘れてはいない

子の気持ち③ゲームに夢中で、宿題のことなんてすっかり忘れていた。母親にいわれて気づいた。

例 I'**ll** do it soon.
→その場で意思の旗を上げ。この場合は「うん、やるよ（いつか）」くらいにしか聞こえない

もちろん母親が一番安心する答えは、①ですね。

このように、<今ココ>以前から「やるべきこと」（特に期限がある場合）だと分かっている場合、I'll do it. はちょっと注意が必要です。

これが上司と部下とのしごとでの会話であれば、どんなに自信満々にその場で意思の旗を上げても、「<今ココ>よりも前から、気持ちは進んでいなかった」ことを伝えてしまいますので、「今いわれるまで忘れ

てました」と聞こえかねません。特にこれは、「will ＝強い意志」という誤解から生じやすくなるので、will は「意思＝気持ち」（漢字に注意！）とチューニングすることをお勧めします。

ここまでは、できるだけ法則的にチューニングしてみることを試みましたが、未来のことは本来誰も分かりません。そして会話の中では、心的な状態や相手との関係もかかわってきますので、ここに挙げた英文以外にも答え方は複数あります。使っていくことで柔軟にチューニングしていきましょう。

Chapter 5

原理動詞と
ロケーションワード

Chapter 5 の説明

ここで見ていくのは、1つの英単語に気の遠くなるような数の日本語訳が対応する動詞と前置詞です。本書では、これらを**原理動詞**と**ロケーションワード**と呼びます。原理動詞は基本動詞と呼ばれることもありますが、「基本」という響きから「初歩的なもの」のような捉え方をしてしまうと、これらの単語と仲良くはなれません。そのため、原理動詞と呼び、以下のように分類してチューニングします。

①英語がざっくり・日本語が細かい

have put get take give bring go come make keep

②英語が細かい・日本語はざっくり

talk-tell-say-speak

see-look-watch

hear-listen

③太っ腹な原理動詞

hold break catch run leave deliver

例えばお馴染みの have。辞書には、「持っている、飼っている、食べる、いる、ある ....」といくつもの日本語訳が並ぶだけでなく、＜使役動詞＞、＜現在完了形の have ＞のときにはまるで別物のように扱ってしまいがちです。でもここでは、分類名が変わろうと have は have と考えます（このような文法の捉え方をレキシカルグラマーと呼びます　＊ lexical：語彙の）。

　ポテトサラダは「サラダ」に分類され、コロッケは「おかず」になりますが、原点はどちらもジャガイモであるように、たくさんの日本語訳が対応する英単語にも１つの原点（原理）があります。

　本書で<ロケーションワード>と呼ぶものは、文法の分類としては前置詞と副詞です。本書では主に以下の単語をチューニングします。

　with　for　to　from　onto　on　off　into　in　out　of
at　about　by　through　over　up　down　(as)

　例えば for には「〜のために」「〜にとって」「〜の間」など多くの日本語が対応しますが、「for には色々な意味がある」とは捉えずに、「これらの日本語全てに共通する性質が for である」という捉え方をすることで、for の**ど真ん中**にチューニングします。

以下の３つのパートに分けてチューニングしていきましょう。

Part1：原理動詞とロケーションワードの「ど真ん中」

Part2：原理動詞・たくさんの動きを入れる大きな器

Part3：ロケーションワード・位置情報を絵に描く

Part 1

原理動詞とロケーションワードの「ど真ん中」

1 たくさんの動きを入れる大きな器

皆さんも海外ドラマや英語のソーシャルメディア（SNS）などで、「have、get、take など、よく知っている単語がたくさん使われているのに、意味が分からない」という経験をお持ちではないでしょうか？　その大きな原因の１つは、このような原理動詞を日本語訳に照らし合わせて認識しようとすることで、その単語の**ど真ん中**と**守備範囲**にチューニングできていないことにあります。

原理動詞は「大きな器」だと考えてみましょう。

器が大きいということは、その中に色々な**具体的な動作**を収納できます。図のようにサイズ感が合っていないので、日本語だとたくさんの違った意味があるように感じますが、実は同じ器の中に入れることができるのです。

原理動詞は「ざっくり」した絵

その器が大きければ大きいほど、たくさんの具体的な動作が収まるので、1つの絵に描くことが難しくなりますが、「とりあえず**ざっくりした絵で十分**」と考えてみましょう。その後に、もう少し詳しい説明が足されて絵が完成します。

▷ put

もの、人、行動、感情を問わず、「**ざっくり配置する**」と考えましょう。配置された側に視点があるときはそこに何かが増えることになりますので、「足し算」という要素が強くなります。

例 I **put** my hat **on** (my head).
帽子をかぶるという動作
＊帽子の定位置は頭なので、通常 my head は省く

put では、「これから何かを配置する」という動きをざっくりと伝えます。

次に、何を→ my hat 、どこに→ on my head と詳しい情報に進むにつれて絵が書き足されていきます。

この on は、my hat の場所（ロケーション）を示すしごとをします。

＊後にロケーションワードとして取り上げます

まず、次の絵の "I" よりも後半を手で隠し、英文が進むとともに手を移動させて、対応する絵を出しながら見てみましょう。

▷ **take**

put が足し算なら、引き算となるのは（ここでは）take です。

＊「ここでは」と述べる理由は、後の take のセクションで詳しく解説します

やはり put のときと同様に、後に「何を」「どこから」という情報が続きます。

例 I **took** my hat **off** (my head).

場所の情報ではなく、「**どのように**」という情報が欲しい場合もあります。

例 I **put** my hand **up**. 手を上げる。 I **put** my hand **down**. 手を下げる。

例 I **took** the knife **away** from the little boy.
小さな男の子からナイフを取り上げた。

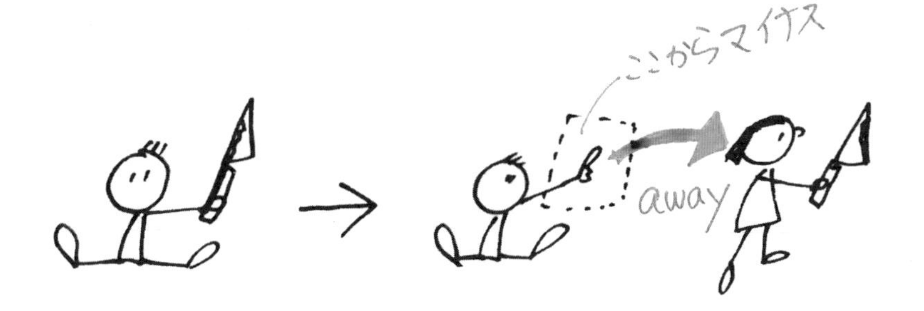

単語の「ざっくり度」と生活習慣

ことばは、生活習慣や文化と切り離すことはできません。

日本語では兄と弟、姉と妹と区別しますが、英語は brother、sister と「ざっくり」で、特別な必要がない限りは自分より上か下かを区別していうことはありません。英語はそれで困らないということですね。

また、「パンを焼く」「オーブンで焼く」「網で焼く」「フライパンで焼く」のように日本語では全て「焼く」1語で済むものが英語ではそれぞれ、bake、roast、grill、fry と区別します。一方、「煮る」という調理法に関しては「煮詰める」「煮転がす」「煮びたし」「煮上げる」という複合語がたくさん存在し、「煮え切らない」と比喩的にも使われますが、英語では「煮る」と全く同じ調理法はないようです。あえていうなら stew（シチュー）でしょうか（肉じゃがをシチューと呼ぶのはちょっと抵抗がありますよね）。

2 「何を」を補って考えると＜英語の型＞が見えてくる

①I **took** my shoes **off** (my feet).

②The plane **took off**.

この２つの文はどちらも take と off が使われていますが、①は my shoes が間に入り、②は連続しています。対応する日本語は、

①靴を**脱いだ**。

②その飛行機は**離陸した**。

と、全く違う動詞です。

ここで再び＜ことばモデル＞を思い出してみましょう。一直線に並ぶ英語は＜主語→する→何を＞の型を維持したがるので、「誰が何をしたのか」という**力の向き**がはっきりします。

例
会議があった。→ I had a meeting. →自分が会議を持った
足の骨が折れた。→ I broke my leg. →自分が自分の足の骨を折った（故意でない）

この法則に従い、先ほどの②を次のように考えてみましょう。

↱地面から off という位置に

② The plane **took** (itself) **off** (the ground).

→自分自身を take した

こうすると、先ほど見た① I **took** my shoes **off** (my feet). と同じ型になりますね。

The plane → took → itself → off → the ground.

飛行機は自然に地面から離れるのではなく、自分の動力（エンジン）で自分自身を地面から離した、と捉えます。

＊これがもともとの捉え方ですが、飛行機と離陸という当然の関係は使用頻度が高いので、The plane took off. が一般化したと考えられます

日本語で考えると一見関連がなさそうな動詞でも、

①帽子を**脱ぐ**　　　　→ 頭から帽子がなくなる
②飛行機が**離陸する**　→ 地面から飛行機がなくなる

というように、どちらも「引き算」という**ざっくりとした絵**が共通するので、take off という同じ器に入れることができる、というのが英語の見方です。

英語は他動詞が好き
～自動詞・他動詞という分類は怖くない～

辞書には動詞に自動詞・他動詞という分類がのっています。「～を」に当たる情報が必要ない場合が自動詞（自分だけで意味が成り立つ）、**「～を」に当たる情報を必要とするのが他動詞**ですが、ほとんどの動詞に、【自・他】と両方書かれています。

日本語では、「壊れる」(自)、「壊す」(他) のように形を変えて違いを表しますので、全く同じ形の動詞が、【自・他両方】というのはいまいちピンときませんね。

▷ swim　泳ぐ

自分が泳ぐわけですから日本語では自動詞としか考えられませんが、英語では、他動詞としても働きます。

例 I **swam** the Naruto Strait.　鳴門海峡を（最初から最後まで）泳いで渡った。

▷ sleep　寝る

自分が寝る（自動詞）以外にも、英語はこんな発想をします。

例 This tent **sleeps** five people.　このテントには５人寝れる。
このテントは５人を寝る

▷ walk 歩く

例 I **walk**.　私は歩く。←自動詞
I **walk** my dog every day.　犬を毎日散歩させている。　←他動詞
→犬を歩かせる

「泳ぐ」「寝る」「歩く」という動作（自動詞）を＜英語の型＞に入れてみると、次のように考えることができます。

I swim (myself).

I sleep (myself).

I walk (myself).

「～を」に当たる myself の部分は主語と同じなので省略していると考えると、自動詞と他動詞をはっきりと区別して覚えていなくてもよさそうです。

実際にこのように考えると、間違いが少なくなる場合があります。

例 吊革におつかまり下さい。
Please hold on to the strap.
→ Please hold (yourself) **on to** the strap.

< hold（他）：～をつかむ > < hold on to（自）：～につかまる > という個別の覚え方をしなくても、<-self> を補い「自分自身の動き**を**止める（他動詞）→吊革にくっついて」と考えることで、英語の型から離れずに認識ができます。

次も間違いやすい例です。

例 ドアをノックする →✕ I knock the door.
〇 I knock (my hand) **on** the door.
→自分の手**を**ドアにぶつけている

ノックしている（強く打つ）のはドアではなく自分の手の方です。それが当然の行為であるため、わざわざ自分の手のことをいう必要がなくなったと認識した方が、自動詞と他動詞の意味を別々に暗記するよりも間違いは少なくなります。

比較→ I knocked **my head** on the edge of the table.
テーブルの角に頭**を**ぶつけた。
→ この場合my headを省略できない

3 ベン図方式で英単語の「ど真ん中」を見つける

辞書で、１つの英単語に対して書かれている、一見何の関連性もないようなたくさんの日本語の間には、必ず（ときにはとてもかすかな！）共通項があるはずですが、日本語をバラバラに眺めていただけでは、それらの共通点には気づきにくいものです。

train と **train**ing は日本語にすると「電車」と「トレーニング」と一見無関係ですが、この２つは“train”が共通していますね。**train** のど真ん中の意味は「**引っ張っていくもの**」ですので、物理的な姿では電車になり、アクションになると、自分を目標に向かって引っ張る、スポーツなどの「トレーニング」になるわけです。

ドレス（**dress**）とドレッシング（**dress**ing）の関係も同じです。**dress** のど真ん中の意味「**まとわせて整える**」という行為を、人にするか野菜にするかの違いですが、私たちには全く別物に見えてしまいます。

そこでこんな見方をしてみましょう。中高の数学で習ったこんな図式が記憶の片隅にある方は多いと思います。

A=1、2、3、4
B=3、4、5、6 → A(1 3 2 4) B(3 4 5 6) → A(1 2 (3 4) 5 6)B ←ベン図

*発案者である英国の論理学者 John venn の名を取ってベン図と呼ばれています

deliver をベン図方式で見てみましょう。

deliver と聞くとすぐに、「配達する」が浮かびますが、辞書には、「演説やスピーチをする、分娩する、実現する」といった、「配達」とは無縁の日本語が並んでいます。これらの日本語が重なり合う「ど真ん中」が、deliver が訴えかけるものです。

本書ではこの「ど真ん中」を原理動詞のチューナー図として示しています。

このチューナー図は絶対的なものではありませんので、学習の成熟と共にみなさん自身が作り上げてみてください。

4 ロケーションワード・位置情報を絵に描く

原理動詞は「ざっくり」した絵なので、その後に「どこに」、「どのように」という詳しい情報を欲しがります。

＊原理動詞以外の動詞でもこの機能は同じ

本書では、前置詞と副詞を特に区別せず、絵に描いたときにはどちらも、**点や矢印などの位置や方向を示す**ことから、ひとまとめにして**ロケーションワード**と呼ぶことにします。

with　for　to　from　onto　on　off　into　in　out　of　at　about　by
through　over　up　down　(as)

ロケーションワードは、「絵をつけ足す場所」を教えてくれる

下線部分を、英語ではロケーションと捉えます。

例　青いワンピースを**着た**女の子が、**雨の中**、**ベンチに**座っている。

女の子のロケーション①青いワンピースの中
②ベンチの上
③雨の中

A girl **in** a blue dress is sitting **on** a bench **in** the rain.

この文に更にロケーション情報を続けることもできます（実際には、こんなに長い文を一気にいうことはありませんが）。

例 A girl **in** a blue dress is sitting **on** a bench **in** the rain **with** a bunch **of** dandelions **in** her hand.

青いワンピースを着た女の子が雨の中、たんぽぽの花束を手に、ベンチに座っている。

下の絵を見ながら、ロケーションワードでどんどん絵が足されていく感覚を味わってみてください。

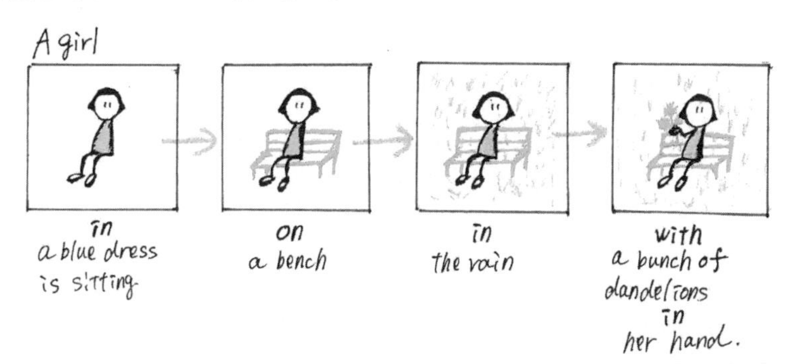

ロケーションワードは物理的な位置関係を表すだけでなく、時間、空間、事情、心情のような目に見えないものにも広がっていきます。

例 **お正月**は、**熱で** **寝込んでいた**。

自分のロケーション①→ベッドの中
②→熱と共に
③→お正月（時）

I was **in** bed **with** a fever **over** New Year.

come out、keep on のように＜動詞＋副詞＞で一対になり１つの動作を示すものを句動詞と呼びますが、この形自体はみなさんの身近にもあるものなので、あまり形式的に考えなくても大丈夫です。

例 check in/check out　チェックインする / チェックアウトする
come on　カモーン！
a drive-through　ドライブスルー

動詞とロケーションワード、それぞれが描く絵を知ることで、句動詞へのチューニングができます。

英語圏でのロケーションワード

英語圏の子ども達も下のような絵を使ってロケーションワードを習います。

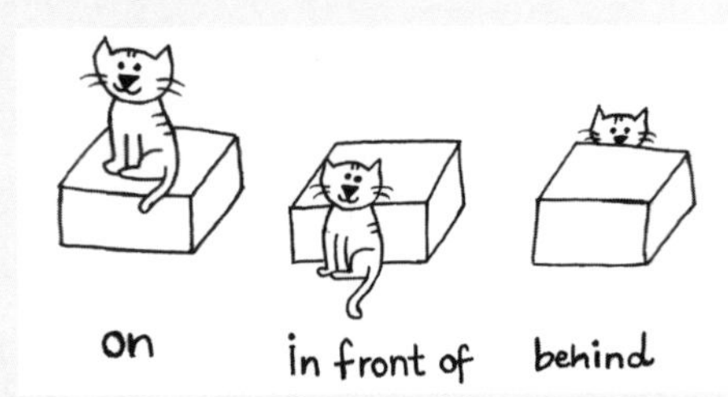

英語母語話者もチューナー図を使ってチューニングしているということですね。また、英語の手話*でこのロケーションワードを示すときも、多くの語で、先程のチューナー図をそのままジェスチャーで示したかのような動きになります。絵に描きやすい英語の中でも、このローケーションワードは特に可視化しやすいことが分かります。

*英国手話や米国手話、オーストラリア手話のように、同じ英語使用国でもその国独自のものがあります

最適なチューニングのための2つの法則

» 法則1：ことばの魂は、<目に見えるもの→目に見えないもの>と移行する

< Part2 > < Part3 >で原理動詞とロケーションワードにチューニングしていくにあたり、すべての単語に共通した見方があります。

日本語、英語問わず、ことばの習性として、まず目に見えるもの（形があるもの）に単語をあてがい、次に目に見えないもの（形がないもの）にその魂が移行していきます。

「ハンガーに服をかける」などのときに使う「かける」は次のように移行します。

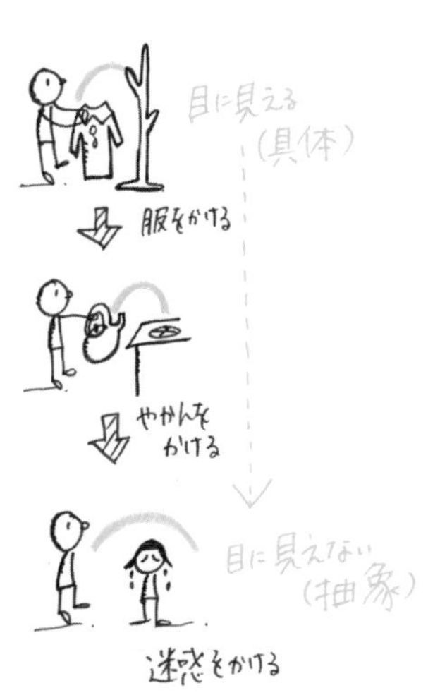

目に見えるものから見えないものに移行しても、「かける」が描く絵は同じであることにチューニングしましょう。

»法則2：英語は、人／物／こと／感情で同じ絵を描く

既に述べましたが、日本語訳と照らし合わせながら英文を見ていくと、どうしてもここがブレがちになります。

日本語では、人は「連れて行く」、物は「持って行く」と区別するので、この2つの動きは別のものに感じるかもしれません。英語はこれらの区別をしなくて良いのでどちらも take です。その際に、take には「連れて行く」と「持って行く」の2つの意味がある、という分断をしないことがポイントです。

対応する日本語に振り回されず、**人／物／事／感情を同じ絵を描くこと**にチューニングしましょう。

Part 2

原理動詞・
たくさんの動きを入れる大きな器

1 < have > テリトリーに入れている

haveのチューナー図の特徴は、**＜自分のテリトリーに入れている＞**ということです。

例 I **have** NIKE shoes.　私はナイキの靴を持っている。
→実際に手に持っているわけではない

Thank you for **having** me.（招いていただいて）ありがとうございました。
→私をあなたのテリトリーに入れてくれてありがとう

自分の意思に関係ないときもありますので、その場合は、＜自分のテリトリー内に**入っている**＞と考えてみましょう。

例 I **have** a headache.　頭が痛い。

他にも、目に見えないものや自分の身体の一部も客観視して、＜自分のテリトリーに入れている＞という捉え方をするのは日本語にはない発想ですね。

例 I **have** no idea.　見当がつかない。
→「アイディアがない」ことが自分のテリトリーに入っている

I **have** long hair.　私の髪は長い。
→長い髪を自分のテリトリーに入れている

否定文になると、＜自分の**テリトリー外である**＞ことになります。

例 I don't **have** any cooking skills.　料理のスキルを持っていない。

実に様々な種類のものがhaveされる対象になるという点で、haveはキング オブ 原理動詞と呼べるかもしれません。

I have a computer.	もの
a cat.	動物
a brother.	人間
long hair.	身体の部位
breakfast.	食事
feelings.	感情
a headache.	症状
a problem.	事がら
a good time.	時間
to go to work.	向かう動作
finished my report.	終わった動作

haveが描く絵は、実際に手には持っていない

例えば、家族でふらっと近所に散歩に出かけて、喉が渇いたので自動販売機で飲み物を買うとします。

家族の誰かに「お金持ってる？」と聞くときに描きたいのは次の絵です。

例 Do you **have** any money **on/with you**?

have は自分のテリトリーに入っているだけなので、家や銀行口座内の場合も、お金を have してることになります。

この状況では、しっかりとその人に on/with している絵を描きましょう。

例 私はマスクを　バッグの中に入れている。
ポケットに入れている。
家に置いている。
つけている。

上記のことを英語で伝えるとき、下の絵のように、I have a mask という１枚目の絵は共通します。原理動作はまず「ざっくり」の絵でしたね。その後にロケーションワードで位置情報をつけると、伝えたい絵が完成します。

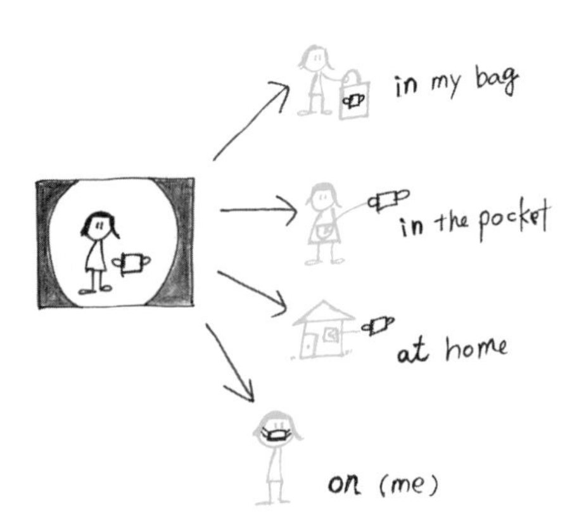

< have →向かう行動>

動作（行動）もテリトリーに入れることができます。本来、人の行動は色々な可能性や選択肢があるものですが、それをテリトリーに入れてしまうことで、**<この行動しかテリトリーにない→だからやらないといけない>**と考えてみましょう。<**矢印の to** >で動作を接着し、「向かうのはこちら」ということを示します。

例 I **have** medicine **to** take every night.

↓ ＊古い時代の英語の語順。これが以下のように変化

I **have to** take my medicine every night.　毎晩薬を飲まないといけない。

→薬を飲むということをテリトリーに入れている→だからその選択肢しかない

I don't **have to** take my medicine every night.　毎晩薬を飲まなくてよい。

→薬を飲むということはテリトリーに入れていない→飲まなくてよい

例 I **have to** be honest with you.　私はあなたに正直にならないといけない。

She **had to** stay home yesterday because she wasn't feeling well.
彼女は具合が悪かったので、家にいなければならなかった。

have to は 512 ページでもう一度見てみましょう。

< have →終わった行動>

今度は過去の行動（動作）を**<今ココ>でテリトリーに入れている**場合です。過去に実際に起きた出来事は確実な<ファクト>ですので、自分のテリトリーにしっかり入れることができます。

このカタチは時制のときに見てきた現在過去リンク形（現在完了形）です。一貫性を見るためにここで扱っていますが、この場合は have は助動詞の一種になります。よって疑問文や否定文は、Have I ~? I haven't ~ と他の助動詞と同じようにふるまいます。

例 I **have finished** my report. レポートを書き終えた。
→レポートを書き終えた状態（finished）を、今自分のテリトリーに入れている
→現時点でレポートは書き終えている

I **haven't finished** my report. まだレポートを書き終えていない。
→レポートを書き終えた状態（finished）を、今自分のテリトリーに入れていない
→現時点でまだ書き終わっていない

I **have been** to London. ロンドンに行ったことがある。
→過去にロンドンに存在した（been）ことは、今自分のテリトリーに入っている（have）→行った経験を<今ココ>の自分が持っている

I **have** never **been** to London. 一度もロンドンに行ったことがない。

< have →何を→どういう状態に（で） >

①パソコンを修理した。
②パソコンを修理してもらった。

②は「してもらった」から、自分でやったのではなく誰かにやってもらったことが分かりますね。ただ、日本語だと「髪を切りに行く」のように、自分でやるのか誰かにやってもらうのかを区別しない場合もあります。

英語は「**力の向き**」が大事でしたね。

① I fixed my computer.

② I **had** my computer **fixed**.

→修理され終わった状態（過去分詞）

「動詞のカタチ」（160ページ）で見た過去分詞の矢印の方向を思い出してみましょう。

2枚目の絵で、my computerというからには既に自分のものであるはずなので、それをあえて「テリトリーに入れた」というのはおかしなことですが、<どのような状態にされた = fixed >という情報を後ろに追加することで、**これまでとは違った状態の自分のコンピューター**をテリトリーに入れていることになります。また、getを使うと、より動的な感覚がでます。

例 I brushed my teeth.　歯を磨いた。

→私は→磨いた→自分の歯を

I **had/got** my teeth **cleaned** at the dentist.　歯科で歯の掃除をしてもらった。

→私は→自分の歯を→テリトリーに入れた→きれいにされた状態で→歯科医院で

< have →人→動作>

「人」を自分のテリトリーに入れて、さらに動作を続ける場合です。

例 I **have** a babysitter for my son. 息子のためにベビーシッターを頼んでいる

ベビーシッターを自分のテリトリーに入れている

↓

I **have** my babysitter **take** my son for a walk. ✕ to do

ベビーシッターに息子を散歩に連れて行ってもらう。

息子を散歩に連れて行くベビーシッターを自分のテリトリーに入れている

動詞の原形は、to do（その動作に向かう）や doing（動作中）ではなく、その動きの全体像を丸ごと「こういう動作」として示すのでしたね（160ページ）。

ベビーシッターが子どもを散歩に連れて行くことは当然のしごとなので、それを自分がテリトリーに入れるということは、無理やり感や命令のような感覚は伴いません。

例 I **had** my son **go** to the shop to get some milk.

息子に牛乳を買いに行ってもらった。

比較→ I **made** my son **go** to the shop to get some milk.

息子に牛乳を買いに行かせた。

→息子が go することを「作った」→そのように "I" が故意に手を加えているので、息子の意思には反していた可能性が高い

＜ put ＞
ざっくりと配置する

put のキーワードは＜**ざっくりと配置**＞です。位置情報は持っていませんので、それはロケーションワードのしごとです。

配置された側に視点が置かれると、**足し算**の要素が強くなります。

例　I **put** sugar **in** my tea.　私は紅茶に砂糖を入れます。
→紅茶に砂糖を足し算する

配置する対象や場所は様々です。

靴を履く、コートを着る、メガネをかける、帽子をかぶる、手袋をはめる、マスクをする、スカーフを巻く、化粧をする、目薬をさす、クリームを塗る .... などの身体に関係する日常の動作をベン図方式で見てみると、＜**身体にそのものが増えている＝足し算されている**＞ことが見えてきます。よってこれら全てのアクションが put です。

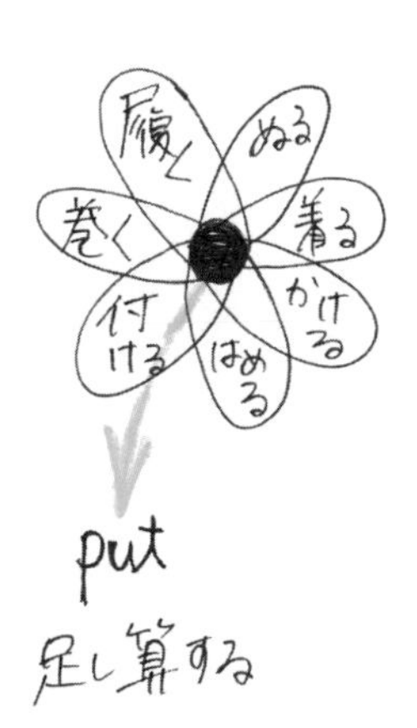

視点がニュートラルなときは、増えたかどうかは問題ではないので、**その配置を変える**という要素を強く持つことになります。

例 I **put off** my business trip.　出張を先延ばしにした。

on= 何かがアクティブな状態=「出張が予定通りある」ことを意味するので、その逆の off に配置

＜ put →目に見えるもの→どこに＞

「配置」する場所の情報をロケーションワードでつないでいきます。

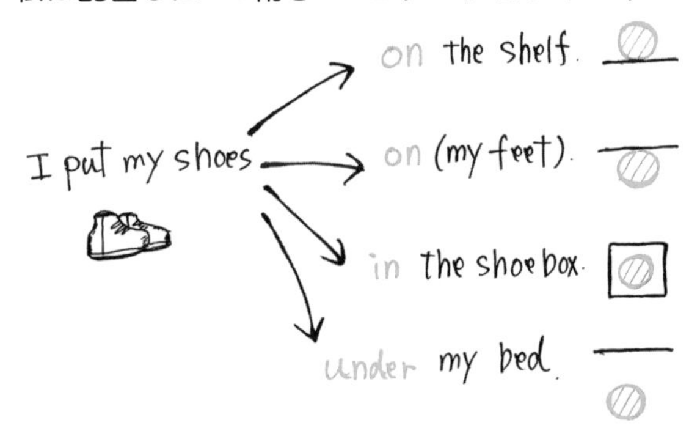

とても原理的な動きである put は、in や on 以外にも色々なロケーションワードと共にしごとをします。その度に対応する日本語が変わりますが、常にチューナー図に戻ってチューニングしましょう。

I **put** a rope **around** the tree.　木にロープを**巻く**。

I **put** a towel **over** my head.　タオルを頭に覆うように**かける**。

I **put** a pin **into** the wall.　壁に画びょうを**刺す**。

I **put** the thread **through** the eye of the needle.　針の穴に糸を**通す**。

< put →目に見えるもの→どのように>

具体的な場所ではなく、「**どのように**」配置するかという情報が必要な場合もあります。

例 I **put** my bag **down**. カバンを下に**置く**。

I **put** the rubbish **out**. ゴミを（外に）**出す**。

I **put** my hand **up/down**. 手を**上げる** / **下げる**。

手が空中に配置されます。そこからまた手を下ろすことで今度は元あった場所にまたその手が配置されました。

例 I **put** my hands **together.** 両手を**合わせる**。

< put →目に見えないもの→どこに / どのように>

ここから目に見えないものに移行していきます。

例 I **put** her name **on** the list.　リストに彼女の名前を入れた。
→リストに彼女の名前がプラスされた

The government **put** a higher tax **on** goods.
政府は製品により高い税金を課した。

→製品により高い税金がプラスされた

You should **put** your health **first**.　健康を第一にしないと。
→自分の健康を第一に「配置」する

The Tokyo Olympics were **put off** for a year.
東京オリンピックは１年間延期になった。
→ off に配置される前は、他の日時に on していた

< put →人→どこに／どんな行動に／どんな状態に>

今度は「**人**」を配置します。<主語→する→何を→どこに／どのように>という英語の型にしっかり合わせていきましょう。

例 I **put** my baby **in** the chair.　赤ちゃんを椅子に座らせた。

They **put** me **on** the next flight.　彼らは私を次のフライトに乗せてくれた。

The music **puts** me **to** sleep.　この音楽を聞くと寝てしまう。
この音楽は配置する→私を→睡眠に

The long delay **put** us all **in** a bad mood.
この長い遅延で私たちは皆機嫌が悪くなった。

長い遅延は配置した→私たち皆を→悪いムードに

Can you **put** me **through to** the sales department, please?
営業部につないでいただけますか？
あなたは配置してくれますか→私を→通して→営業部まで

This smell **put** me **off** eating.　この匂いのせいで食欲がなくなった。
この匂いは配置した→私を→食べることから離れたところに

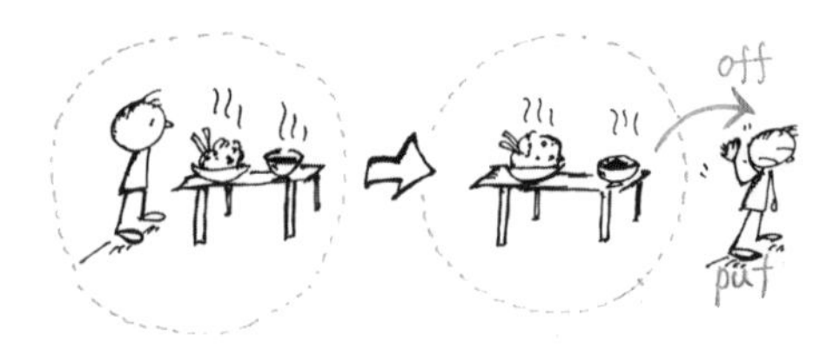

＜ get ＞
小さな動きで変化する

have、take と混同しがちな get。この 3 つの違いは＜**動きの大きさ**＞です。

🇬🇧：get-got-got

🇺🇸：get -got -gotten

キーポイント 動きの大きさ have < get < take

次の項 take で、have、get、take 全てが出そろいますので、そこで改めて相対的にチューニングしてみましょう。

< get →目に見えないもの / 状態>

目には見えない名詞や状態をゲットします。

動きのある get は、時制次第で、「だんだん get してきている」「すっかり get し終わった」のように変化の具合が変わります。

It is dark.
It has got dark.
It is getting dark.
It is not dark.

例 I've **got** a cold. 風邪をひいている。

→ゲットした状態を今も持っている

比較→ I have a cold.

→have は「静」。風邪を引いたのが少し前で、その状態が続いているような印象が強い

I need to **get** some sleep. ちょっとは寝なきゃ。

I'm **getting** hungry. だんだんお腹がすいてきた。

→お腹が空いている状態をゲットしてきている（動）

比較→ I'm hungry. お腹がすいてる。

→お腹が空いているという状態（静）

I have to **get** ready to go out. 出かける準備をしなきゃ。

→出かける準備が万全な状態（ready）をゲットしなきゃ

<なる＝ become >をアンインストール　日本語は「なる」、英語は「する」

<状態を get >するときには、「～になる」という日本語が対応するために、becomeを引っ張り出してしまうケースをよく見かけます。

例 It's getting hot.　　だんだん暑くなってきた。
× become

be は状態を表します。状態というのは静止的ですので、頻繁に変化はしません。よって、「そう簡単に変わらない、一定期間その状態に留まること」のみが become と相性がよいのです。

become：be ＋ come

以下の全て「～なる」という日本語ですが、この中で become がピッタリなのは1つだけです。

例

元気になる	get well
花粉症になる	get hay fever
背が高くなる	get taller
（信号が）赤になる	turn red
医者になる	become a doctor

「医者になる」だけが「そう簡単に変化しないもの」ですね。

<ことばモデル>で見たように、英語では<主語→**する**→何を>と力が及びます。この型に入ると、become の出番は少なくなります。

< get → to →アクション>

「何を」の部分が動詞の場合です。「**そのアクションをゲットする**」することになります。

例 She **gets to** travel all over the place with her job.
彼女はしごとで世界中を旅できる。
→ゲットする→そういう行動を

例 A: I want to try fresh seafood in Japan.　日本で新鮮な魚介類を食べてみたいな。

B: You **get to** eat very fresh seafood in Hokkaido.
北海道に行けばすごくおいしい魚介類が食べられるよ。
→ゲットできるよ→すごく新鮮な魚介類を→北海道で

比較→ You **can** eat very fresh seafood in Hokkaido.
→可能性としてあるよ→本人がそうするかどうかは分からない

「～できる」という日本語が対応することが多いため、can と混同しがちです。can は動詞の運転モードの１つで、「実行可能な鍵を持っている」ということを示します（473 ページ）。実際にその鍵を使って行動するかどうかは分かりません。上記の例文では、会話の相手は既に「新鮮な魚介類を食べたい」といっているので、「その人が北海道に行けば、**そのチャンスをゲットする**」と考えるのが自然です。これについては、can の項でより詳しく見てみましょう。

< get →何 / 誰を→どんな状態で>

have の項で < have →何を→どういう状態で>を見てきました。これに動きの感覚を持たせたいときは get の出番です。実生活では、変化を伴った情報を発信する機会の方が多いので、have よりも get の出番の方が多いかもしれません。

例 I can't make any more mistakes. I have to **get** this **right**.
もう間違いはできない。正確にやらないと。
→ゲットする→これを→正しい状態で

Don't **get** me **wrong**. That's not what I meant.
誤解しないでね。そういう意味で言ったんじゃない。
→ゲットしないで→私を→間違った状態で

I **got** my hair **dyed** at the hair salon.　美容院で染めてもらった。
私はゲットした→自分の髪を→染められた状態で→美容室で

I **got** my ears **pierced** when I was 18.　18歳でピアスをした
→自分の耳をゲットした→ピアスされた状態で→18歳のとき

get の後に「何を」がない場合は、-self を補ってみる

ここまで見てきたものは全て、get の後に「何を」という情報がきていましたが、以下の例にはそれがありません。

例
I **got home**.　家に着いた。
I **got up** at 6 o'clock.　6時に起きた。
I **got on/off** the train　電車に乗った/を降りた。

これらは「何を」get したのでしょうか？ get のすぐ後ろに myself を補って考えてみましょう。

例
I **got** (myself) **home**.
I **got** (myself) **up** at 6 o'clock.
I **got** (myself) **on/off** the train.

< get →自分自身を→その状態/場所に > という英語の型に合わせてみました。主語と同じ人物である myself を実際にいうことはありませ

んが、このような見方をしてみることで、日本語訳からは見えてこないgetの一貫性が浮き上がってくると思います。

例 I need to **get** up to date with the news.　最新のニュースを入手しないと。
→自分自身をup to date（新しい情報に追いついている状態）にgetする
＊up to date→今日まで→遅れをとっていない最新の状態

<受動態・動きの感覚はget>

<受動態＝be動詞＋過去分詞>という誤解が多いかもしれません。be動詞は「静」の状態です。そこに**動きを持たせ、変化を伴わせる**のはgetのしごとです。動作によっては大きな違いを作らない場合もありますが、**beの「静」とgetの「動」**を意識してみましょう。

例 When I was walking to the station, I **got caught** in the rain.
駅に向かって歩いていたときに、雨に降られた。

比較→ I was caught in the rain.
→「捕まっている」という状態→家を出る時は雨が降っていなかったのに……という変化は感じない

The dog **got** very **excited** when it found its owner.
その犬は飼い主を見つけてとても喜んだ。
→見つける前はそうでもなかった→変化

< take >
大きな動きで変化させる

take は<**何かをぐっと引き寄せる**>動きです。引き寄せる方向は様々なので、それをロケーションワードでつなげていきます。

ラグビーの tackle（タックル）と同じ語源を持つという説もあるだけに、**その対象に変化をもたらすまで、しっかりその動作を完結**させます。この動きの大きさが、get と異なる点です。

＊ tackle:（困難なことなどに）取り組む

get と take の動きの大きさの違いを比較してみましょう。

例 I went to the pharmacy, **got** the medicines, **took** them home, and **took** them after dinner.
薬局で薬をもらって、それを家に持ち帰り、夕食後に服用した。

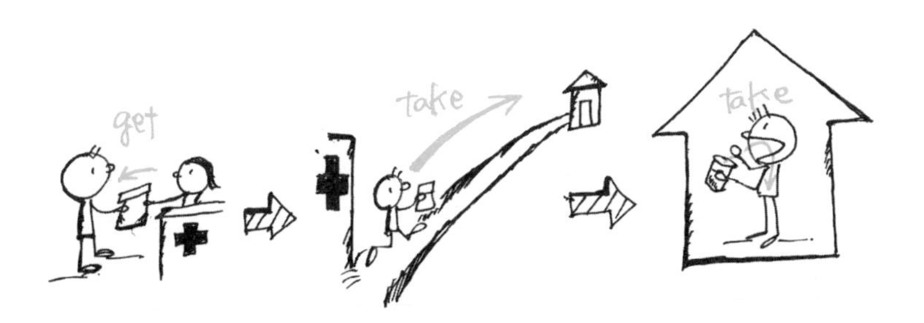

例 I **got** a new phone yesterday, so I **have** two phones now, but my daughter **took** one of them to school.
昨日新しいケイタイを買った。これで2つ持っていることになる。でも娘が学校に1つ持って行った。

I **get** 20 days of paid holiday each year, but I haven't **taken** any this year yet.
会社から毎年20日の有休をもらうけど、まだ今年は有給を取っていない。

このように、同じもの/ことに対してgetとtakeを使い分けるときもあれば、「これはgetしかできない」「これはtakeしかできない」という対象もあります。

take

例 I got a cold. 風邪をひいた。

I got a new phone. 新しいケイタイを入手した。

I got rid of my old clothes. 古い服を処分した。
＊rid：ridの過去分詞で「～が除去された状態を」getする→古い服を処分した

✕ **get**

例 I take a shower/bath every night. 毎晩シャワー/入浴する。

You should take responsibility for the accident.
あなたはその事故の責任を取るべきだ。
→責任は中途半端ではなく、完全に取り込みたい

I took his advice. 私は彼のアドバイスを聞き入れた。

比較→ I **got** some advice from him, but I didn't **take** it.
彼からのアドバイスをもらったけど、それを聞き入れなかった。
→ゲットはしたが、それを取り入れなかった

< take が生む 2 つの視点>

266 ページ、I take my hat off. のところで、「“ここでは” 引き算」であると書きました。なぜ「ここでは」という条件が必要だったのかを見てみましょう。

ある場所から何かを take するとき、元々それがあった場所 A に視点を置くと、それはそこから引き算されたことになり（マイナス視点）、引き寄せた側（B）に視点を置くと、そこにはそれが増えていることになります（プラス視点）。

take の動きの大きさゆえ、必然的にこの 2 点を生むことになります。

マイナス視点での take

例

I **take** my shoes off.　靴を脱ぐ。

→足から靴がマイナスされる

I **took** my contact lenses out.　コンタクトレンズを外した。

→コンタクトレンズをマイナスした→外した

Can I have a coffee to **take** away, please?　コーヒー 1 つ、持ち帰りで。

→コーヒーは店からマイナスになる。どこに持って行くかは問題ではない

The plane **took** off.　飛行機が離陸した。

→地面から飛行機がマイナスされた→離陸した

It **took** 10 minutes to get to the station.　駅に着くのに 10 分かかった。

→It（=駅に着くこと）は 10 分を（自分の時間から）マイナスした

所要時間を意味する take は「かかる」という日本語訳と直結させて

もあまり困ることはありませんが、以下のような例をカバーできなくなります。やはり take の原理的な動きへのチューニングをしてみましょう。

例 **Take** your time getting ready. 急がないでゆっくり支度していいよ。

→あなたはあなたの時間を take してよい

What **took** you so long?
なんでそんなに遅れたの？

→何が take したの？→あなたを→そんなに長く

＊親しい間柄で、待ち合わせに大幅に遅れた相手などにいうセリフ

プラス視点での take

例 I **took** my umbrella to work. 職場に傘を持って行く。

→家から傘はマイナスされるが、職場には傘がプラスされる

I **took** my mum out for dinner. 母を夕食に連れて行った。

I don't **take** sugar in my coffee. コーヒーに砂糖を入れない。

I **take** medicine every morning. 毎日薬を服用する。

→薬は減るが、自分の中に薬が取り込むことでプラスされる

I **took** a lot of photos. たくさん写真を撮った。

→写真を撮ってもその風景はなくならず、画像が新たにプラスされる

I **took** my temperature. 熱を測った。

I **took** a taxi to the station. 駅までタクシーを使った。

→タクシーという移動手段を自分側に取り込んだ

You have to **take** care of yourself.　自分をもっと労わらないとダメだよ。
→ケアを引き寄せて自分にプラスする

"**Take** a big breath", the doctor said.　「大きく息を吸って」と医者がいった。
→深い呼吸を取り込んで体内にプラスする

Take it easy.　頑張り過ぎないでね。
→ easy な状態に take する
*it は特定の物ではなく、その人を取り巻く状況全般

2つの「我慢できない」

I can't take it. は「我慢できない」「耐えられない」と訳されますが、もう1つこの日本語に対応するいい方があります。

それをもう自分の中に取り込むことができない　　もうそれをそのまま立たせておくことができない

例 I've been harassed by my boss. I can't **take** it anymore.
上司からパワハラを受けている。もう我慢できない。
→それまでは我慢して受け入れていた

I can't **stand** the smell of blue cheese.
私はブルーチーズの匂いには耐えられない。
→もうそれを立たせておくことができない

take はここでも大きく取り込む感じです。

stand は「立つ」（自動詞）と決めつけず、ここでも＜英語の型＞を思い出してみましょう。「～を」伴ってこのように使うこともあります。

例 I **stood** the ladder against the wall.　はしごを壁に立てかけた。

5 ＜ give ＞ 自分のところから何かを出す

give は、take と対照的に捉えることがありますね（例：give and take）。

give は＜**自分の元から何かを（差し）出す動き**＞ですが、必ずしも受け取る相手がいるとは限りませんし、相手がいたとしても、それを受け取ることを望んでいないときもあります。

例 This medicine **gives** me a stomachache.　この薬を飲むと胃が痛くなる。
→この薬は→与える→私に→胃痛を

比較→「醤油取ってくれる？」と同じ食卓にいる人に頼みたいときは、give の動きと似ていますが、もの（醤油）の移動に焦点があるので、pass がピッタリです。

Can you **pass** me the soy sauce, please?　醤油取ってくれる？

＜ give →何 / 誰に→何を＞

give のチューナー図のようなアクションをしたときには、自然に「何を / 誰に」という情報が欲しくなります。

例 I gave → my mum → a bouquet of flowers.　母に花束をあげた。
　　　　　　誰に　　　　　　何を

I gave → the baby → a kiss.　その赤ちゃんにキスした。
　　　　　　誰に　　　　何を

＜何/誰に→何を＞は＜何を→何/誰に＞と置き換えることもできますが、中にはそうすることで不自然になる場合もあります。発話の目的により、**聞き手にどの絵から先に描いて欲しいか**、が大事な基準です。

»どの絵を最初に描いて欲しいかが決め手

「母の日のプレゼント」について話しているときは、プレゼントした相手が「母」であることは既に分かっているので、「何を」という絵が先のほうが自然な絵を描けます。

例 I **gave** a bouquet of flowers to her.

「両親の結婚記念日」について話しているのであれば、父と母という2人の登場人物がいるので、「誰に」という情報が先に描かれた方がスムーズに絵が進む印象があります。逆にしても間違いではありませんので、まずは語順と描かれる絵の関係にチューニングしてみましょう。

例 I **gave** my mum a bouquet of flowers and my dad a tie.

一方で、次の例は話の焦点が“me”にあるので、me の絵を最初に描かないと不自然です。

例 You gave **me** a hard time. あなたは**私に**つらく当たった。

My children don't give **me** any trouble. 私の子どもたちは**私を**困らせない。

<目に見えないものを give する>

日本語でも「苦痛を与える」「夢を与える」と、物理的でないものも「与える」と捉えますが、英語では、その対象がもっと広がります。

例 My back has been **giving** me a lot of trouble lately.

最近、腰（背中）の調子が悪い。

私の背中はずっと give している→私に→トラブルを

I **gave** birth to a son in 2005. 2005 年に息子を出産した。

私は give した→生誕を→男の子に

I'll **give** it some thought and get back to you.

ちょっと考えて返事しますね。

give する→その件に→いくつかの思考を

Give me a break. 勘弁して。

give して→私に→ブレイクを

I've been thinking about learning to fly for many years, and I've finally decided to **give** it a go.

私は長年、飛行機の操縦を習いたいと思っていて、ついに挑戦することにした。

→ it(= 飛行機の操縦を習うこと）に go を与える

He **gave** a sigh of relief when he heard the news.
彼はこの知らせを聞いたとき、ほっとしてため息をついた。
→自分の中から a sigh of relief（安堵のため息）を（その場に）出した

give up・「何を」give している？

例 I **gave up** smoking two years ago.　　2 年前にタバコを**やめた**。
The man **gave** himself **up** to the police.　　その男は警察に**自首した**。

それぞれ対応する日本語は異なりますが、英語では描く絵は同じ。**up に差し出すことで、もう自分の元にはない**ということですね。

日本語にも「お手上げ」といういい方がありますが、この場合上げているのは「自分の手」というのがおもしろい違いです。

この動作が必ずしもネガティブでないことにもチューニングしましょう。

例 I **gave up** my seat for a pregnant lady.　　妊婦さんに席を譲った。
→自分の席を up に差し出した→自分は座らないで、ということにフォーカス

give は「はいどうぞ」、offer は「よかったらいかが？」

「妹に古着をあげたら、いらないっていわれた」

日本語としては特に違和感はありませんが、これを次のようにいうと、間違いではありませんが、違和感センサーが鳴ります。

△ I gave my sister some of my old clothes, but she didn't want them.
→妹に差し出した絵を最初に描くので、相手が受け取ったように聞こえてしまう
→ but 〜と続くのが不自然

こんなときは offer がピッタリです。

このように offer は、渡す側に視点があり、相手側がそれを受け取るかどうかはその時点では関係ありません。

○ I offered my sister some of my old clothes, but she didn't want them.
→「よかったらいかが？」

日本語でも、「オファー」と使うようになったのは、この動作にピッタリの日本語がないからかもしれませんね。

例 The shop offers a special discount.　あの店は特別価格を提供している。
→受け取るかどうかは客の自由

< bring > 矢印は自分に向かってやってくる

bring は come と同じ方向の矢印が現れます。

子どもの頃、「持って行く」と「持って来る」をいい間違えた経験をお持ちではないでしょうか？母語話者でも、子どものうちは混同しているんですね。それが徐々にチューニングされていきます。

<視点を定め矢印を描く>

例 Can you **bring** a towel to the bathroom?
お風呂にタオルを持ってきてくれる？
→話し手はお風呂場にいる

You can **bring** your friends to the BBQ next weekend.
来週の BBQ に友達を連れてきていいよ
→まだ BBQ の場にはいないが、そこを基点にする

矢印の方向でよく混乱するのが、こんなときです。

例えば、友人宅のホームパーティーにお呼ばれしました。何か持参して欲しいものがあるかどうかを聞きます。

例 あなた：Shall I **bring** something?　何か持って行こうか？

友達：Don't worry. Just **bring** yourself.
気を使わないでいいよ（自分だけ持ってきて）。

チューナー図で示したように、bringの矢印は自分の方に向かってきますが、それが必ずしも今自分がいる場所とは限りません。**心的に自分がいる場所を想定**して、「**これから自分がいるであろう場所**」に視点を置きます。

例 Shall I **bring** something (to your place)?
→もう友人宅に行くことが前提なので、自分の視点を友人宅側に置く
このときtakeといってしまうと、you（友人）から離れる絵を描く

<目に見えないもの>が何かをbringする

英語の型に入ると、日本語にはない発想が生まれます。

例 The thunderstorm **brought** lightning and heavy rain to the area.
その激しい雷雨は、その地域に稲妻と大雨を運んできた（もたらした）。

The song **brought** back old memories.
この歌は私に昔の思い出を運んでくれる。
→日本語では、「この歌なつかし〜」という感じ

Bring water to a boil.　水を沸騰させてください（料理の解説など）。
→bring→水を→沸騰まで

テレビ番組のタイトル「YOUは何しに日本へ？」は多くの方がご存じだと思います。

"Why did you come to Japan?"
という英語のサブタイトルが添えられています。

日本語でも同じですが、「なぜ？」と相手に聞くときは少し注意が必要です。自然にこのような聞き方は避けているはずです。

「来月東京に行くんです」→△なんで東京に行くんですか？
　　　　　　　　　　　　　○東京で何かあるんですか？

その人がどんな理由で日本に来たのかを尋ねたい時に、英語が描く絵はこうです。

What **brought** you to Japan?

「何があなたを日本に連れてきたの？」というのは日本語の発想にはありませんが、このような発想は英語の得意技です。

< bring →何 / 誰を→どのように>

bring の矢印が、話し手や聞き手ではなく、「どのように」となる場合です。

▷ bring up

例 I **brought up** three children.　3人の子どもを育てた。
I → brought →（誰を）3 children →（どのように）up

比較→ I **brought up** the topic in the meeting.
ミーティングでこの話題を取り上げた。
I → brought →（何を）the topic →（どのように）up → in the meeting.

「子どもを育てる」と「何かを話題にする」というのは日本語の発想では全く異なるものですが、英語では同じ絵を描くことになります。

▷ **bring up to**

up の後に to が続くことで、「up した先には何があるのか」というゴールを示します。

例 I have to **bring** my skills **up to** that level.
自分のスキルをそのレベルまで引き上げないといけない。

Can you **bring** me **up to** date on the project?
今どこまで進んでいるか教えてもらえる？
→このプロジェクトの最新情報まで私を引き上げてくれる？

▷ **bring down**

up の逆、down にも bring できます。

例 They've really **brought down** the price of laptops recently.
（業界は）近頃ノートパソコンの価格をずいぶん下げた。
→ bring →（何を）the price of laptops →（どのように）down

This medicine **brought** my fever **down**.　この薬は私の熱を下げた。
→ brought →（何を）my fever →（どのように）down

＜ go と come ＞
基点を定めて矢印を描く・離と至

go は＜**その基点を離れる**＞、**come** はその逆で＜**その基点に近づく**＞ことを意味します。

go= 行く、come= 来る、という紐づけのままだと不具合が多くなりますので、それは一旦アンインストールしてみましょう。このチューナー図と共に、**go= 離**、**come= 至**、と漢字が持つ画像力も借りてチューニングしてみます。

go 離・その基点を離れる

ものや人が go するときは、＜その基点を離れる＞ことで違う場所に移動することになりますので、to を使いその移動先を示すこともありますが、移動先の指示が不要なこともあります。

例
Where is she?
— She has **gone** home.　　家に帰ったよ。
離
焦点：だからもうここにはいないよ

I had a stomachache earlier, but it's **gone**.
離

さっきまでお腹が痛かったけど、もうそれはなくなった。
焦点：だからもう大丈夫だよ

The spots on my face have **gone**.　顔のできものが消えた。
離

come 至・その基点に至る

チューナー図で示したように、矢印は発話者に向かっていると考えましょう。

例

My mum **came** to Tokyo to see me.　母親が私に会いに東京に来た。
至

The bus **came** early.　バスが早く来た。
至

Christmas is **coming** soon.　もうすぐクリスマスがやってくる。
至

視点の位置を定めてから動く

go/come　どちらも、描かれる矢印に始点と終点がありますので、どこに視点を置くかが重要です。

例

あなた：Would you like to **come** over for coffee?
至

よかったらコーヒーでも飲みに来ない？

友達：Yes, I would love to **come**!　いいね、行きたい！
至

ここで漢字の力が発揮されます。相手の「至」に対して、こちらも「至」で呼応します。「行く行く！」という日本語に引っ張られてgoにすると「離」になってしまい、「今話題になっている基点から離れる」ことになってしまいます。

例

子：Mum, can you **come** and see my drawing?
至

お母さん、ここに来て私が描いた絵を見てくれる？

母：Okay, I'm **coming** (to your place) now.　はーい、今行くよ。
至

＜go → どのように＞動きと変化に注目

目に見えない事がらがgoするとき、それは、時間的に進んだことを示し、「どのように」という情報が後ろから追いかけます。

例

How did the meeting **go**?　ミーティングどうだった？
— It **went well**.　うまくいったよ。

What's **going on**? Why are you two arguing?
どうしたの？２人はなんでいい合いをしているの？
→何がon（=アクティブな状態）で進んでいる?→何が起きてるの?と二人で口論している理由や背景を聞いてくる

様々な事がらが、状態（どのように）を伴ってgoするときの動きと変化をチューニングしましょう。

▷ go bad

例 These bananas have **gone bad**.
バナナが悪くなった。

→バナナが良い状態（食べれる状態）から bad（悪い、腐っている）な状態に進んだ

＊ These bananas have gone off. ということもできる

on はスイッチが on しているので食べることができるアクティブ状態、off はスイッチが切れた状態＝食べられないネガティブ状態ということですね。

▷ go out

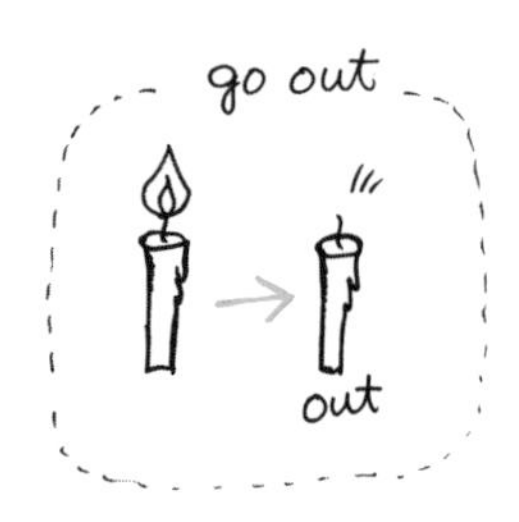

例 The candle **went out**. ろうそくが消えた。

→キャンドルの火が out の方に進んだ＝火が消えた

▷ go through

例 I have to **go through** my wardrobe and get rid of some old clothes.
ワードローブを整理して古い服をいくつか処分しないと。

→たくさんの服をどんどんかき分けて（through）進んでいくようなイメージ

I've **gone through** a lot of pain in my life.
私は人生で多くの痛みを経験してきた。

< come → どのような状態に>

come の矢印も「ある状態」に向かってやってくることがあります。何かがある状態に come することで**「それまでとは違う状態」に至る（変**

化する）ことになります。

▷ **come out**

< in だったものが out に**至**る >

in しているということは何かの内部に隠れているので目には見えない、気づかない状態です。そこから out な状態に至ると客観的に見えるよう／気づくようになります。

例 The stars **came out.** 星が出た。

→ out な状態に至った

The cherry blossoms **come out** in April. 桜は 4 月に咲く。

My health check results will **come out** tomorrow.
明日、健康診断の結果が出る。

The truth has **come out.** 真実が明らかになった。

She **came out** as transgender.
彼女はトランスジェンダーであるとカミングアウトした。

▷ **come off**

< on だったものが off に**至**る >

on の状態から off の状態に至ることで、これまで接着していたものがそこから離れます。

例 The button **came off** my shirt.
シャツのボタンが取れた。

→ off の状態に至った

The stain on my T-shirt wouldn't **come off.** シャツのシミが取れなかった。

▷ **come true**

< true な状態に**至る** >

例 My dream has **come true**.　夢が叶った。

→ true な状態に至った

▷ **come across**

<横切って（across）**至る**>

これは日本語にはない見方かもしれません。

例 He **came across** the street to talk to me.

彼は道を横断して私のところに至り、話しかけに来た。

When I was looking for my passport, I **came across** some old photos.

→パスポートを探していたら古い写真を横切って至った→偶然に遭遇した

何かと平行に進むだけだとその存在に気づきにくいですが、across することで**真正面から遭遇して向き合う**ことになります。

例 He **came across** as a nice person.

彼はいい人であるという印象を持った。

→彼はいい人として私の方へ至った

＜ make ＞ 手を加えて変化させる

このチューナー図の特徴は、＜**手を加え、対象の動きや状態をつくる**＞ということです。

絵に描くと何段階かに別れてしまいますが、これを全て包括するのが make のしごとです。

対応する日本語はとても多様です。次の日本語のど真ん中に、＜**手を加え、対象の動きや状態をつくる**＞があることにチューニングしてみましょう。

I make a hole.	（穴を）開ける
a fire.	（火を）おこす
money.	（お金を）稼ぐ
a noise.	（音を）たてる
a living.	（生計を）たてる
a mess.	散らかす
myself comfortable.	くつろぐ
you happy.	（あなたを）幸せにする

生活の中にある色々な make

make の器の大きさをこんな角度から見てみましょう。

朝、ベッドを①整え、コーヒーを②入れている間に③化粧を済ませ、週末に行く美容室の④予約をしたり、その他の⑤予定を立てた。明日の会議にも遅れないように⑥気をつけないと。午後、テレビを見ていたら、東京ケーキ店特集をやっていて、⑦すごくケーキが食べたくなってしまった。

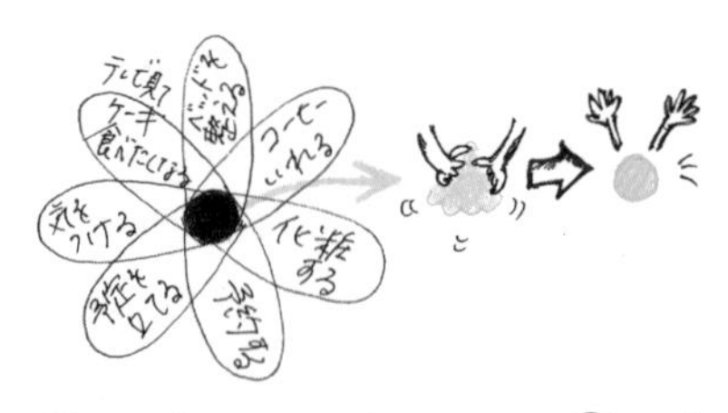

In the morning, I ① **made** my bed, put my ③ **make**-up on while I was ② **making** coffee, ④ **made** an appointment with a hairdresser and ⑤ **made** other plans for the weekend. I have to ⑥ **make** sure I'm not late for the meeting tomorrow. In the afternoon, I was watching TV and saw a special on Tokyo cake shops, which ⑦ **made** me want to eat cake.

①②③　ベッドメイキング、コーヒーメーカー、メイクアップはカタカナでもお馴染みです。

① made my/the bed

「次に就寝するのに適した状態に」make します。DIY で本当にベッドを作りたいときは、make a bed と a の輪郭をつけましょう。

② making coffee

日本語ではコーヒーやお茶は「入れる」もので、サンドウィッチやサラダは「作る」もの、と区別しますが、英語ではどちらも make です。

③ **make-up**

化粧することは、靴を履いたり、服を着るのと同じように、**put** my make-up **on** または、**do** my make-up といいます。「何を」メイクしているかというと、もちろん「顔」です。

④ **made an appointment**

日本語では「アポを取る」と、「アポ」が既に準備されていて、それを「取る」だけのようないい方をしますが、英語の場合は appointment は、日時や場所などを相手と合わせて make する必要があるものと見ています。

日本語では、新幹線の座席でも、医者でも、旅行でも「予約する」と大きな器ですが、英語の場合は**対象に応じて違うアクション**とみなすので、小さな器を個別に使います。

レストランの席や電車の座席などのスペース→「ここをこの時間からこの時間まで私が使います」と reserve（確保する）→ make a reservation

医者や美容室など「人」→「あなたでお願いします」→ appoint（指名する）→ make an appointment

旅行→予定表（book）に書く→ book a holiday

＊ book a table, book a seat も可能ですが、「人」の場合は使えません

⑤ **made other plans**

plan も時間、人、場所の条件を色々混ぜ合わせて make します。

⑥ **make sure**

sure（確実／しっかり／ちゃんと）な状態に make します。使用頻度はとても高いのですが、ピッタリと対応する日本語がないので、これを機にしっかりチューニングしたいところです。

例 夜 12 時までには**ちゃんと**帰るようにね。→ **Make sure** you're home by midnight.

ドアの鍵を閉めたか、**しっかり確認した**？
→ Did you **make sure** that you had locked the door?

⑦ **made me really want to eat cake.**

これが日本人泣かせの make です。英語は＜主語ーするー何を＞という型に入りたがるので、必然的に**力の向き**が明確になるのでしたね。

この例では、＜そのテレビ番組は → make した →私を →ケーキが食べたい気持ちに＞となり、因果関係を一直線につなぎます。日本語だと、「その番組を見て**たら**、ケーキ食べたくなった」というのが自然ですので、因果関係か時の経過によるものかは分かりません。

このような場合の make は以下の 2 つのパターンがあります。

▷1. < make →何 / 誰を→アクション >

人は通常意思や希望を持っていますが、それに関係なく主語がその人のアクションを make することになりますので、そこにネガティブさが伴うこともあります。

例 My mum **made** me **eat** vegetables.　母が私に野菜を（無理に）食べさせた。

自分は食べたくないのに、母親が野菜を食べる自分を make してしまっています。

一方で、ポジティブさを伴うこともあります。

例 She **made** me **laugh**.　彼女は私を笑わせた。

make（などの使役動詞）と動詞の原形の関係は「動詞のカタチ」（182 ページ）で見てきました。

主語が make という引き金を引くと同時に、make される側のアクションや状態は変化するのでしたね。

下の絵で示したように、< 矢印の to> はアクションまでワンクッションおかれるのに対して、make の絵は < make →人→その人のアクション > が１枚に収まります。

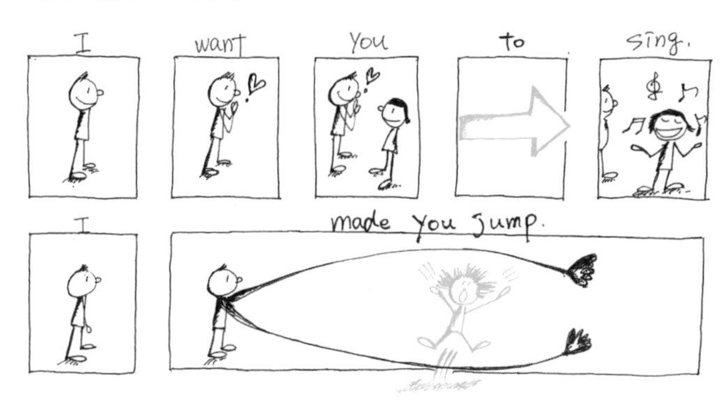

例 You **made** me **jump**!　びっくりした！

暗闇に人が立っていて驚いたときなどの第一声です。自分の心臓がドキ！としたときでも “You” が最初に出てくるというのは、私たちにとっては不思議な感覚ですね。相手が意図的に自分をびっくりさせた、という意味は含まないので、怒ったり責めたりしているわけでもありません。「あなたは、私がジャンプする（びっくりする）引き金を引いた」ということですね。

例 You **made** this project **go** smoothly.
あなたはこのプロジェクトを円滑に進めてくれた。
→あなたは make した→このプロジェクトを→進む（という形に）→スムーズに

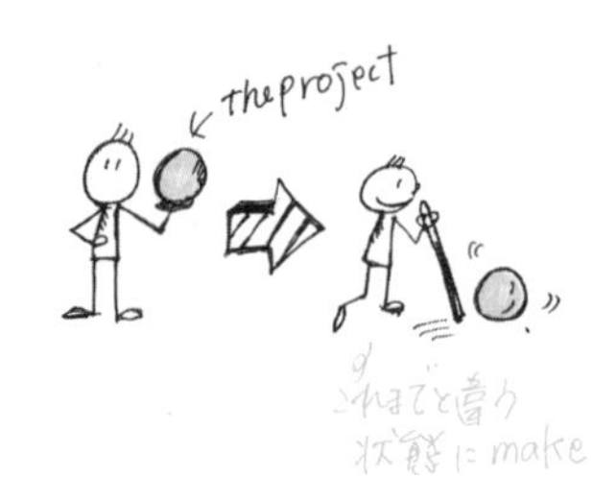

▷ 2. < make →何／誰を→どのような状態に >

人のアクションだけでなく、人の状態も make します。

例 You **make** me **happy**.　あなたは私をハッピーにする。

→あなたは私をハッピーな状態に make する

A good diet will **make** you **healthy.**
よい食習慣をもてば、あなたは健康になるでしょう。

→よい食習慣はあなたをヘルシーな状態に make する

This medicine **made** my headache **worse**.　この薬は私の頭痛を悪化させた。

→この薬は、私の頭痛をより悪い状態に make した

make の終点＝完成に視点を置くとき

チューナー図で示したように、make の**最終地点はその状態や動作の「完成」**です。そこに視点を置くことで、「成し遂げる」ということに焦点が置かれます。

▷ make の行為全体に視点があるとき

例 I **made** an appointment with my doctor.　医者の予約をした。

→医者との予約を make した

▷ make の完成点に視点があるとき

例 Sorry, I can't **make it** today because I have to work overtime.

→ it = my appointment

→ my appointment を完全に成し遂げることができない

I made an appointment with my doctor.
Sorry.
I can't make it.

例 あなた：I've completed a full marathon.　フルマラソン完走した。
友達：You **made** it! Congratulations.　ついにやったね！ おめでとう。

「なぜそうしたの？」と「何があなたをそうさせたの？」

bring の項で、What brought you to Japan? という質問の仕方について触れました。<主語ー何をーする>という型に収まりたい英語は、make も疑問文で活躍します。

例 What makes you think so?
なぜそう思うの？
What made me feel dizzy?
なぜめまいが起きたんでしょうか？
What makes a good leader?
よいリーダーの条件とは？

Why do you think so?

What makes you think so?

例えば、「私は上司に嫌われていると思う」と同僚に打ち明けられたときに、Why do you think so? と理由を聞くよりは、What makes you think so? と聞く方がよいかもしれません。同じように、「なぜ彼女のことがそんなに好きなの？」と聞きたいときは、Why do you love her so much? よりも、What makes you love her so much? の方が英語の型に自然に合致することになります。

また、why ～？を連発すると「なんでまたそうなの？」と、たたみかけているように聞こえてしまうことがあります。少し気にかけてチューニングしてみましょう。

9 ＜ keep ＞
積極的につかんで離さない

チューナー図で示したkeepのど真ん中は、＜**積極的につかんで離さない**＞ということです。

日本語では、「ドアを**開けたまま**にする」「スープを**保温しておく**」「食べ**続けてる**」のように、対象によっていい方を変えますし、動詞と融合するのであまり存在感がありません。

「成績をキープする」のようにカタカナで使うようになったのは、keepが大きな器なため、英語の方が楽だと無意識に感じるからかもしれません。

ここではkeepの存在感にしっかりチューニングしましょう。

＜ keep →何を＞

例 You can **keep** the book. I don't need it anymore.
その本はあげるよ。もういらないから。

I **kept** the promise to my parents.　両親との約束を守った。

日本語では「約束を守る」と「ルール（規則）を守る」は同じ「守る」を使いますが、英語では、ルールはfollowするものです。ruleは「まっすぐな棒」を意味し、それを指揮者が振ったらその方向をfollowする（＝後ろをついていく）からですね。

< keep →何 / 誰を→どういう状態に>

例 I **kept** my coat **on** in the room. It was very cold.
寒かったのでコートを着たままでいた。

→ keep した→コートを→自分に on した状態に

She **kept** the news **quiet**. 彼女はニュースを誰にもいわなかった。

→ keep した→そのニュースを→静かな状態に

I'll **keep** the soup **hot** for later. 後で食べるためにスープを保温しておこう。

→そのスープを保温しておく。後で食べるために

Keep up the great work! その調子で頑張って。

→ the great work を up の状態にキープする

Your support **kept** me **going**. あなたのサポートのお陰で私は前進できた。

→あなたのサポートが私を進ませてくれた

Sorry to **keep** you **waiting**. I will be with you in a minute.
お待たせしております。すぐ準備できます。

→キープする→あなたを→ waiting の状態に

比較→ Sorry to **have kept** you **waiting**. I'm ready.
お待たせしました。準備ができました。

→アンカーが<今ココ> have と過去空間 kept の 2 点に下りてリンクしている→<今ココ>に至るまで待たせていた→それは完結した→もう待たなくてよい

< keep →どんな動作を>

動作を<積極的につかんで離さない>状態にするので、その動作が**継続**します。**一連に「ずっと」**続く場合もあれば、**断続的に「何度も」**続くことがあります。このときの動作は<動作中のスナップショット>なので -ing 形ですね。

例 My computer **kept breaking**. 私のパソコン、何度も壊れた。

I **kept eating** and **drinking** all night.　一晩中飲み食いした。

My grandad **keeps telling** me the same story.
祖父は私に同じ話ばっかりする。

stay safe と keep safe

どちらも「安全な状態のままでいてね」ということですが、なかなかピッタリと対応する日本語はありません。描く絵はこのように違います。

▷ **stay safe**
現状のままでいれば安全。

例 Let's **stay safe** in the COVID-19 pandemic.
COVID-19 パンデミック禍、皆安全な状態でいよう。

▷ **keep safe**
keep の後に「何を/誰を」を補って考えます。keep は積極性が伴いますので、そうしなければならない理由があると考えるのが自然です。その理由や原因を明示したいときは、ロケーションワード from でつなぎます。

例 This new building technique could **keep** (us) safe **from** earthquakes.
この新しい建築技術は地震から私たちを守ってくれるだろう。

keep と leave

leave と混同することがよくあります。話の焦点や内容によっても線引きが変わってくるので、次の項で触れる leave と相対的にチューニングしましょう。

例 I **kept** the door open all night. It was very hot.
一晩中ドアを開けっぱなしにしていた。すごく暑かったから。
→積極的にドアを開けたままにしておいたように聞こえる

I **left** the door open all night. It was stupid of me.
一晩中ドアが開けっぱなしだった。私ってドジだな。
→ドアを一晩中開けっ放しにしていて、気づかなかったように聞こえる
*leave: そのままの状態にしておく

次のようなときは、かなり違った動作を示します。

例えば食事が終わって、食器を台所に持って行こうとしている人に、「そのままでいいよ」と伝えたいときは……。

例 Don't worry.
○ Just **leave** them. leave：そのままの状態にしておく
× Just keep them. keep：積極的につかんで離さない
→その食器を持って帰っていいですよ

10 日本語の方が「大きな器」である単語

ここまで見てきたのは、英単語が大きい器であるために、多くの日本語が対応してしまう場合ですが、今度は逆に、**日本語が大きい器**で、複数の英単語がそこに入ってしまうために、日本語訳だけを頼りにするとどの英単語を選んだらよいのか迷ってしまうパターンです。

ここで取り上げる英単語は、ざっくりの絵ではなく、「**ある程度次の内容が予想できるような絵**を描く」と考えましょう。

talk ― tell ― say ― speak

このチューナー図では、talk と tell は話し手側を向いていて、say と speak は正面を向いていることに着目してください。

次の文は、「友達（her）と一緒に旅行の行き先について話した」ということを第三者に伝えている内容だと想像してみてください。都度チューナー図と照らし合わせて見てみましょう。

例 I **talked with her** about our holiday.
彼女と休暇について話した。

I **told** her I wanted to go to South Korea because many people **say** South Korea is a fascinating country.
私は韓国に行きたいっていったのね。色んな人が韓国はおもしろいよっていってたから。

She **told me** that she can **speak** some Korean because she had studied it at university.
彼女、韓国語勉強したことあるから、少し話せるっていってた。

▷ talk

描かれる矢印は「話し手→聞き手」と「話し手←聞き手」と**双方向**。**お互いで情報や意見を交換**するので、どのように会話のやり取りをしているのかによりロケーションワード（前置詞）が変わるのも talk の特徴です。

「トークイベント」というと、スピーチのように一方向からの発信ではなく、話し手と聞き手、両方の存在がありますね。

例 Babies start to **talk** at 12-18 months.
赤ちゃんは 12 か月から 18 か月で話すようになる。
→単に音を出すだけでなく問いかけに反応する→双方向

I sometimes **talk to** myself.　私はたまに独り言をいう。
→独り言

対象をつなげるロケーションワードで、描く絵が変わることに注意しましょう。

例 She is talking **to** me.

She is talking **with** me.

She is talking **at** me.

→的に矢を射るようにピンポイントで当てる at

We are supposed to have a discussion, but you aren't **talking to** me, you are **talking at** me.
2人で話し合いをすることになってるのに、あなたは私と話すというより、自分のいいたいことだけをいってる。

▷ **tell**

絵に描かれる矢印は「話し手→聞き手」の一方向のみ。何らかの内容を伝えるために、**話し手から情報発信**したことにポイントが置かれます。ストーリーテラーの役割です。

例 You have to **tell** me the truth.　本当のことをいわないとダメだよ。

I'm not asking you. I'm **telling** you to do it.
頼んでいるのではない、そうしなさいといっているんだ。

→一方的にいっている=命令／指示している

I can't **tell** the difference between real beer and non-alcoholic beer.
本物のビールかノンアルコールビールか区別できない。

→本物のビールとノンアルコールビールの違いをtellできない→いい分けることができない

You were right after all.　結局あなたが正しかったよ。
– See. I **told** you so!　ほら、だからいったでしょ。

▷ say

話し手が**声で何かを発する**ことに焦点が置かれ、相手がそれに耳を傾けているかどうかは絵に描かれなくてよいのがsayです。

speakとの違いがちょっと分かりにくいかもしれませんが、チューナー図では、speakは吹き出しをつけることで話に内容がある一方、sayは吹き出しがないのが特徴的です。

例 You should always **say** "Thank you."　いつも「ありがとう」っていうんだよ。

Sorry, what did you **say**?　ごめんなさい、今なんていいました？

→話全体ではなく、一部が聞こえなかったとき

Say when(to stop).

→誰かのグラスに水を注いでいるときなど、丁度いい量までできたら「ストップ」と声をかけて欲しいときにいう。答える方は、That's fine.（そのくらいで大丈夫）のように答える

How do you **say** cat in Japanese?
日本語で "cat" はどのようにいいますか？

Does it **say** anything about that train accident in today's newspaper?
今朝の新聞に、あの電車事故のこと何か書いてある？
→主語が人でない場合でも、「発する」という要素はそのまま

▷ speak

「声で」という**伝達手段**に焦点が置かれます。通常、話の内容は詳細までは及びません。ゲスト**スピーカー**やステレオの**スピーカー**を想像してみてください。

例 You have a clear **speaking** voice.　あなたの話し声はとても鮮明ですね。
→クリアな声（内容ではない）

A：Could I **speak** to Mathew, please?（電話で）マシューをお願いします。
B：**Speaking.** 私です。
→今声を出していますよ

また、speak はちょっと形式的な響きを持つことがあります。

talk が友達や家族の間でのどんな会話内容にもピッタリなのに対して、speak はちょっと背筋をピンと伸ばしたいときに使うと考えてみましょう。

例 You should **speak** with your boss about the issue.
その課題についてボスと話し合った方がいいよ。

I **spoke** to your teacher about your grade.
あなたの成績について先生と話したよ。

▷ see ― look ― watch

日本語には「見る」「観る」「看る」「診る」のような漢字での区別がありますが、動詞が文の最後にくるので、「私は映画を……」といった時点では、「観る」でも「見る」でもさほど違いはありません。

動詞が主語のすぐ後に走り出す必要がある英語は、I watched なのか I saw なのかで、**次に描く絵の予想をして絞り込む**ことができるので、この動詞部分で区別することは重要な役割を担っているといえます。

まず、次の英文と、その英文が描く絵でチューニングしてみましょう。

When I was walking in the park, I **saw** some beautiful flowers. I sat on a bench and **looked at** them. I enjoyed **watching** the bees fly around the flowers.

公園を歩いていたら、きれいな花が目に入った。ベンチに座ってその花を眺めていた。その花の周りを蜂たちが飛び回っているのを見て楽しんだ。

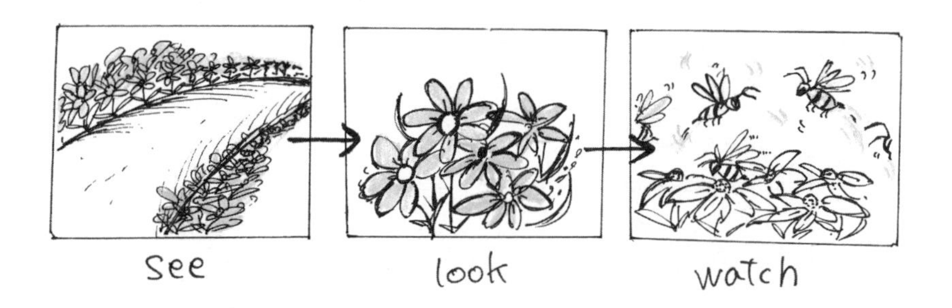

▷ **see**

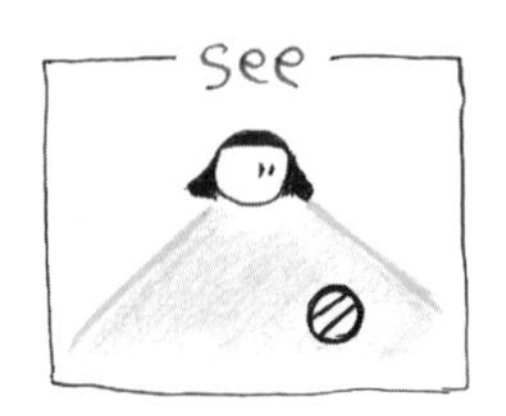

視界に入っていて、それが何かをしっかり認識できる、というのがseeのど真ん中です。「しっかりと見えている」（✕見ている）という感覚にチューニングしましょう。

例 I can't **see** anything. It's too dark.　暗くて何も見えない。
→視覚的に何も認識できない

I **saw** you at the post office yesterday.　昨日、郵便局で見かけたよ。
→視界に入ってきた→そしてあなただと認識した

「しっかりと見えている」ということは、次のような意味づけもします。

例 I **see** what you mean.　あなたがいうことは分かりますよ。
→まるで見えるように理解できる

I'm **seeing** someone.　付き合ってる人がいる。
→進行形で「しっかり見えている状態が続いている」

「段取りの」meet・「視界に入り認識できる」see

挨拶の際に、meetとseeを次のように使い分けます。

例 (It's) nice to **meet** you.　はじめて会うとき
(It's) nice to **see** you.　2度目以降

以前会ったことがあり既に顔見知りの人が視界に入っていたら「あ、〇〇さんだ」と認識ができるので、seeがピッタリです。離れて住んでいる家族や友達でも同じです。

一方、“Nice to meet you.” はよく「はじめまして」と訳されますが、しごとなどの「ミーティング」は同僚など知っている人同士でやることを考えると、必ずしも meet が初めて会うことだけを表しているわけではありませんね。

例 Let's **meet** in front of Hachiko at 8 o'clock.
8時にハチ公前で待ち合わせしよう。

ここで焦点が当たる meet の側面は、「段取りして会う」と考えてみましょう。それが初対面の人なら「はじめまして」となりますね。

▷ **look**

意識的に視線を向けます。そのため「どのように／どこを」look するかのオプションが生まれるので、ロケーションワード（前置詞）でその違いを示します。

例

あなた：	I'm **looking for** my wallet.	財布を探してるの。
家族：	Did you **look under** the bed?	ベッドの下は見た？
あなた：	Yes, I **looked around** the bed as well.	うん、ベッドの周りも見た。
家族：	Did you **look behind** the bed?	ベッドの後ろは？
あなた：	Not yet……. I found it!	まだ……あった！
家族：	**Look after** your things more carefully.	自分のものをもっと大切に扱いなよ。

「look after = 世話をする」という紐づけは、これでは、人間や動物など生き物以外に対して使う発想を奪ってしまいますので一旦アンインストールしましょう。

例 I'm **looking after** my friend's dog this weekend.
今週末、友達の犬の世話をする。

I'm just going to the toilet. Can you **look after** my bag?
ちょっとトイレに行ってくるからカバン見ててくれる？
✕ Can you **see** my bag?　私のバッグが見える？

また、「look forward to ＝楽しみにする」という紐づけも一旦ほどいてみましょう。E メールでの決まり文句、I look forward to hearing from you.（お返事をお待ちしております）のように、いつも「楽しみ」という日本語が対応するとは限りません。

例 I **look forward to** seeing you soon.　まもなく会えるのを心待ちにしてます。
look →（どの方向？）→ forward（時の前方＝未来）→ 未来にも色々あるけどどれ？
→ to（こっち）→ seeing you（あなたに会っているということ）

この場合の forward は物理的な位置ではなく、時の前方＝未来を指します。「まさにそうしている場面」（-ing 形）を心の中で look するのは、それを心待ちにしているからですね。その未来が嫌なことであれば look したくありませんね。

▷ watch

最初に見た３枚の絵の最後、

I enjoyed watching them (=the bees fly around).

のように**動きを意識的に目で追う**のが watch です。よって、映画やテレビなどを「観る」というときにピッタリです。

例 bird **watching** バードウォッチング

Can you **watch** my son while I take this phone call?
この電話を取る間、息子を見ててくれる？

→小さい子から目を離さないように注意してみる

目に見えないもの/ことが対象になることもありますが、いずれにしても動きを伴います。watch のキーワード「**動きを意識的に目で追う**」にチューニングしましょう。

例 **Watch** your step! The road is slippery.
足元に注意して！この道は滑りやすいよ。

→ステップ（歩いているときの足元＝足の動き）

You have to **watch** your diet. 食生活に気を配った方がいい。

→食生活は変化があるもの

Watch your language! ことばづかいに気をつけなさい！

→子どもが乱暴なことばづかいをしたときなど

同じ映画でも、家では watch、映画館では see

同じ「映画を観る」でも、家と映画館ではちょっとした違いがあります。

例 I watched Harry Potter on TV last night.
昨夜、テレビでハリーポッターを観た。

I saw Harry Potter in the cinema.　ハリーポッターを映画館で観た。

家の中では家族やペットがうろうろしていたり、電話が鳴ったりと、色々な「動き」に囲まれています。そんな中で、意識的に「これを観るぞ」となるので、watch のチューナー図にピッタリです。

一方映画館は、映画を観るための場所です。意識しなくてもその映画が視界に入ってきますね。他にも、コンサート、スポーツ、演劇などのパフォーマンスは see がピッタリです。

▷ **listen ー hear**

日本語には「聞く」と「聴く」という区別があり、意識的に聞くのか、何もしていなくても耳に入ってくるのかを「聞く」と「聞こえる」と使い分けますね。

▷ **listen**

listenは**耳を傾ける**ので、その方向を示すため<**矢印のto**>とコンビになります。

例 **Listen to** music/the radio.　音楽を聴く/ラジオを聴く

比較→ I can't **hear** anything.　何も聞こえない。
→耳に届いてこない

＜listen →どのように＞

例 **Listen up**!　しっかり聞いてください！　＊主に🇺🇸
→しっかり最後まで

Can you **listen out for** the doorbell, please?　＊主に🇬🇧の口語
ドアベルに耳を傾けておいてくれる？
→自分の近くではなく離れた場所まで。もし寝室にいたらその場がinで、玄関がoutな感覚なので、「外の音まで聞く」

▷ **hear**

hearはseeの聴覚版のような感じで、何もしていない状態でも**耳に入ってきて、聴覚的に認識できる**ことを指します。

例 a **hearing** aid　補聴器

Listen. Can you **hear** that sound?　聞いて。あの音が聞こえる？

→耳を傾けて→あの音が耳に入る？

You **heard** me wrong.　聞き間違えだよ。

→間違った状態で耳に入った

Have you **heard** from your brother recently?　最近お兄さんから連絡がきた？

→音とは限らずメールなどの手段でも

— No, I haven't **heard** from him for ages.　しばらく音沙汰がないんだよね。

1 太っ腹な原理動詞 hold　break　catch　run　leave　deliver

次に見る６つの単語は、日本語の発想だと「こんな動作まで同じ器に入れてしまっていいの？」と感じてしまうような動詞たちです。新たな発想との出会いを楽しむようにチューニングしてみましょう。

▷ **hold**

そのままにしておくと動いてどこかに行ってしまうので、＜**一旦おさえておく**＞のが hold です。その対象が動いているものであれば＜一旦その動きを止める＞と考えてみましょう。

この「一旦」（一時的に）というのがポイントです。

例　I can lift the weights above my head, but I can't **hold** them there for long.
ウェイトを持ち上げることはできるけど、そのまま上で止めておくことはできない。

ピッタリ対応する日本語がないことが多いので、こんなときも注意しましょう。

例 Can you **hold** my bag for a second?　ちょっと私のカバン持っててくれる？

日本語の「持ってて」から連想して have といってしまうと、<あなたのテリトリーにいれる>＝「あなたにこのバッグをあげる」となってしまいますね。

次のそれぞれの日本語の共通点が<**一旦おさえておく**>であることにチューニングしてみましょう。

hold a pen	握っておく
a baby	抱く
hands	（手を）つなぐ
the line	（電話を）保留にする
a meeting	開催する
one's breath	（息を）止める

<hold →何を（どこに／どのように）>

例 The average person can **hold** their breath for 30–90 seconds.
平均的な人は 30 秒～ 90 秒息を止めることができる。

If you are standing, please **hold** on to a hand strap.
お立ちの方は吊革におつかまりください。

→ hold(yourself) on to a hand strap → 自分自身の動きを止める → 吊革につかまって

Hold your head still.　頭を動かさないように。

→ 頭の動きを止めておく → still な状態に

▷ **break**

日本語でも、コーヒーブレイク、ウィンドブレーカーのように使っている break。＜**連続/継続しているものを分断する**＞と考えてみましょう。

例 Have a **break**, have a Kit Kat.

このキャッチコピーはあまりにも有名ですが、オリジナルのパッケージにはキットカットが半分に割れているイラストがあります。文字通りキットカットが半分に break されたことと、しごとや勉強など今まで継続していた時間を break すること 2 つを掛けたものですね。

例 **Break** a bar of chocolate **into** small pieces. 板チョコ 1 枚を細かく砕く。

手でバキバキっと割るか、叩いて割る絵を描いています。このときのロケーションワードは、その状態（small pieces）に実際に in していることを示すための in+to = into です。to だけだと、small pieces の方に向かっているだけで、実際にその状態になったかどうかはいえていません。

*into → 392 ページ

例 Somebody **broke into** my house. 誰かが私の家に押し入った。

このときは break したのは、窓やドアだと考えられますが、家の内部に無断で侵入したことがメインの情報なのでこの部分は一般的に省きます。

例 I **broke** my leg while skiing.　スキー中に脚を骨折した。

日本語では「骨が折れた」ということもありますが、＜英語の型＞に入ると、＜私は→折った→私の脚（の骨）を＞となります。もちろん故意に折ったわけではありません。

< break →どのように>

オンラインセミナーなどが一般的になり、「ブレイク**アウト**セッション」という言葉も浸透してきました。ひとまとまりだったものがバラバラに別れて out していく感覚がそのまま言語化されています。

I break my cup.　割る
　　my computer.　壊す
　　my leg.　折る
　　my promise.　破る
　　my bad habit.　断つ

break に対応する日本語は、その対象の素材や性質によって決まっていることが分かります。英語は素材や性質を（それほど）気にせずに、break という１つの器に入れてしまうのですね。

例 The couple **broke up**.　あのカップルは別れた。
＊up：すっかり完全に

例 My car **broke down**.

車など、機能が止まってしまって動かなくなったときは、down がピッタリです。最初の数秒エンジン音が鳴ってもすぐに小さくなり消えてしまう様子が down から想像できますね。

* up − down → 441 ページ

▷ catch

＜**動いているもの／ことの動きを止める**＞のが catch です。動きを止めるという点では hold と似ていますが、hold は、手を離すとどこかに行ってしまうので、＜一旦おさえておく＞という要素が強いのに対して、catch は「**待て！**」とその**動きを止めてしまう**ことに視点がありますので、静止しているものを catch することはありません。

誰かと話をしているときに、うまく聞き取れなかった場合は、このようにいいます。

例 Sorry, I couldn't **catch** that.

話しことばも動いているということですね。

例 I **caught** the ball and **held** it for 30 seconds.
飛んできたボールをキャッチして 30 秒間持ったままだった。

catch する対象もさまざまです。以下のキャッチする対象は全て＜**動いているもの**＞であることにチューニングしましょう。

catch fish	（魚を）釣る
a cold	（風邪を）ひく
the flight	（飛行機に間に合うように）乗る
somebody's attention	（注意を）引く
one's breath	（息を）整える

▷ catch a cold

風邪（のウィルス）は空気中を動き回っているので catch します。胃潰瘍や頭痛は catch することはできません。自分の意思でそれをキャッチしたのかどうかは関係がないのも catch の特徴的な性格です。

▷ catch one's breath

例 I stopped about halfway up the hill and **caught** my breath.
坂の途中で立ち止まって、息を整えた。

▷ 人の動作をキャッチする

例 I **caught** you **eating** my cake.　あなたが私のケーキを食べるのを見た。
→ケーキを食べているという動きをキャッチ

Two men **were caught** trying to break into the shop last night.
昨夜、店に侵入しようとした2人の男が捕まった。

「挟む」と「捕む」・動への視点

日本語ではこの絵を「ドアに手を挟んだ」と表現します。その対象が動いていたかどうかは気にしていないようです。英語では、＜私の手は→ catch された→ドア内に＞という発想をします。手は動いていたことが catch で分かりますね。

例 My hand got **caught** in the door.

＊ただし、そのときの感情や状況（自分がドジをして挟んだ、ドアがそのタイミングで閉まるのは腹立たしいなど）により主語は変わります。

このときに in ではなく by といってしまいたくなりますが、ここでも絵に忠実になると、手の場所（ロケーション）として in が見えてくると思います。

< catch →（何を）→どのように>

目に見えないものを対象に catch を使うときは、up との相性が抜群です。up は山の頂上のような感覚で、そこに catch したいものがあるので、そこを目指してぐんぐん進んでいく絵が描けます。

例 Let's **catch up** over coffee.　コーヒーを飲みながらお互いの近況を話そう。

→コーヒーを飲みながら（何かを）キャッチする

久しぶりに会った人などにいいます。（何を）キャッチするのかは、しごとのこと、家族のことなど、範疇が広いので特に示さずに慣用的な表現になっています。

例 I'm exhausted. I need to **catch up** on some sleep this weekend.

→ロケーションは on

もうクタクタ。今週末は（たくさん寝て）睡眠不足を取り戻さないと。

▷ **run**

＜**ある程度のスピードで継続して進ませる**＞ことが run のど真ん中です。＜進む＞ではなく＜**進ませる**＞としたところにちょっとしたポイントがあります。

run からすぐに思い浮かぶのは「(人が) 走る」ですが、これは行為者を人や動物などの生き物に限定したときだけです。run という大きな器に入っている１つの日本語訳にしか過ぎないということに、もう皆さんお気づきですね。

「ロングランのミュージカル」のようにはカタカナでも「人」以外が run するものを使っています。

例 My nose is **running.** 鼻水が出ている。

runny honey ⇔ set honey 液状のハチミツ⇔固形のハチミツ
→形容詞

I **left** the bath water **running.** お風呂の水を出しっぱなしにした。
→流れている状態

< run →何を>

例 I **run** a Japanese restaurant/charity organization.
私は日本食レストラン / チャリティー団体をやっています。

会社や組織を継続的に**進ませている**→経営や運営をしている、ということになります。

< run →どこに / どのように>

例 I **ran to** the station. 私は駅に向かって走った。
→ ran(myself) to the station →自分が自分を走らせた、と考えることもできる

The river **runs through** Tokyo. この川は東京を（通って）流れています。
→ runs(itself) through Tokyo.

対象が目に見えないものでも、同じ絵でチューニングしてみましょう。

例 Trains are still **running** despite the snow. 雪なのに電車が運行している。
→電車そのものの動きではなく、全体の運行

I **ran** in the election. 私はその選挙に立候補した。
→選挙活動内で自分自身を進ませる

例 I **ran** out of time to study for the exam.
試験勉強をする時間が足りなくなった。

日本語の「時間が足りなくなった」は静的な印象ですが、それに比べると英語は、＜自分が→ぐんぐん進む→時間の外へ＞と、動いている感覚が強いようです。 * out → 400 ページ

▷名詞の run も同じ絵を描く

例 I have **a run** in my tights. タイツが伝線した。
*主に🇺🇸。🇬🇧では一般的に a ladder（はしご）と呼ぶ

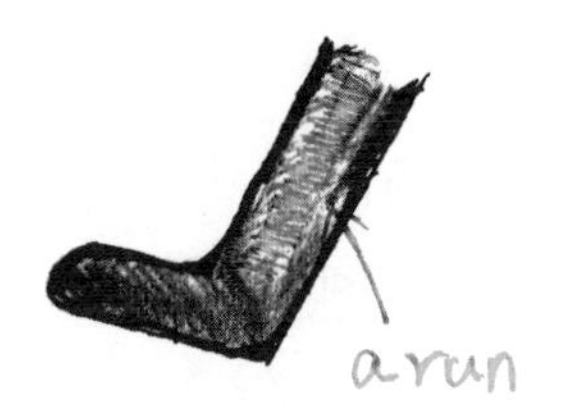

This is the best solution **in the long run**.
これは長い目で見ればいちばんよい解決策だ。
→一定の連続性の中で見れば。日本語の比喩「長い目」という静的なイメージとは対照的

▷ leave

英和辞書には主要な訳として「**去る**」「**残す**」と相反する２つの日本語訳が書かれていますが、やはりここでも「2 つの意味がある」のではなく、＜**2 つの視点置き場**＞があるという見方をしてみましょう。

▷＜去視点＞そこを去る側

例

I **left** home at 8.30.　私は家を８時半に出発した。

→家を残して出かけたが、通常、残された家の方ではなく、去る側に視点を置く

I **left** my boyfriend.　ボーイフレンドをふった。

The bus **leaves** in five minutes.　バスはあと５分で出発する。

At what age did you **leave** your parents' house?　何歳で実家を出たの？

→この場合は、実家を出て自立したこと

▷＜残視点＞そこに残される側

例

I **left** my umbrella on the train.　電車に傘を忘れた。

→電車に傘を残した

I **left** a message on his phone.　彼の電話にメッセージを残した。

I should **leave** some rice for tomorrow.
明日のためにご飯をいくらか残しておかないと。

I **left** my husband alone because he was in a bad mood.
夫を１人にしておいた。機嫌が悪かったから。

Leave no one behind　「誰１人取り残さない」

→2015 年に国連が掲げたスローガン

Take three from four **leaves** one.　　3を4から引くと1が残る。

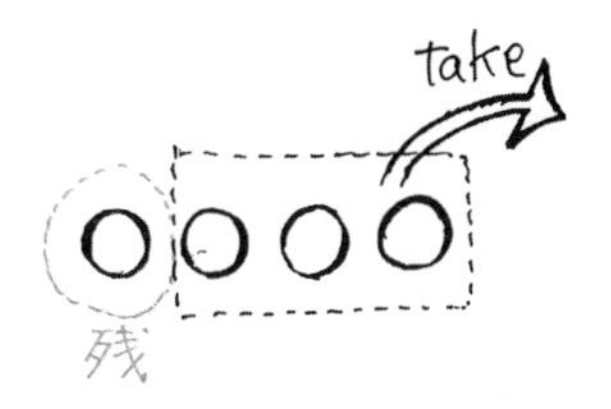

The man was **left** homeless.　　その男性はホームレスになった。

→その男性はホームレスという状態に残された

The accident **left** me **with** a big scar on my back.
その事故は私の背中に大きな傷を残した。

<その事故で背中に傷が残った>という日本語が英語の型に入ると<その事故は残した→私を→背中の大きな傷と共に>という発想になります。

例 The payment **left** me **with** only 1,000 yen.
その支払いをした後、1,000円しか残らなかった。

→その支払いは残した→私を→たった1,000円と共に

▷ deliver

deliverといえば「配達する」という意味が浮かびますね。でも辞書には、「分娩させる」「実現する」「スピーチする」などと書かれています。

そのど真ん中に共通するものを見てみましょう。

「ピザの配達」のように何かをどこかに「届ける」ことが deliver ですが、そこには大事なキーワードが隠れています。

ピザ屋の配達員は、お客さんが注文したピザを指定の場所に間違いなく届けるのがしごと。つまり、時間と場所を**守り**（promise）、お客さんの手元に届けるという**責任**（responsibility）がある。そして、お客さん側はそれを**期待**（expectation）している、ということが「配達」という動作に含まれています。

deliver のど真ん中にあるのは、この 3 つのキーワードです。

▷ deliver →目に見えるものを

例 The pizza will be **delivered** in 20 minutes.　あと 20 分でピザが届く。

I need to **deliver** the goods to the customer in time for the event.
イベントに間に合うように商品を顧客に届けなければならない。

▷ deliver →目に見えないもの／ことを

日本語でも「荷物を届ける」→「安心と安全をお届けする」と「届ける」の魂を移行させて使います。これと同じように考えてみましょう。キーワードは、＜約束・責任・期待＞です。

例 That lecturer **delivered** a great lecture.
あの講師は素晴らしい講義をした。

I always try my best to **deliver** on my promises.
私はいつも、約束したことにおいて責任を果たすように精いっぱいの努力をしている。

You shouldn't promise what you can't **deliver**.
できないことを約束するべきではない。

▷ deliver →人を

産科の「分娩室」は、delivery room です。人間をこの世に届けることが子どもを産む（産ませる）ことなのですね。

例 My son was **delivered** at home by a midwife.
息子は自宅で助産師さんの介助で生まれた。

→日本語では「助産師が赤ちゃんを取り上げる」

→deliver は（取り上げて）→届ける、と日本語よりも一歩先に視点がある（ゴール視点）

Part 3

ロケーションワード・位置情報を絵に描く

<ロケーションワード集合図>

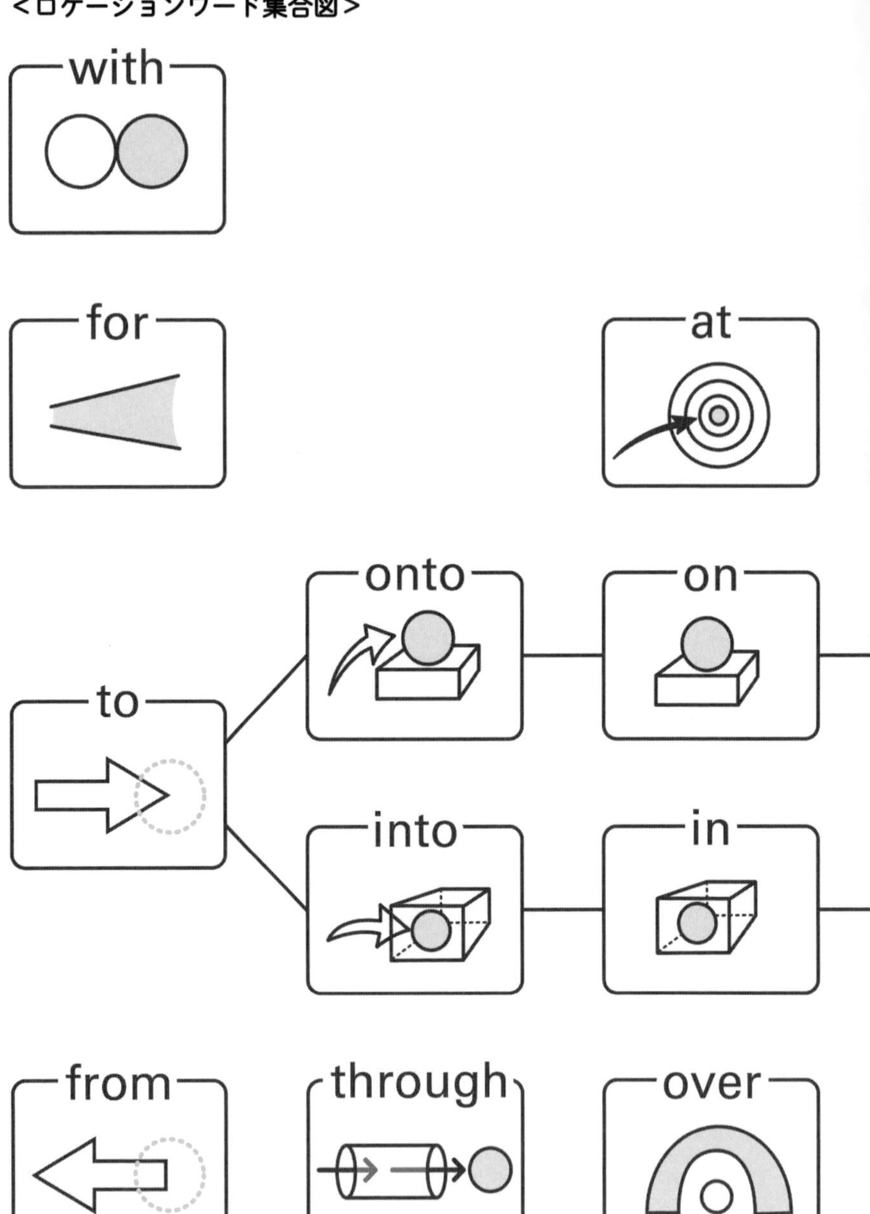

up

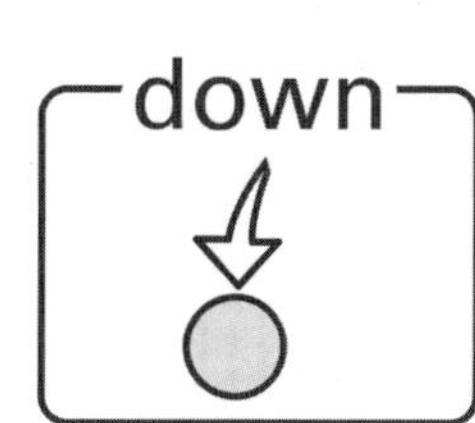
down

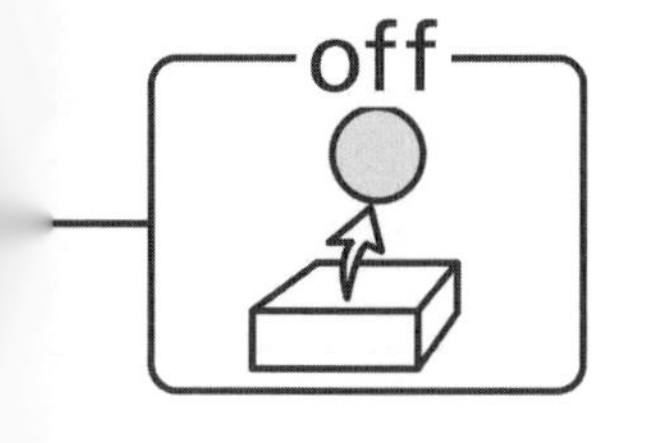
off

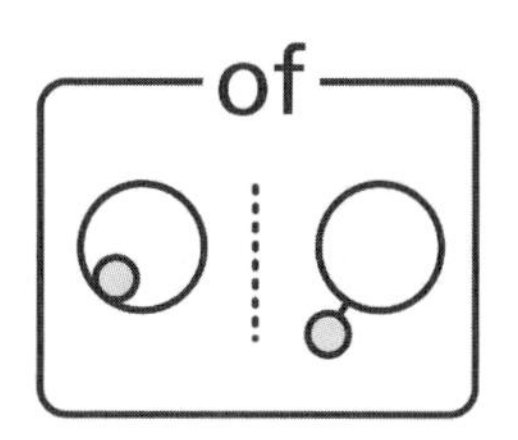
of

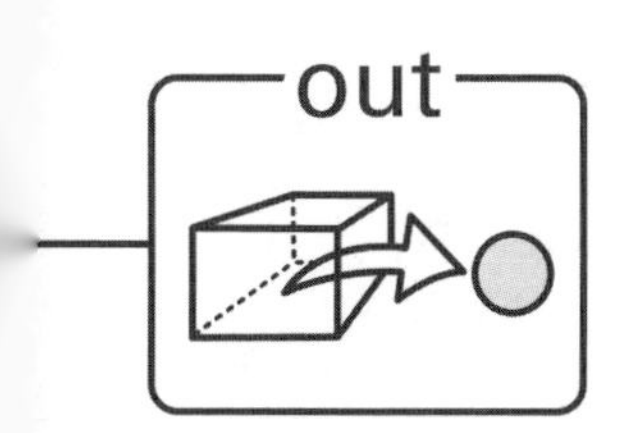
out

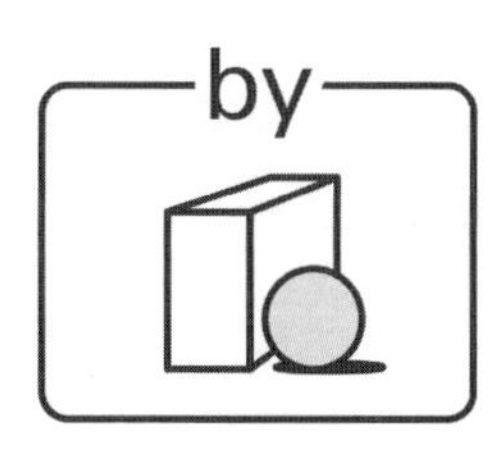
by

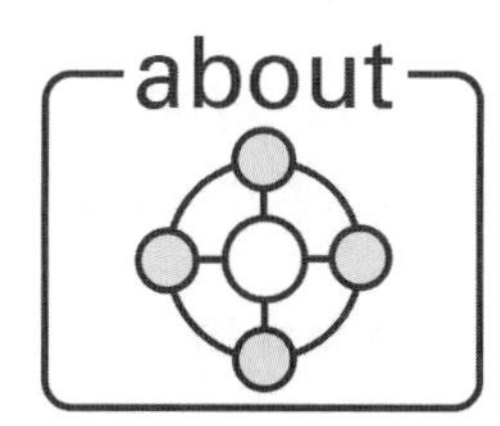
about

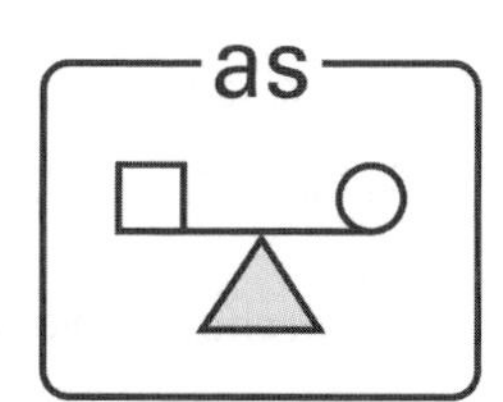
as

1 < with >

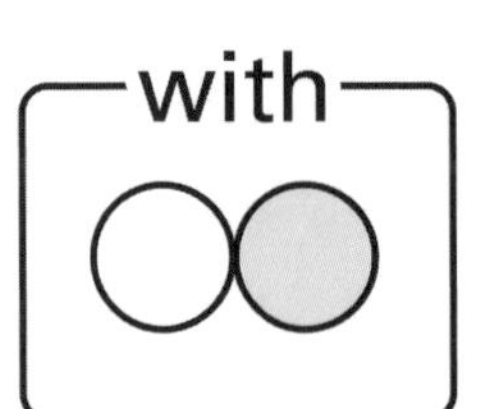

トップバッターは with です。チューナー図はとてもシンプルですが、時間、空間、感情など、とても広い範囲を任せることができます。

＜**共に**＞という大枠を示し、その後に更に続くロケーションワードにバトンタッチして、「誰と」「何と」「どこに」「どのように」と詳しい情報に進ませてくれるという点で、with はロケーションワードの大御所です。

例 I like chocolate.
I like chocolate **with** nuts.
↓チョコとナッツの関係をより詳しく絵に描けるように
I like chocolate **with** nuts **in it**.
I like chocolate **with** nuts **on it**.

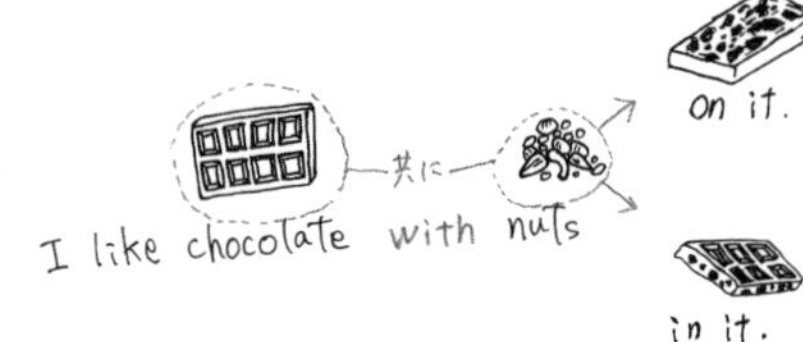

with の＜共に＞は日本語訳には表れないことが多々ありますが、描く絵はいつも、**その対象同士が＜共に＞ある／いる絵**です。

例 You should take your umbrella **with you**.　傘持って行った方がいいよ。
→行く場所がどこであろうと、自分に with

いろいろな<共に>

色々な<共に>を、対応する日本語との違いを楽しみながら、見てみましょう。

a cat **with** long fur.　長い毛**の**猫
people **with** disabilities　障がい**のある**人々
people **with** beautiful hearts　心がきれい**な**人々
a mug **with** an unusual pattern　珍しい柄が**ついた**マグカップ

どのように<**共に**>あるのかという、更に細かい情報をつなげたいときは、更にロケーションワードで接着します。

例　A parfait **with** some strawberries inside and a cherry **on** the top
イチゴが中に入っていて、てっぺんにチェリーがのっているパフェ

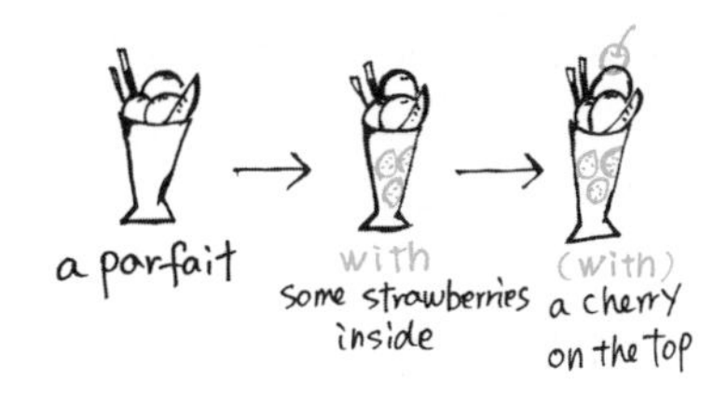

例 A boy **with** a big smile **on** his face　満面の笑みの男の子

→どこに

A stray cat **with** a fish **in** its mouth　お魚くわえたどらねこ

→どこに

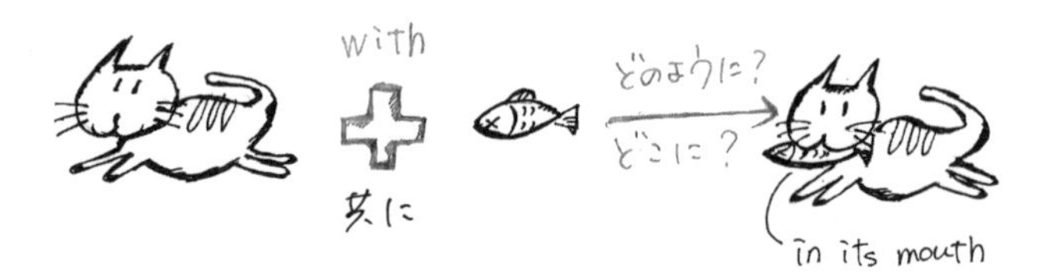

＜共に＞・目に見えるものから、見えないものまで

例 The set meal comes **with** a drink.　飲み物はセットについてくる。

比較→ My mum came with my brother.

→物理的に動いてくるかどうかの違いはあるが、描く絵は同じ

I eat sushi **with** chopsticks.　箸で寿司を食べる。

✕ by chopsticks

I can’t open the door **with** this key.　このドアはこの鍵で開かない。

✕ by this key

by は後ほど登場しますが、動きを伴うと「経由」を意味します。箸を経由するだけでは、お寿司は箸を通過してしまうだけになりますね。

例 What’s wrong **with** you?　なんでそんなにおかしいの？

→あなたと＜共に＞ある wrong な状態は何なの？

→「どうしたの？」という日本語とは紐づけないように注意

＜共に＞・感情とその対象

＜主語の感情ーその対象＞という関係もロケーションワードで結びますが、中でも with の出番はとても多くなります。

方向性を示す at（的に矢を射る）、by（経由する）などよりも**ニュートラルに感情とその対象をつなげる**ことができるという点にチューニングしましょう。

例 My teacher is **angry with** me.　先生は私に怒っている。
→先生の怒りと私が＜共に＞ある

I'm getting **bored with** going to the same supermarket every time.
毎回同じスーパーに行くのは飽きた。
→「つまらない」という感情と「毎回同じスーパーに行くこと」が＜共に＞ある
＊of にしても意味に大差ないが、with を選ぶことの方が多い

I was **annoyed with** my sister for being late.
妹が遅刻してきたので、イライラした。
→「自分のイライラ」と「妹が遅刻してきたこと」が＜共に＞ある

I'm very **impressed with** your work.　あなたの作品（しごと）には感心した。
→「素晴らしいね！」という自分の評価と「あなたの作品（しごと）」が＜共に＞ある

＜with →何が→ どこに＞

① A dog is running **with** a ball.　犬がボールと走っている。

② A dog is running **with** a ball **in** its mouth.　犬がボールをくわえて走っている。

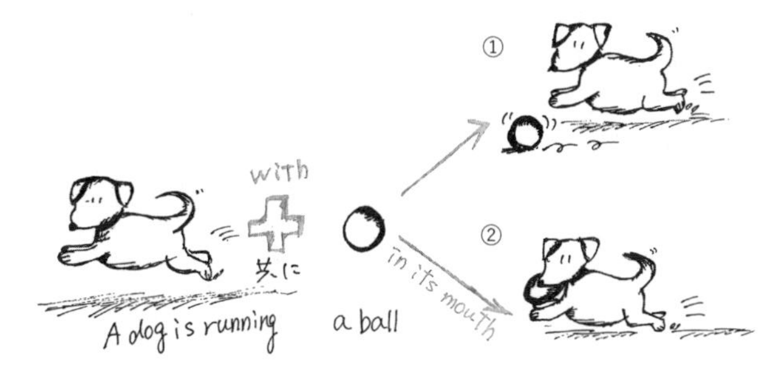

日本語では「くわえる」という動詞で表すところを、英語ではロケーションとして見るということですね。

例 I washed my T-shirt **with** some tissues **in** the pocket.
ポケットにティッシュを入れたままＴシャツを洗濯しちゃった。

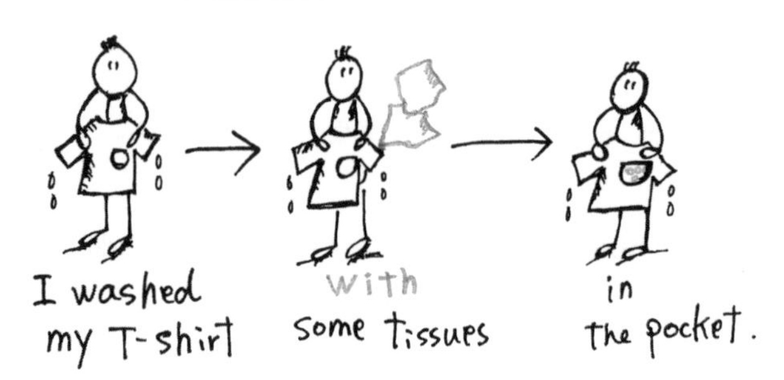

< with →何が→どんな状態で>

with で<**共に**>という大雑把なロケーションを与えるところまでは先ほどと同じですが、その後に、<**どんな状態で**> with しているのかを続けます。

① I'm sleeping **with** my cat.　私は猫と寝ている。

② I'm sleeping **with** the air conditioner **on**.　私はエアコンをつけて寝ている。

→エアコンが on の状態

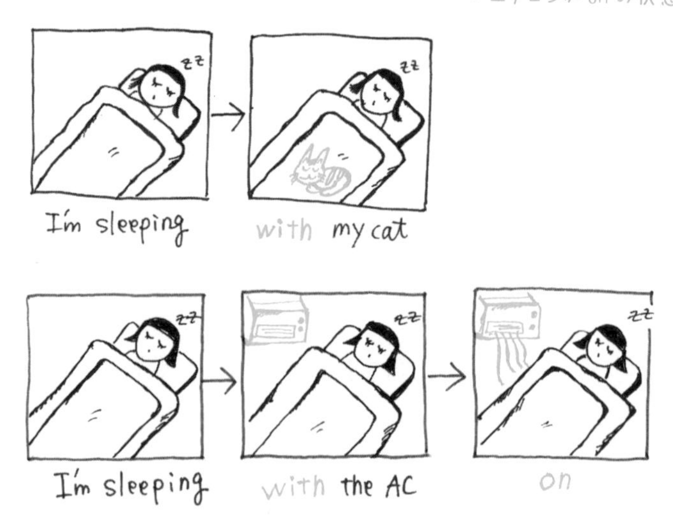

1枚目の絵はどちらも同じです。2枚目は、①が with my cat ②は with the air conditioner です。

②の場合、もしここで文を終わらせてしまったら、猫のように、エアコンと一緒に寝ている絵になってしまいますが、次にまだ絵が続きます。これは**エアコンがついている状態＝ on** です。

このように、「寝ている」ことと「エアコンがついた状態である」という2つの**動作が同時進行**しているときも＜**共に**＞という状態です。

例 You shouldn't talk **with** your mouth **full**.
→ full な状態(形容詞)
口にいっぱい食べ物を入れて話しちゃダメ。

Don't sleep **with** the window **open**. 窓を開けっぱなしで寝ないでね。
→ open な状態(形容詞)

＜**どのように**＞に当たる部分が動詞のときは、直前の名詞との関係性を見極めましょう。

例 The dog ran to me **with** its tail **wagging**.
イヌがしっぽをふりながら自分の方に走って来た。
→ its tail は今まさにその動きをしている→動作中のスナップショット -ing

I don't like sitting **with** my legs **crossed**. 脚を組んで座るのは好きではない。
→ my legs は組まれた状態→過去分詞

I can play the piano **with** my eyes **closed**. 目を閉じたままピアノを弾ける。
→ my eyes は閉じられた状態→過去分詞

2 ＜ for ＞

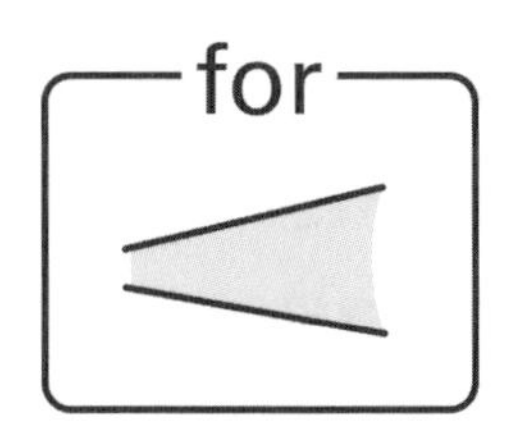

for の性格をよく表しているのがこの１文です。

An eye **for** an eye and a tooth **for** a tooth.

目には目を、歯には歯を

日本語では「〜には〜を」と表現するところを英語は for１語です。

優しい響きの単語ですが、実はとてもパワフルな for。このチューナー図のポイントは、**右側に大きく広がり、対象をすっぽりカバーしている**点です。

この図のキーワードを＜**値する**＞と考えてみましょう。次の関係を頭に入れてみてください。

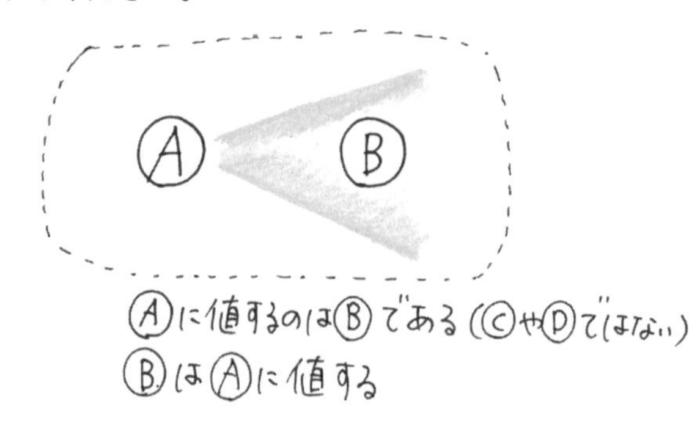

Ⓐ
Ⓑ
Ⓐに値するのはⒷである（ⒸやⒹではない）
ⒷはⒶに値する

最高の映画と呼ぶのに**値する**のは、スター・ウォーズだ。
スター・ウォーズは最高の映画と呼ぶに**値する**。

では、具体例に移行してみましょう。

例 This is a present **for** you.　これはあなたにどうぞ。

→このプレゼントはあなたに値する

This coat is perfect **for** snowy days.

コートは雪の日にピッタリ。

→このコートは雪の日に着るのに値する

I ate sushi **for** the first time.　初めて寿司を食べた。

→私が寿司を食べたのは初めてに値する

The man went to prison **for** robbery.

その男は強盗の罪で刑務所に入った。

→その男が刑務所に行ったのは、強盗に値したから

例 I set the alarm **for** 6 o'clock.

6時に目覚ましをセットした。

→セットした目覚ましの時間は6時に値する

「6時に」をとっさにat 6 o'clockとしたくなりますが、それだと、「目覚ましをセットした時間が6時だった」ことになります。

例 Mito is famous for natto. 水戸は納豆で有名。

→水戸が有名なのは納豆が(あるから)に値する

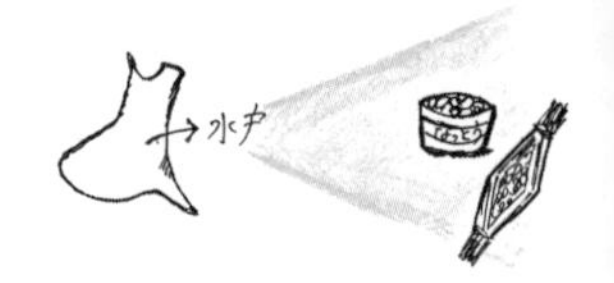

Aという行動の理由／目的はBに値する

Aという**行動**はBに**値する** → Aという**行動**の**理由／目的**はBである

「目的」と「理由」は違うことばですが、多くの点を共有しているので、ここでは統合して考えてみましょう。

例 I bought a suitcase for my summer trip.

→スーツケースを買ったのは、夏の旅行(で使う)、に値する

→スーツケースを買った理由／目的は夏の旅行で使うため

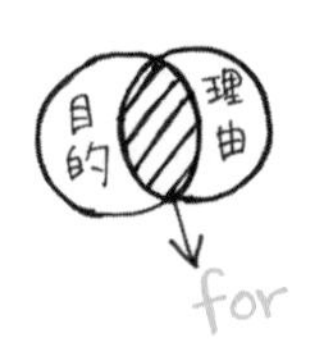

例 I'm looking for my glasses. メガネを探してます。

→キョロキョロ見ているのは、メガネのため

→キョロキョロ見ている目的／理由はメガネを見つけること

I'll wait for you (to come) at the ticket gate. 改札で待ってますね。

→私が待っている理由／目的は「あなたが来る」こと

You can always ask me for help. 手伝って欲しいときはいつでも私にいってね。

→ヘルプが欲しいという理由／目的で、私に頼んでよい

Thank you for your help. 手伝ってくれてありがとう。

→私がthankする理由／目的はあなたが手伝ってくれたから

I'm sorry **for** shouting at you.　怒鳴ってごめん。

→私が sorry する理由/目的は、あなたを怒鳴ったから

比較 行動の理由や目的を示すとき、「～するために」という日本語訳が対応することがありますが、次のことに注意しましょう。

卵を**買うため**に、これからコンビニに行く。

○ I'm going to a convenience store **to get** some eggs.

→コンビニに行く→そして卵を買う

× I'm going to a convenience store for buying some eggs.

「コンビニ」と「卵を買う」を for で結んでしまうと、コンビニは卵を買うに値する＝卵を買うための場所、となってしまいます。コンビニでは卵以外のものも買えますね。

»for と金額の関係・A は B という金額に値する

for のキーワード<**値**する>は、「価**値**」や「**値**段」という漢字にも使われるように、金額的な情報をつないでくれます。

例 I got this smartphone **for** free.　このスマホは無料だった。

→このスマホは無料に値した

I stayed at the hotel **for** a special price.　特別価格でそのホテルに泊まった。

→そのホテルに泊まるのは、特別価格という価値だった

I got/bought/sold this **for** 1,000 yen.

私はこれを 1,000 円で入手した/買った/売った。

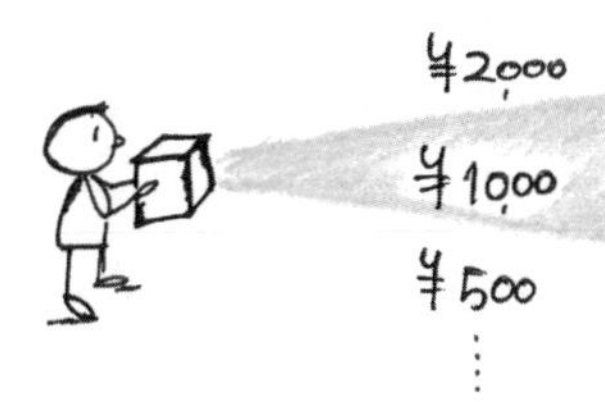

❌ I bought this with 1,000 yen.

→「買う」と「1,000円が」<共に>あるだけでは、物とお金を交換した「値」という関係にはならない

比較→ I **paid** with a 1,000 yen note. 1,000円札で支払った。

→支払い方法が1,000円札だった

»「〜にとっては」「〜にしては」「〜の割に」は同じ器に入っている

ここまで見てきただけでも、forにはたくさんの日本語が対応しますね。

次の文のforは、日本語では「〜にとっては」「〜にしては」「〜の割には」と使い分けるので、「3つの意味を覚えなきゃ」となりがちですが、実際は同じことをいっていて、入れ替えが可能です（日本語としてはちょっと不自然になることもありますが）。これら3つも、forのキーワード＝<**値する**>という1つの器に入れて考えてみましょう。

例 This curry is too spicy **for** children (to eat).

このカレーは子どもに**とっては**辛すぎる/子どもが食べる**にしては**辛すぎる。

→このカレーは子どもには「辛過ぎる」に値する

He looks very young **for** his age.

彼は年齢の**割に**とても若く見える/彼は彼の年齢**にしては**若く見える

→彼の見た目は「とても若い」に値する

It's very warm **for** winter.

冬の**割には**あったかいね/冬**にしては**あったかいね

→この気温は冬にとっては、「とても暖かい」に値する

for は懐中電灯、to はレーザービーム

for は to と混同しがちですが、to はレーザービームのように**ピンポイントで狙い**、for はその対象**全体を包むように照らす**懐中電灯のような違いがあります。

例 To get **to** Ueno, take the train bound **for** Tokyo Station.

上野に行くには、東京駅**行き**の電車に乗ってください
＊ bound:(交通機関で)〜に向かう

この人は上野駅に行きたいので、目的地を**レーザービーム to** で指します。

そのために乗る電車は東京方面に向かいます。その間には他にも停車駅があるので、**懐中電灯の for** で全体を照らします。

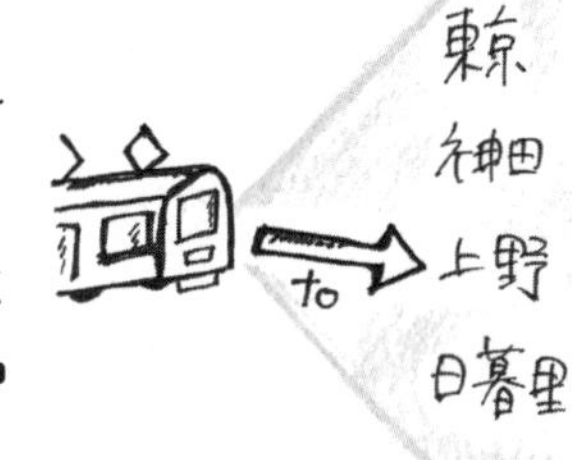

例 You did this **to** me. あなたが私にこんなことをした。

→人をレーザービームでシャープに射すのは、あまりいいことではありませんね

You did this **for** me.

あなたは私のために（私に代わって）これをしてくれた。

→ me 全体を包み込み、「あなたのその行動は私に値する」→私にはその価値があった

また、for と to が２段構えになることもよくあります。**for で大きく捉えて、to でピンポイントに絞り込む**ようなイメージです。

→その箱を買った目的は息子

例 I bought a box **for** my son **to store** his toys in.

→そしてそれに息子がおもちゃをしまう

»長さも包んでカバーする・時間や距離の「値」

今度は、for のチューナー図を 90 度左に回転させてみます。すると、時制の項ですっかりお馴染みの<タイムライン>になります。 for は**時間や距離などの長さもカバー**します。

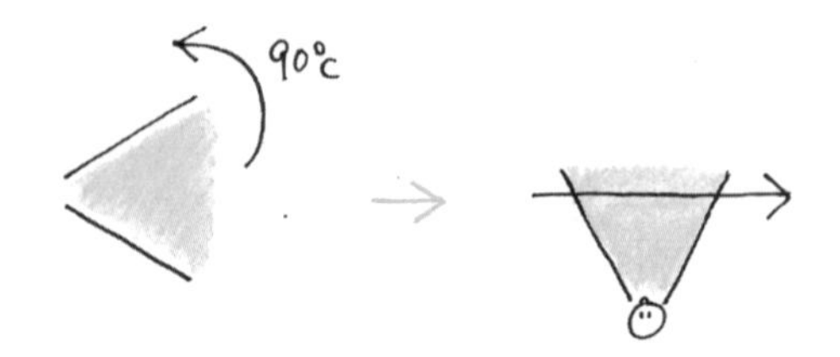

ここでもキーワードは<**値する**>です。

例 I've been playing football **for** 10 years. サッカーをして 10 年になる。

→私がサッカーをしている期間は、10 年間に値する

We stayed there **for** a while. 私たちはしばらくそこに居た。

I walked **for** miles. たくさん歩いた。

→私が歩いた距離は何マイルにも値した

比較→ during

時間の長さを接着するときに、during と迷うことがあるかもしれませんが、during と for が描く絵の違いを次のように考えてみましょう。

この during の絵は冠詞の章の the の項で見た「区別」（ホールケーキを分割する）の絵に似ていることにお気づきでしょうか（107 ページ）。

during は時間を <**全体におけるこの部分**> と区切って捉えます。だから必然的に、the との相性がよいのですね。

例 Are you at home **during the day** tomorrow?

✕ for →「1 日中ずっと」に聞こえる

明日の日中は家にいますか？

I slept for **8** hours **during the 13-hour flight**.

✕ for

13 時間のフライトの間 8 時間寝た。

3 ＜ to ＞

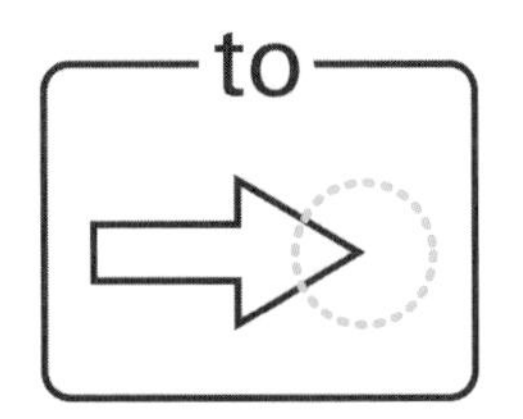

既に「動詞のカタチ」（163ページ）でも、＜ to 原形＞の to のしごとぶりを見てきました。常に「→」の絵を描き＜**そちらに進む**＞という道しるべで、矢印の先端（点線部分）に重点が置かれます。ここで見ていく to は前置詞ですが、そのしごとぶりは変わりません。

日本語は縦書きと横書き両方が可能ですが、英語は必ず左から右に文が流れます。それに伴って、**時間的感覚も左から右に流れる**という捉え方を強く持っているといえます。時制を考えるときのタイムラインでもそれが活きていましたね。

以下の文では、to が入る箇所を全て→に置き換えてみました。行動と時間の流れの合致にチューニングしてみましょう。

例
I work from 9 am → 5 pm. 私は午前９時～午後５時までしごとをする。

I went → the supermarket → buy some milk.
牛乳を買いにスーパーに行った。

I'm listening → music.
音楽を聴いている。

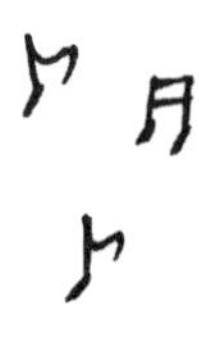

We look forward → meeting you.

→私は前方を見ている→（そこには何があるかというと）→あなたと会っている

例 It's ten → four now.　今の時刻は 4 時 10 分前。

例 I'm dancing → music.　音楽に合わせて踊っている。

日本語では、「音楽に合わせて踊る」といういい方をしますが、英語ではダンスが音楽に向かっていると捉えます。

to の矢印は次のような場合にも活きてきます。

例 I am allergic → milk.

牛乳アレルギーなんだ。

→アレルギーと牛乳の関係は「アレルギーの向かう先は牛乳」

I'm addicted → chocolate.

チョコレートがやめられない。

→チョコレートの方向に中毒な状態

I lost my grandfather → cancer.　祖父をガンで亡くした。

I prefer wine → beer.　ビールよりワインが好きだ。

prefer は pre- 前方向、fer- 運ぶことですので、＜私は一前に運んだーワインを＞とまず述べてから、何の前に運んだのかという対比を示すために＜矢印の to ＞が描かれます。

例 Mochi is similar → dango.　餅は団子に似ている。

with と迷うところですが、similar は「似ている」だけで同じではありませんね。

»矢印の向かう先がアクションのとき・to 原形

既に「動詞のカタチ」の項で見てきましたが、もう一度おさらいしてみましょう。

例 I'm going **to** cook curry tonight.
今夜はカレーを作ろうと思っている。

I need something **to** drink.
何か飲み物が欲しい。

I've decided **to** move **to** Osaka.
大阪に引っ越すことに決めた。

I always forget **to** lock the door.
いつもドアの鍵を閉めるのを忘れる。
→私はいつも忘れる、ドアを閉めるという方向に向かうことを

4 < from >

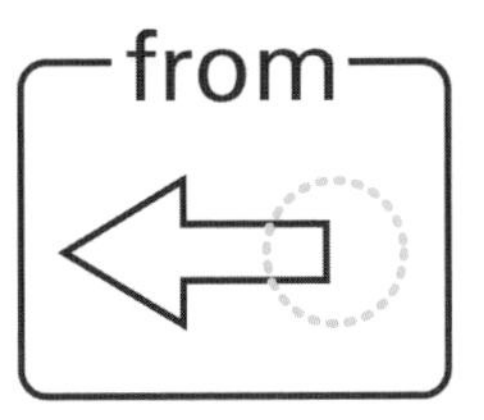

to と矢印の向きが逆になるのが from です。to は矢印の先端に重点があるのに対して、from は矢印の根元の部分（点線部）にしっかりと重心があり、<**出所**>や<**はじまりの点（起点）**>を示します。

例 I work **from** home.

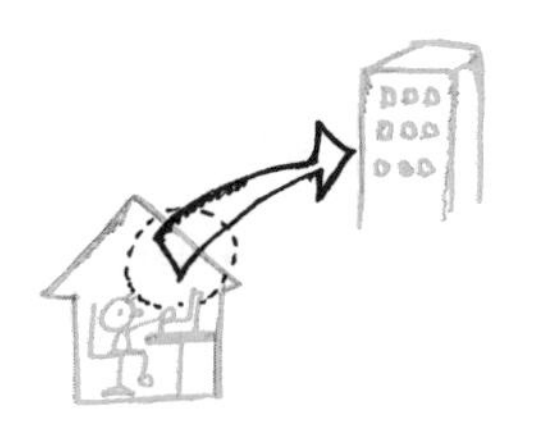

昨今よく聞かれるようになった「在宅勤務」。**しごとの起点**が家であり、その成果や結果は会社に向かって行くので、from の矢印がピッタリですね。

to のときと同じように from に当たる部分に ← を挿入してみました。**起点と矢印が向かう先**にチューニングしてみましょう。

例 I worked ← 9 am.　午前 9 時から働いた。
I got an email ← my boss.　上司から E メールが届いた。
I came home ← work.　職場から家に戻った。

<起点>に重心をかけて、そこから引き離す

from で矢印の根元にある重心が特に活きているのは、以下のような場合です。from の直後にくる語に**しっかりと重心をかけて引き離します。**

例 I'm different **from** you.　私はあなたとは違う。

→ you に重心をかけてそこから I を differ する（=離れて運ぶ）

How can you tell the flu **from** a cold?
インフルエンザと風邪はどう区別できるの？
→どうやってインフルエンザを風邪から引き離すことができるの？→区別する

出来事の<起点>は原因

<起点>が描く絵は、「それはそこからやってくる」ことを示し、**原因**という意味づけになります。日本語で「だ**から**」が理由を示すときに使われるのと似た感覚かもしれません。

例 She is suffering ⟵ a terrible headache.　彼女はひどい頭痛に苦しんでいる。
from

Many people died ⟵ overwork in Japan.
from
日本では過労で多くの人が亡くなっている。

of も少し似た働きをしていますが、その違いについては、of の項（407 ページ）で見てみましょう。

»「〜でできている」が描く４つの絵

次の４つの文は、日本語では全て「〜でできている」といいますが、英語では、つなぐ単語の関係性により４パターンのロケーションワードが考えられます。

例 Natto is made **from** soybeans. 納豆は大豆でできている。

納豆の起点は大豆→ from

This table is made **of** wood. このテーブルは木でできている。

木の一部分がそのままテーブルになっている→ of

This cake is made **with** egg, flour, and milk.
このケーキは卵、小麦粉、牛乳で作られている。

この3つを共にしてケーキができる→ with

This Frisbee is made **out of** plastic bottles.
このフリスビーはプラスチックボトルから作られている。

リサイクル品として生み出された→ out of

「ベッドから落ちた」・英語の視点はゴールに置く

ベッドから→ from the bed

としたくなりますが、英語の視点は違うところに置きます。

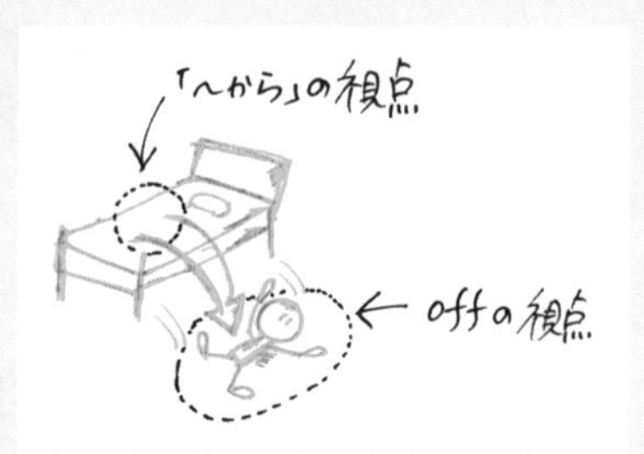

例 I fell **off** the bed.

→それまではベッドに on していた

起点ではなく、「結果的にどうなったか」というゴール地点を見ているようです。

毛布などをかけて、ベッドの中に in している状態から落ちた絵を伝えたいときは、I fell **out of** the bed. がピッタリです。

右の絵も「鍋から（直に）ラーメンを食べた」と私たちは、出発点を示す「～から」を使いますが、ゴールに視点をおくと……

例 I'm eating the noodles **out of** the pan.

結果的にラーメンは鍋を out しているので、ラーメンと鍋の関係を out で結びます。

＊この絵を英語母語話者に見せたとき、from the pan という人もいますので、from を使うことは間違いではありません。その場合は自然に、straight from the pan と straight をつけたくなるようです。

< onto - on >

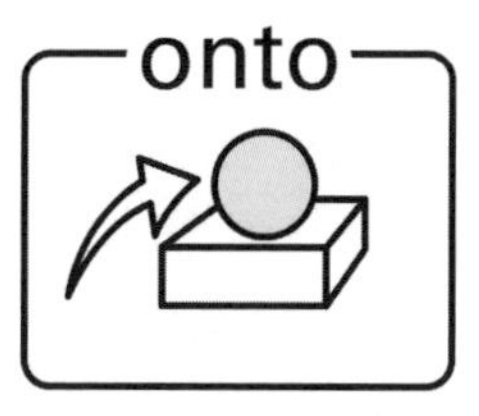

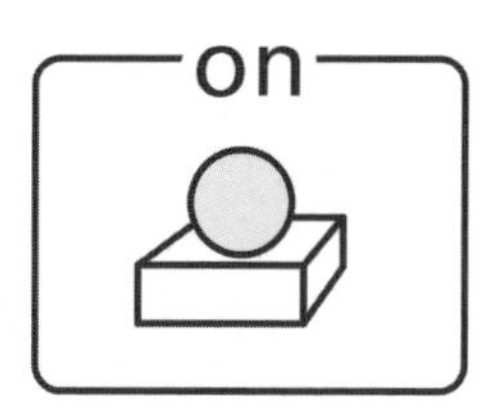

ontoとonは動きの連続性を見るために ＜ロケーションワード集合図＞でも隣同士に置きました。そしてその隣のoffも合わせて、onto ⟶ on ⟶ offという連続性に注目してみましょう。

onはinと相対的に見ると、**inが空間**であるのに対して、**onは面**と捉えることができます。

▷空間→大きな情報

例 in 2021
in September

▷空間の上にのる面→inよりも小さい情報

例 on the 5th
on Saturday

▷動きの中の onto → on → off

The boy jumped **onto** the sofa and jumped up and down **on** it. Finally, he got **off** it.

男の子がソファーに飛び乗って、ソファーの上でジャンプして、下りた。

＜矢印の to＞の向かう先が on the sofa ですので、to と on が両方必要になり、そこから **onto** という１つの単語が出来ています。

例 I climbed **onto** the roof.　屋根に登った。

Water is dripping **onto** the floor.　水が床にぽたぽたと落ちている。

上記を onto ではなく on としてしまうと、「屋根の上**で**登った」「床の上**で**落ちた」になってしまいますね。

on の絵は 360 度回転できる

「～の上に」というイメージに偏りがちな on ですが、on の絵は 360 度回転させることができます。

例 There is a butterfly **on** the rock.
→岩

on the wall.
→壁

on the ceiling.
→天井

比較 A girl is standing **against** the wall.

女の子が壁に寄りかかって立っている。

このように力が加わっていてお互いを支えているときは on ではなく against です。

» 自分の身体も客観視・身体全体が身体の一部に on する

例 I'm sleeping **on my back**.
sleeping **on my side**.
sleeping **on my stomach/front**.
sleeping **upside down**.

「徒歩で」というときも自分が自分の脚に on します。

例 It takes 30 minutes to get there **on foot**.

「車に乗る」と「電車に乗る」

日本語ではどちらも「〜に」ですが、英語では区別します。

例 I got **on** the train.

I got **in** the car.

電車やバスのように、内部で立ったまま歩ける場合は、おのずと足元に焦点を当てることになるのですね。

get **on** the train/bus ⟷ get **off** the train/bus

「車に乗る」場合は、通常、身体を小さくして入り、中では座った状態なので、空間と見なします。

get **in** the car ⟷ get **out** of the car

心的アクションが対象に on するとき

物理的ではない心的なアクションで、その対象との関係を on というロケーションでつなぐことがあります。

▷ しっかり接触

例 How much do you spend **on** food each month?　毎月食費はいくら？

I need to concentrate more **on** my work.　もっとしごとに集中する必要がある。

Congratulations **on** your wedding!　結婚おめでとう！

▷ べったり接触

例 You shouldn't rely **on** your parents. 親を頼らない方がよい。

I'd like to go out tomorrow, but it depends **on** the weather.
明日は出かけたいけど、天気次第だね。

on の魂はこう生きる・目に見えない on

»① 接触状態はスイッチオン

on は何かに**接触している状態**、つまりアクティブ（+）な状態を示します。「**スイッチが on の状態**である」と考えてみましょう。

例 I turned the light **on**. 電気のスイッチをオンにする。

Come **on**!
→スイッチオンの状態に come する(近寄る)→「ちょっと頼むよ〜」といった感じ

What's going **on**? 何が起きている？
→今何がスイッチ on している？

»② 接触状態が一定期間続く・その最中

例 I'm **on a diet.** 食事制限中
→ diet に a の輪郭をつけることで、「色々ある食習慣の中の1つ」

on medication. 薬で治療中

on holiday. 休暇中

on the phone. 電話中

online. オンライン

これらは日本語では全て「〜中」といいますね。英語では on に見えていて、日本語では「中」と見えているというのはちょっとおもしろい現象です。「オンライン中」といってしまうと、「オン」と「イン」を同時に使ってることになりますね！

»③< on +アクション>・そのアクションのスイッチが入りっぱなし

アクション（動詞）に on しているときもやはりスイッチ“オン”です。アクションのスイッチが入ったままだとその**アクションが継続**することになります。

例 He went **on talking.** 彼は話し続けた。
→ talking という行為に on 進んでいる→話し続けている

I carried **on working** for 10 hours. 私は10時間働き続けた。
＊ kept (myself) working →自分自身をしごとをしている状態にキープした

< off >

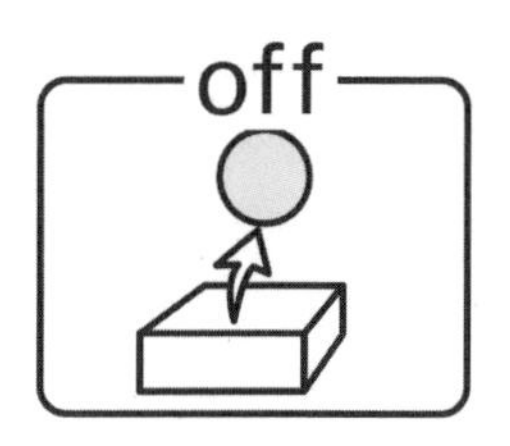

on と対照的になるのが off です。

例 I put my hat **on**. ⟷ I took my hat **off**.

I put my make-up **on.** ⟷ I took my make-up **off**.

on はその対象と接触しているので、<スイッチオン状態>でしたね。off は対象と接触してないので<**スイッチオフ状態**>です。on の項で見た下の例を、off で反対の意味にすることができます。

例 I'm **on** medication. ⟷ I'm **off** medication.
薬での治療が終わった（やめた）。

I'm **on** the phone. ⟷ I'm **off** the phone.　通話が終わった。

I'm **on**line. ⟷ I'm **off**line.　オフライン

このように **off** は、**そもそもは何かに on している状態であった**ということにチューニングするのがポイントです。

off が作る 2 つの視点

電源のオン/オフでもお馴染みなので、「off ＝消えているマイナスの状態」という印象が強くなりがちですが、一旦その感覚をアンインストールしてみましょう。チューナー図の角度を変えてみます。

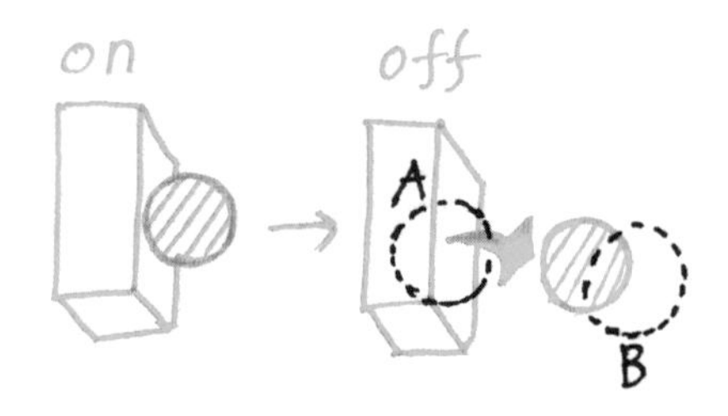

off の図に A 点と B 点を示してみました。A 点はそれまで on していた点なので、そこから off することでこの点からはマイナスになります。すると同時に、B 点においては新たにこれまでなかったものがプラスされることになります。

絵具パレットから筆で絵具を取って画用紙に塗ったら、パレットからはその絵具は減っていますが、画用紙にはその絵具が増えていることになりますね。

off は何かが途切れたり離れたりしてマイナス方向に動くだけでなく、**必然的にプラスになる点が生まれる**ことになります。

英国では、お酒を販売している商店は、“off-licence” と店頭に表示しなければなりません。ライセンスがない状態で販売？違法？とちょっと不思議ですが、この off はライセンスから off しているのではなく、off the premises (premises: 敷地)、つまり、「その店の敷地から off して飲むのであれば販売可能」という意味で、バーやパブのように店内で飲酒するスペースがない販売店のことを指します。「何から」 off しているのかを正確に見つけるのがポイントですね。

»A 視点・マイナスになる側

視点を A 点に据えることで、そこから離れて、もう接触していないことになります。値札で見かける「20% **off**」は、20% **off** (the original price) ということですね。

例 I'm **off** to London tomorrow.
明日ロンドンに向けて出発する。
→ロンドンに向けて今いる場所を off する

I took a day **off** (work).
1 日休みをとった。
→しごとから自分の 1 日を off した

I saw her **off** at the airport.
彼女を空港で見送った。
→私は見た→彼女(が)→ off するのを→空港で

The music festival was called **off** because of bad weather.
悪天候のためそのフェスは中止になった。
→そのフェスはコールされた→ off の状態に ＊call：大声で宣言する

比較→ The music festival was put **off**. その音楽フェスは延期になった。
→ put された、off の状態に →一時的に off に置かれている→延期

» B 視点・プラスになる側

視点を B 点に据えると、これまでなかったものがプラスされます。

例 What time is the kick-**off**?　キックオフは何時？

サッカーやラグビーなどで使われる「キックオフ」。地面からボールが off する（マイナスになる）ことで試合が始まる（プラスになる）ことになります。

例 The Great British Bake **Off**

英国の人気番組のタイトルです。参加者が焼き菓子をその場で焼いて競い、審査員が勝者を決めます。地面からボールが離れるように物理的ではありませんが、bake **off** することで、**その様子が遠くまで放たれ**、審査員やテレビを見ている人にその様子が届くというプラス視点に焦点があります。

他にも dance off 、sing off など、競って第三者に審査してもらうことを off が示してくれます。

また、毎朝皆さんがお世話になっているあの音も off しています。

例 The alarm **went off** at 5 am.　目覚まし時計が朝 5 時に鳴った。

右の図の B 点を見てみましょう。目覚ましの音は時計を離れて go しますが、B 点では寝ている人に届いていますね。

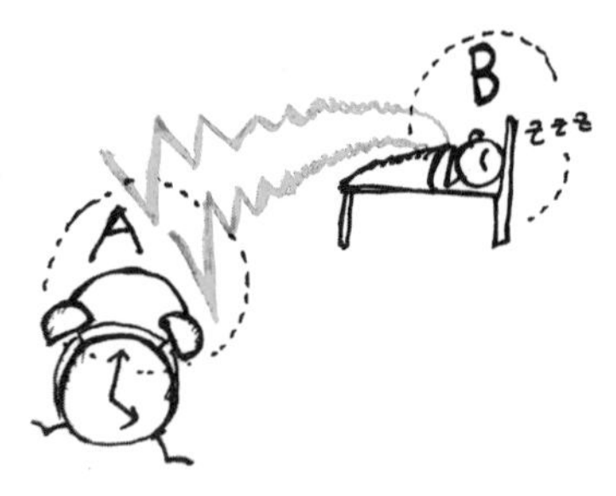

例 I **showed off** my Louis Vuitton bag to my friends.
友達にルイ・ヴィトンのバッグを見せびらかした。
→そこから放つ(off)ように「見て見て〜」とする

I was **told off** by the police today for riding my bike too fast.
自転車で飛ばしてたら警察に注意された。
(=The police told me off) →単に tell するだけでなく off することで相手に届く
＊ tell off：叱る、注意する

off に隠された on にチューニング

多くの場合日本語訳には表れない off。**off になる前は何かに on していた**という感覚にチューニングしましょう。

例 My dog is eating something **off** the floor. 犬が床から何かを食べている。
→床に on していた食べ物が off する

He walked **off** without saying goodbye. 彼はさよならをいわずに立ち去った。
→今まで on していたその場からマイナスになった(いなくなった)ことに焦点が置かれている

She polished **off** two burgers. 彼女はハンバーガーを 2 つたいらげた。
→お皿を polish(磨く)ようにきれいに食べ終えて、お皿に on していた食べ物が完全に off した光景

7 < into - in - out >

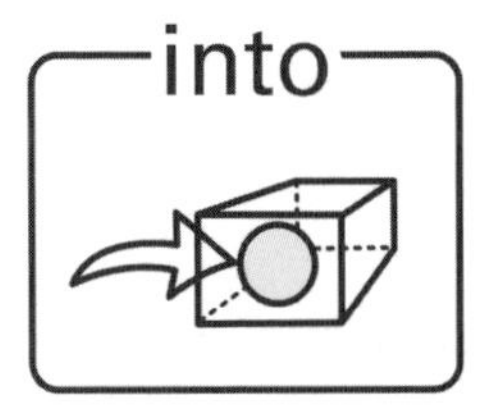

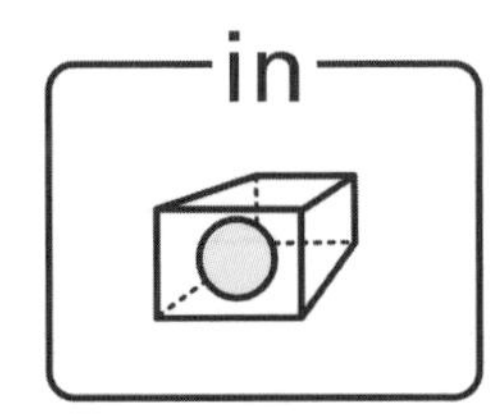

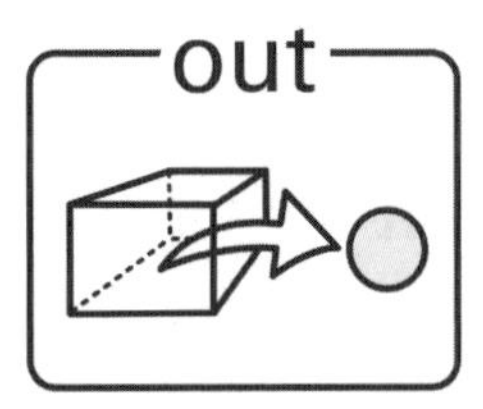

先に見た、onto → on → off と同じように、into → in → out という動きの連続性を掴みながら見ていきましょう。

I jumped **into** the pool, but I was only **in** there for a few minutes.

I soon got **out** because I was getting cold.

プールに飛び込んで、ほんの数分間プールの中にいて、寒くなってきたので出た。

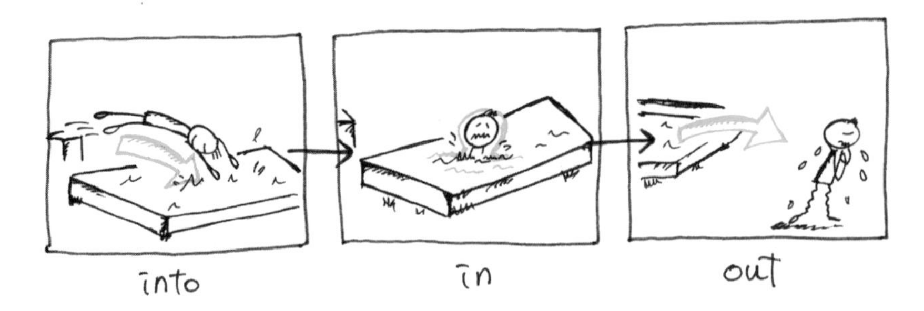

into

＜矢印の to＞と in が一緒になっています。

例 I walked **into** the room.　部屋の中に歩いて入っていった。

比較→ I walked **in** the room.　部屋の中で歩いた。

She came **out** of the house **into** the garden.
彼女は家から庭に出てきました。
→どこから out したら自動的にどこかに into する

»物理的に移動しなくても into

物理的に移動を伴わないアクションでも into することができます。

例 The cats looked **into** the box.　その猫はその箱を覗き込んだ。

比較→ We're looking **into** buying a new car.

私たちは新しい車を買うことを検討している。
→ただそう思っているのではなく、中に入り込んでいる
→リサーチしたりしている

I'm **into** Japanese pop music.　J-pop にハマっている。

»状態に into すると変化する

「ニンジンを細かく切る」というときに描かれる絵はこうです。

「こちらに向かう」という矢印が必要ですので to は明らかですが、それだけでは、向かう先を示しているだけでまだ「細かい状態」に in していません。in と to の両方、つまり into が必要で、I cut the carrot **into** small pieces. ですね。

例 Fold the paper **into** two.　折り紙を 2 つ折りする。

The caterpillar turned **into** a butterfly.　幼虫が蝶になった。

We have to tune **into** the needs of our customers.
顧客のニーズにチューニングしなければならない。
→ラジオや楽器以外もチューニングする

»人が成長して服に into する

「このＴシャツ、今は息子には大き過ぎるけど、すぐに丁度よくなるよ」や「すぐに着られるようになるよ」というときは、ちょうどよくなるのは服の方か息子の方かはよく分かりません。

一方で英語は、「人がＴシャツの中に向かって（それに合うくらいに）grow する」という絵を描きます。

例 This T-shirt is too big for my son now, but he will grow **into** it soon.

in

何かに into という動きをした後は、in した状態になります。先に見た in のチューナー図以外にも、下のように部分的に in していることもあります。

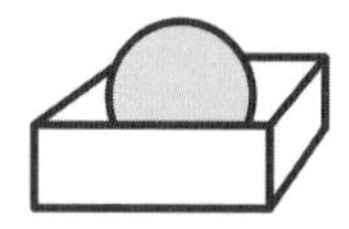

<ことばモデル>で見たように、輪郭が明確な英語は、色々な事がらで in ⇔ out と捉えます。

»空間から時へ

空間（場所）に in しているという感覚は**時の捉え方**にも移行されます。

例 We are **in** Japan.　空間（場所）

↓

We are **in** 2021.　時

We are **in** September.　時

これについては、on、at と相対的にみると全体像が見えやすいので、後ほどまとめて見てみましょう。

»全体でも部分でも in

「～の中に」という日本語が対応しない in にチューニングしましょう。

例 I'm **in** Japan.

in Tokyo.

in my house.

in the bathroom.

in a T-shirt.

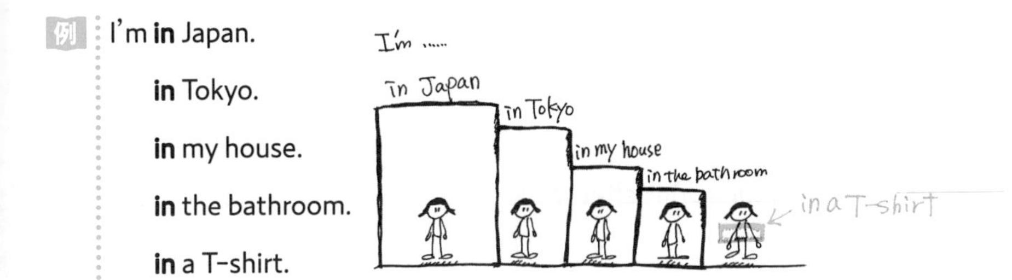

最後は、自分の上半身だけがシャツに in しています。

»10 分という箱の中

日本語では「あと○○分で」や「○○分後に」といういい方をしますので、in の感覚はつかみにくいかもしれません。また、「～以内で」と誤解してしまうことがよくあります。

例 Dinner will be ready **in 10 minutes.**　あと 10 分で夕ご飯ができるよ。

in 10 minutes は10分の箱に入っていると考えてみましょう。

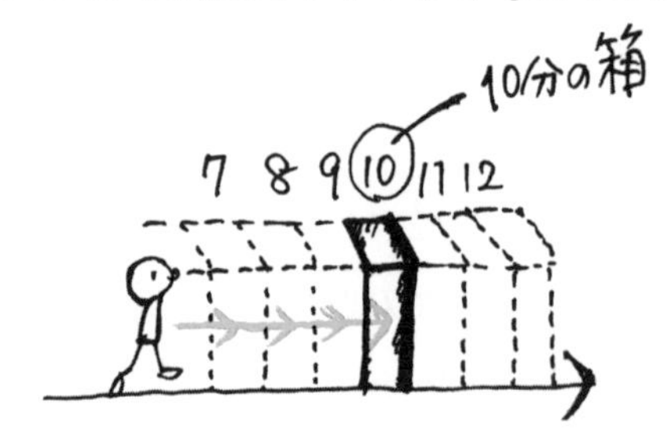

これとよく間違いやすいのは、after 10 minutes ですが、下の絵のように示す範囲が違いますね。

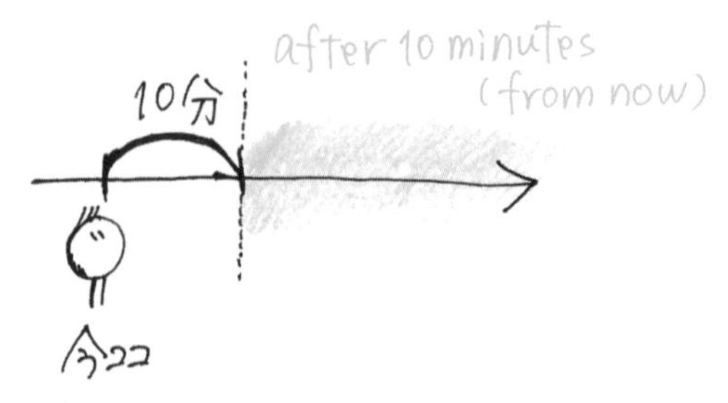

比較→ I went for a drink **after** work.　しごとが終わってから飲みに行った。

→しごとの後に

»<人>が目に見えないものに in する

▷その状況に in している

例 I'm **in love** with him.　彼に恋してる。

I'm **in trouble** at work.　しごとでトラブっている。

Save the children **in need**.　困窮しているその子どもたちを救おう。

We should keep **in touch**.　連絡を取り合おうね。

→私たちを touch(連絡を取り合っている) という状況の中に入れておく

⟷ We have been **out of touch** for a long time.
しばらく連絡を取り合っていない。

▷カテゴリーに in する

「レモンにはビタミンCが豊富に含まれる」というとき、日本語の視点では「ビタミンCがレモンの中に入っている」ことになりますが、英語では視点が変わります。

「レモンはリッチである、ビタミンCという栄養素の**カテゴリー内**で」という捉え方です。

例 Lemon is rich **in** Vitamin C.

She is rich **in** gifts.　彼女は色々な才能に恵まれている。
→この場合の gifts はものではなく才能や能力

ちなみに rich という単語の語源は powerful だそうです。
＊参照：Oxford Languages

以下の場合も、＜**カテゴリー内で**＞と考えてみましょう。

例 How do you say this **in** Japanese?　日本語ではこれは何というの？
→日本語というカテゴリー内でどのようにいう？

I'm interested **in** Japanese history.　日本の歴史に興味がある。
→こういうカテゴリー内に興味がある

I'll pay **in** cash.　現金で払います。
→現金払いという支払い方法のカテゴリー内で⟷ pay in kind（現物というカテゴリー内で支払う）→現物支給

»I believe you. と I believe in you.

believe はその後にダイレクトにその対象がくるときと、in というロケーションで対象をつなぐときがあります。

▷ **I believe you.**

I と you がダイレクトに believe でつながります。

目の前にいる人を believe するというのは、多くの場合「あなたがいっていること」になります。対象が人以外でも同じです。

例 Don't **believe** everything you read in the media.
メディアのいうことを全て信じたらダメ。

▷ **I believe in you.**

例 I believe **in** you. You can do it!
あなた（がその力を持っていること）を信じてるよ。きっとできるよ！

もちろん、物理的に you に in しているわけではありませんが、グッと深部でつながる感覚があります。

よって、believe とその対象を in で結ぶことは、< **self-belief ＝自分の信念や信条** > に関連することになります。

例 Do you **believe in** UFOs？　あなたは UFO（の存在）を信じる？
→ UFO の存在を認めるという信念

My dad **believes in** saying what he thinks.
私の父は思ったことを口に出すことを信条としている。

8 ＜ out ＞

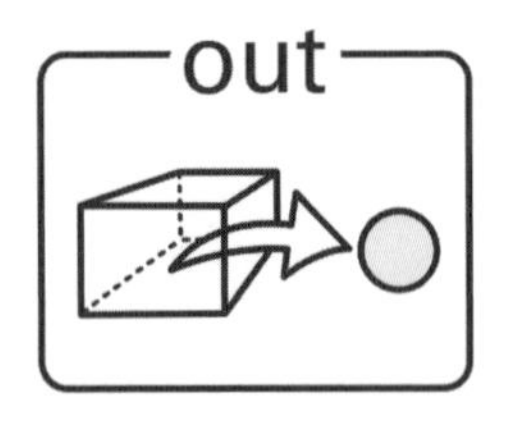

in している状態から外に出るのが out です。on ⟷ off の関係と同じく、in ⟷ out の関係が成り立ちます。in の項でも、日本語の発想にはない捉え方をたくさん見てきましたが、in と対になる out も、日本語からは描けない絵を次々と見せてくれます。

»目に見えるものからの out

「in の状態」とは対照的になりますね。

例 I got **out** of the car.　車から降りた。

A spider came **out** of the box.　箱からクモが出てきた。

I'm **out** of the office. Please leave a message.
オフィスにいません。メッセージを残してください。

»目に見えない out・2 つの視点

どこかに in しているものが out するということは、とてもはっきりした変化です。よってここでも、2 つの視点が生まれることにチューニングしましょう。

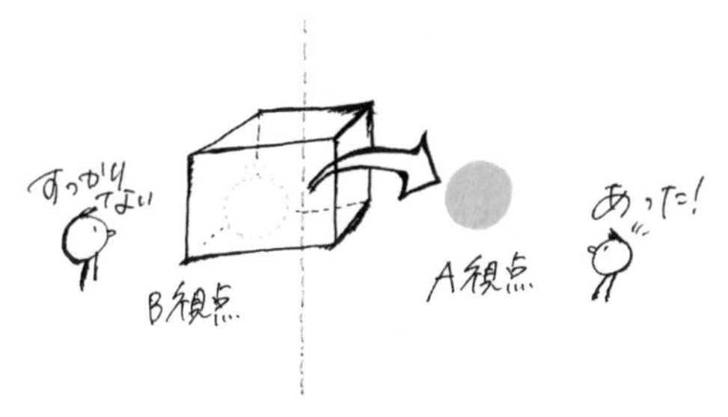

»A 視点・あった！

in の状態で隠れていた情報などが out することで、**気づいたり、分かる**ようになります。

例 I have to **find out** the time of the meeting.
ミーティングの時間を調べないと。

比較→ I **found** my key under the bed.　ベッドの下に鍵があった。

× found out →物理的なものには使わない

MISIA's new album is **coming out** next month.
MISIA の新しいアルバムが来月発売される。

There is a new cafe in town. We should **check** it **out**.
街に新しいカフェができたよ。行ってみなきゃ。

The teacher quickly **pointed** my mistake **out**.
先生はすぐに私の間違いを見つけた。

»B 視点・すっかりない

out してしまうと、そもそもあった場所は何も残っていない状態になります。よって、ここに視点をおくと、「**すっかりなくなった**」という絵が見えます。

例 The shop **sold out of** the goods in the first couple of hours.
その店は、最初の数時間で商品が売り切れた。

I’m feeling tired and **stressed out** lately.
最近疲れていて、ストレスが溜まっている。

→ stressed: 圧をかけられた状態　もう何も残らなくなるまで圧をかけられた感じ

Please **fill out** the form while you’re waiting.
お待ちの間、用紙（の全ての欄）をご記入ください。

→「書き残しなくすっかり」記入する。同じことを fill in ということもできる。fill in は「空白を埋める」ことに視点がある

»<人>が何かから out する

into の項で触れたこちら。

例 He’ll **grow into** the T-shirt soon.　Tシャツ、すぐにピッタリになるよ。

そこからもっと成長したら out します。

例 He’s **grown out** of the T-shirt.

成長するのは人間の方なので、Tシャツから out するのも人です。これが日本語視点になり「サイズアウト」という和製英語を生みました。日本語では人間ではなくサイズの方が out すると見ているのが面白いですね。

癖や体質などからも grow out します。

例 I’ve **grown out** of asthma.　成長と共に喘息が治った。
→喘息から grow out した

»平常運転時を in と捉えるから反対は out

平常時を in と捉え、その状態から out してしまうことで、事態がネガティブになることを表します（後に触れますが、out することがいつもネガティブというわけではありません）。日本語とは、**動作の主体**の捉え方が異なることがあります。その違いに注目してチューニングしてみましょう。

例 I'm **out** of breath.　息が切れている。
→主体は自分　→主体は「息」

I'm running **out** of time.　時間が足りなくなってきている。
→主体は自分　→主体は「時間」

Are you **out** of your mind?　気が狂ったの？
→主体はあなた　→主体は「気」

例 The ATM is **out** of order.　その ATM は故障中。

This product is **out** of stock.　この商品は品切れです。

This guidebook for Tokyo is **out** of date.
この東京のガイドブックは情報が古い。

「故障中」は日本語では「中」ですが英語は out と、視点を置く場所が逆です。他にも、電話の「内線番号」は、日本語は「内」ですが、英語は **ex**tension number（ex: 外に向かう）などが似ている例ですね。

»困難にinしてるときはoutしたい

▷ help out

例 I have too many bags to carry. Can you **help** me **out**?
荷物が多すぎて持てない。手伝ってくれれる？

この場合inしているのは、荷物をたくさん持っているという現状です。inしているのがネガティブな状況なので、helpしてもらうことで、その状況からout（＝ポジティブ）に変わりますね。

▷ work out

例 This jigsaw puzzle is so difficult. I can't **work** it **out**.
このパズルは難しくて、解決できない。
→ outすることで現状を抜け出し、パズルが完成する

»ゴール視点だから見えるout

もう皆さんはこの視点に慣れてきましたね。日本語では「～から」とその起点に目を向けますが、英語はその一歩先にある結果＝outを見ています。

例 Can you take the milk **out** of the refrigerator, please?
冷蔵庫**から**牛乳を取ってくれる？
→冷蔵庫にinしている牛乳をoutする

The coins fell **out** of my pocket.　ポケット**から**小銭が落ちた。
→ポケットにinしている小銭がoutする

I don’t drink alcohol in front of him, **out of respect** for Muslim customs.
彼はイスラム教なので、（彼の宗教への）敬意**から**私は彼の前ではお酒を飲まない。
→私は彼の前ではお酒を飲まない→その行動は、イスラム教への敬意から出てきた

I ignored her **out of jealousy.** 私は嫉妬心**から**彼女を無視した。
→私は彼女を無視した→その行動は嫉妬から出てきた

10 点満点中 7 点だった・日本語は「中」英語は out

「この前のテスト、10 点満点中 7 点取った」というときの日本語と英語の絵の違いを見てみましょう。

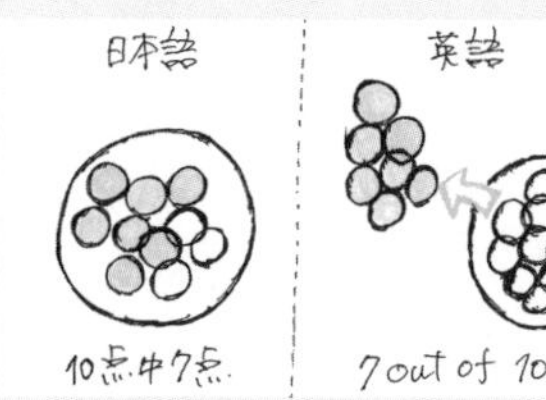

例 I got seven **out of** ten on the test the other day.

日本語とは数字をいう順番も違いますし、日本語は「10 点中」ですが、英語は out of ten と見方が逆ですね。

比較→「日本人の 3 人に 1 人は花粉症だ」というときはこういう絵を描きます。

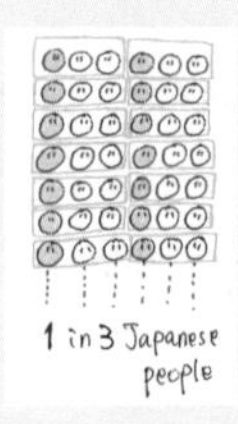

One **in** three Japanese people has a pollen allergy.

「3人に1人」の「に」は絵に描くことはできませんが、英語の in はロケーションなのでやはり絵に描けることになりますね。このときいいたいのは「割合」ですので、in は必要な数をそこに入れる容器のようなしごとをしています。

＜ of ＞

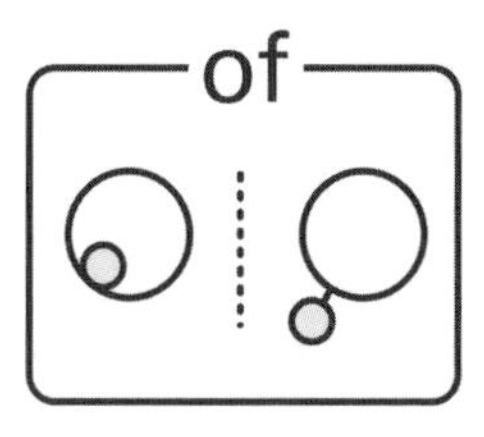

チューナー図に2種類の絵がある of。左の図の小さな丸が外に出たのが右の図ですが、右の図のポイントは小さな丸と大きな丸が**しっかり紐づけられた状態**にあることです。

左側を＜**内蔵型の of** ＞、右側を＜**外付け型の of** ＞と呼ぶことにしましょう。

＜外付け型の of ＞は off のチューナー図と似ていることにお気づきでしょうか。それもそのはず、of と off は語源が同じです。of で紐づけられていた2つのものが離れていた状態が off です。

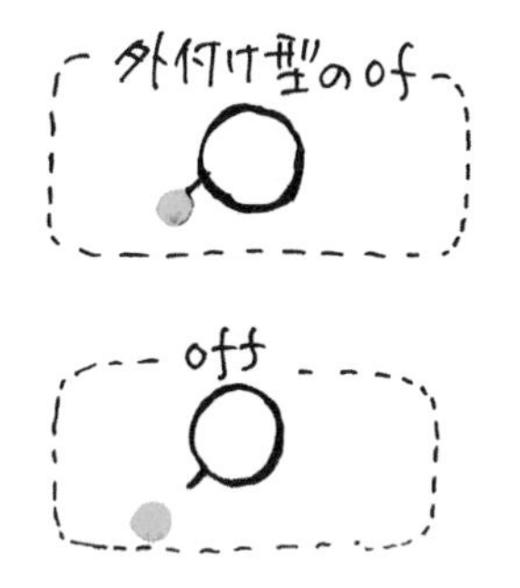

日本人泣かせなのは、「～の＝ of」と信じていると、すぐに裏切られてしまうことです。

例 会社の飲み会　company get-together
＊このようなカルチャーがない国も多いので、実際に使う機会はないかもしれない

高校時代の同級生　friends from high school
→起点

窓の汚れ　dirt on the window
→汚れは窓に on

「〜の」に翻弄されずチューナー図と照らし合わせながら見ていきましょう。

» <内蔵型の of は、一部分 of 全体>

内蔵型の of のポイントは、of を挟む前後の単語の関係性が、**一部分 of 全体** であることです。

例 Tokyo is the capital **of** Japan.　東京は日本の首都です。
一部　全体

He is a friend **of** mine.　彼は私の友達の１人です。
一部　全体　＊mine(=my friends)

This necklace is made **of** pearls.　このネックレスは真珠でできています。
一部　全体
→真珠がそのままネックレスになっている

比較→ Wine is made **from** grapes.　ワインはぶどうから作られている。
→ワインはぶどうの一部ではなく＜起点＞。ぶどうという起点からワインに至るまでは色々な工程を経ているので形状も性質も違うものになっている

I'm standing in front **of** the shop.　私はその店の前に立っている。
一部　全体

I can see the top **of** the mountain.　山の頂上が見える。
一部　全体

She is the president of the company.　彼女はその会社の社長です。
一部　全体

一部と全体の関係が見えにくいものも、絵に還元してみましょう。

例 I had a piece of cheesecake and a cup of tea.
一部　全体　一部　全体

① a piece of cheesecake

② a cup of tea

cup と tea は全く性質が異なるものなのに、「一部 of 全体」で成り立つのは少し不思議な感じがしますが、I had a cup of tea.　の絵を見てみましょう。

冠詞の項でも見たように、紅茶は容器がなければ輪郭が描けずに無限に広がる液体です。よって紅茶は「全体」であり、a cup はその無限に広がっている紅茶の**一部分を輪郭として切り取ってくれる**ものと見ています。

»of の魂はこう活きる・目に見えない<もの／こと>と of

例 You helped me a lot. It was very kind **of** you.
一部　全体

あなたは私をたくさん助けてくれました。（その行為は）とても親切でした。

→その言動はあなたという全体の中の一部である kind

比較→ He was very kind.（＝ He was a very kind person.）

→「そのときの言動」ではなく、「あなた＝こういう人」というファクト→人格にフォーカス

I left the water running in the bathroom. It was stupid **of** me.
一部　全体

お風呂の水を出しっぱなしにしてしまって、ドジだった。

→私のこの行動＝私全体の一部にあるドジ

It's nice **of** him to invite me to his house.
一部　全体

私を家に招いてくれるなんて、彼はいい人です。

»<外付け型の of・情報の紐づけ>

外付け型の of は、コンピュータプログラミングの関連づけのように、前後の情報を**紐づけ**ます。紐づいた情報は常に**連動**することもポイントです。

例 The company offered the service free **of** charge.
その会社はそのサービスを無料で提供した。

→ charge（課金すること）と free（無料）が紐づいている→そのサービスは（誰に対しても）無料

He **died of** malaria.　彼はマラリアが直接の原因で亡くなった。

→ 彼の死とマラリアは紐づいている

比較→ The cows died from exhaustion.　その牛たちは疲れて死んだ。
疲れは起点にすぎず、そこから様々な症状が生じたことによる死であるため、直接的な紐づけはしない

I **informed** the police **of** the accident.　私は警察にその事故を報告した。
→私は警察とその事故を inform という方法で紐づけた

This song **reminds** me **of** my student life.
この曲は学生時代のことを思い出させてくれる。
→この曲は私と学生時代を再び（remind）紐づけた→この曲と学生時代の思い出は連動している

»think of と think about・<常に連動する紐づけ>か<今のあれこれ>か

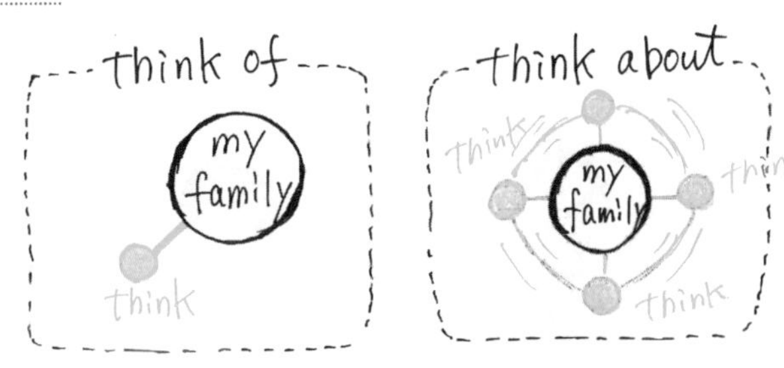

例 I'm **thinking of** my family.　家族のことを想っている。
→my family に自分の think を紐づけて、いつも連動している

I'm **thinking about** my family.　家族のことを考えている。
→家族を囲んで私の think がぐるぐる巡っている→今何してるかな？元気かな？先日話していたあの件どうしたかな？と現実的な事情を巡らせている

I **think of** Hawaii. I love Hawaii.
よくハワイに想いを馳せている。ハワイが好きだから。
→ハワイが好きなので自分と常に紐づいている

I'm **thinking about** my trip to Hawaii. I'm going there next month.
ハワイ旅行について色々考えている。来月行くから。
→どこに行こうかな？何を食べようかな？と現実的に考えを巡らせている

»心の中と外との<紐づけ>

感情などの心の中の情報と、その対象を結ぶとき、of としか相性が合わないものがあります。

「怒った」「喜んだ」のように突発的ですぐ変わりうる感情ではなく、その人の心理状態を何かと紐づけることで、<**関連づけ＝常につきまとう心理**>であることにチューニングしましょう。

例 I'm **afraid/scared of** narrow spaces. 狭い空間が怖い。
→狭い空間には怖いという心理が常につきまとう

I'm **proud of** you.
→誰かのことを「誇りに思う」という日本語は、自分の意見や感想のような印象が強いが、英語では、「私の誇りとあなたが紐づけられた」という見方

例 I'm **aware of** the situation. その状況をちゃんと分かっている。
意識 ー その状況

I'm **conscious of** my looks. 自分の外見が気になる。
自意識 ー 自分の外見

I'm **capable of** doing many things. たくさんのことをこなすことができる。
自分の能力 ー たくさんのことをこなすこと

I felt **ashamed of** myself for getting so angry.
私の恥 ー 自分自身
あんなに怒ってしまった自分を恥ずかしく思う。

I was **accused of** shoplifting. 万引きの疑いをかけられた。
自分への非難 ー 万引き

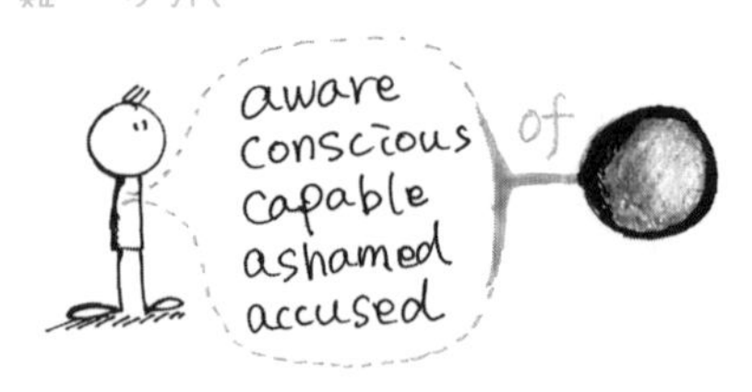

»「しごとに疲れた」と「しごとで疲れた」

例 I'm **tired of** working all day at the bank.
1日中銀行でしごとをするのはもうたくさんだ。

1日中銀行で働くこと、自分が疲れていることが**紐づけ**されているので、「このしごと**には**疲れた」→「もうたくさんだ、辞めたい」、という意味を持ちます。

比較→ I'm **tired from** working all day at the bank.
1日中銀行でしごとをしたので、疲れている。

from で結ばれることにより、自分が疲れている**起点**（理由）が1日中銀行で働いたこと、という関係になります。

tired of working は「しごと**に**疲れた」、**tired from** working は「しごと**で**疲れた」という感覚に近いですね。

このように、どのロケーションワードを選ぶかでだいぶ意味が変わる場合もあれば、どちらでも示す意味は変わらないこともあります。

例 I'm getting **bored with** this film.　この映画に飽きてきた。
I'm getting **bored of** this film.
→「若者は最近ofを好む」という統計がある（Macmillan dictionaryより）

＊Macmillan dictionary：世界中で使われている何百万もの英語の例文を収録したデータベースであるコーパスをもとに制作された辞書

このように正解が1つでない場合もありますので、語単位ではなく、意味の全体像を掴んでチューニングするようにするようにしましょう。

10 < at >

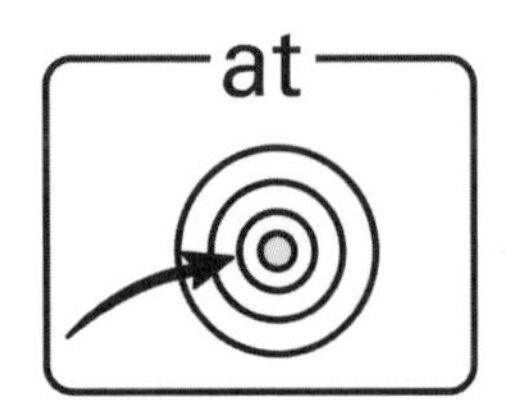

at は的に矢を射ったときのような＜**動**＞による＜**点**＞を表します。いちばん馴染みがあるのは、時間を表すときですね。刻々と時計の針は動きます。その一瞬に触れた場所を at で示します。

例 The meeting starts **at** 10 o'clock.

時刻に限らず、何かが動くときは、**ある一点に触れて通過**していきます。

例 I drove there **at** 100 km/h. そこまで時速 100キロで運転した。

Alpacas can run **at** 60 km/h. アルパカは時速 60キロで走れる。

This fan heater turns off automatically **at** 28°C.
このファンヒーターは 28 度で自動的に消える。

at のピンポイント感は、「いちばん」なものを表すときにも活かされます

例 Ten people will come **at** most/**at** least.
多くて/少なくとも 10 人は来るだろう。

at ー on ー in のピラミッド

この３つのロケーションワードは、時間と場所の情報を表します。日本語では「〜で」だけで済むことも多いため、この３つが持つそれぞれのサイズ感にチューニングしましょう。下のピラミッドのいちばん広い面である in からスタートして、at に向かってチューニングしていくのがおススメです。

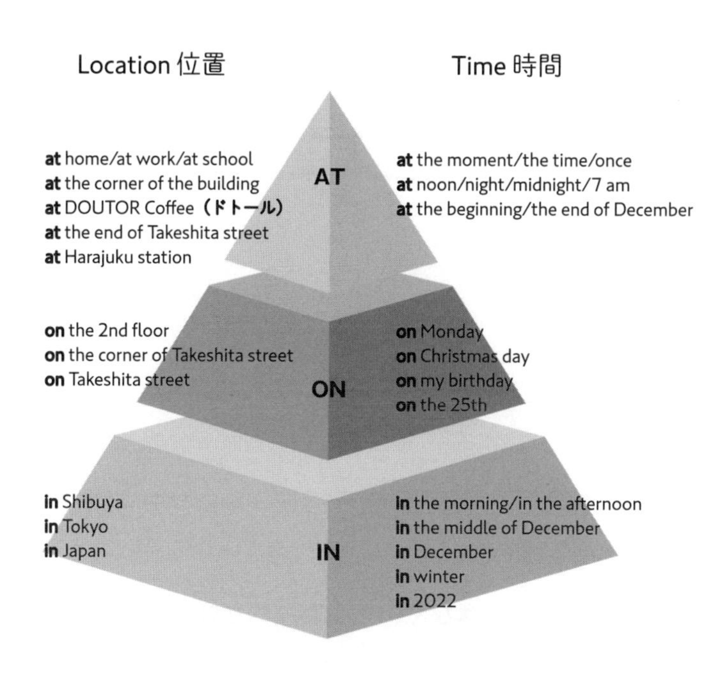

»in the morning・in the afternoon・at night

night だけが the を持たず、in ではなく at を使うことがちょっと不思議です（文脈により稀に in the night を使うこともあります）。

夜中は in the middle of the night ですが、night はそもそも人が活発に活動する時間ではないので、夜になり暗くなってしまえばその後は何時でも同じ、という認識から、１つの点として捉えていたと考えられます。

時の情報でatを使うもの・ピンポイント感

・at dawn　夜明けに

・at sunrise　日の出に

・at sunset　日の入りに

・at midnight　深夜0時

»in time と on time・時間の幅とピッタリ接触

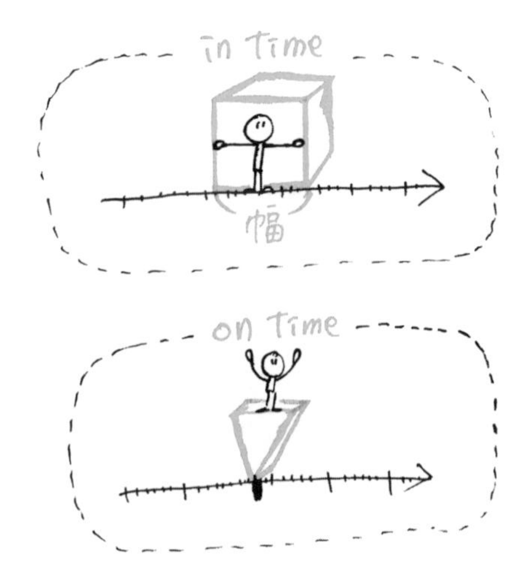

▷ in time

in time は「定刻」ではなく、多少時間的な幅がある事がらと相性がよくなります。

例 I got home just **in time** for dinner.
家に着いたのは、ちょうど夕食に間に合う時間だった。
→家での夕食は「定刻」でなくてもいい

The ball rolled away and nearly fell into the pond, but I managed to save it **in time**.
ボールが転がって池に落ちそうになったけど、なんとか間一髪で救った。
→池に落ちるまでに拾えばよいので、時間的な幅がある

▷ **on time**

on は**定まった時刻にピッタリ接触**するので、on time できるのは、電車の時刻やミーティングの開始時間のように、その時刻がはっきりと定まっている場合です。

例 Japanese trains are always **on time**. 日本の電車は時間ピッタリに運行する。

I've never been **on time** for meetings.
私は待ち合わせの時間ピッタリだったことがない。

»at the end と in the end・ピンポイントと箱の中

▷ **at the end**

出来事やアクション、時の幅における**はじめと終わり**は、ピンポイントという見方をします。

ピンポインといっても、at the end of the week が絶対に日曜日ということではなく、「週の後半」のように、少し幅を持たせて考えましょう。

例 **at the end** of the month
月末

at the end of the film
映画の終わりの部分

in the middle
at the beginning
at the end

I'm going back to my hometown **at the end** of next month.
来月の月末に 実家に帰る予定

→もう少しクリアにしたい場合は、the last week of next month のようにするとよい

▷ **in the end**

at the end の場合はいつも、at the end of ○○と「何の」終わりかを示す必要がありますが、**in** the end の場合は単独で使います。物事の結末を意味するので、**ゴールに in** してしまう絵を描いてみましょう。

例 I bought some more eggs, but **in the end**, I didn't need them.
卵を買い足したけど、結局は必要なかった。

We made up **in the end**.　最後は仲直りした。
= finally

»「改札で待ってるね」と「ホームで待ってるね」

ここでも日本語はどちらも「〜で」ですね。描く絵の違いを見てみましょう。

例 I'll be waiting for you **at the ticket gate**.
→中か外かは描けないので状況に合わせて

I'll be waiting for you **on the platform**.

比較→ I'll be waiting for you **inside** the ticket gate.
改札の中で待ってるね。
→「ゲートの内側」 ✕ in

» at が示す＜ピンポイント＞が物理的な場所ではない場合

例 Can I eat **on** the sofa?　ご飯、ソファーで食べていい？

— No, eat **at** the table.　ダメ、ちゃんとテーブルで食べなさい。
→位置的な「ポイント」

Did you cry **at** your graduation ceremony?　卒業式で泣いた？

→卒業式という「場」

I have been asked to be the MC **at** a friend's wedding.
友達の結婚式での司会を頼まれた。

MC : master of ceremony

»アクションや状態の的を絞る

アクション（動詞）や状態（形容詞）を at でつなぐときは、標的がしっかり定まっていて、その標的に**ピンポイント**で向かいます。

例 The baby smiled **at** me.　その赤ちゃんは私に微笑みかけた。

→私という的に当てる

✕ to me →<矢印の to >は方向しか示さないので自分に届いているかどうかは分からない

I was so **surprised/shocked at** the news.
あのニュースには驚いた / ショックだった。

→驚き / ショック はシャープな衝撃

I'm **good at** fixing machines.　機械を修理するのが得意。

→自分の得意なことの的を絞る

11 < about >

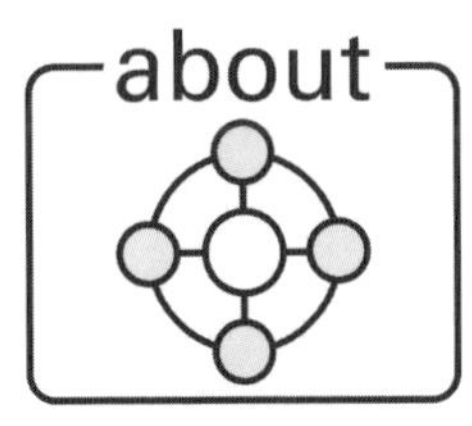

対象のまわりをぐるりと囲む about。

ポイントは、**中心にある対象と周囲がつながっている**ことで、これらが関連のある出来事だということを示しています。これが、似たような図を描く around との違いで、around は中心と周囲がつながっていないと考えてみましょう。

例 We need to talk **about** the issue.　その問題について話し合う必要がある。
→ the issue(その問題)とつながっているアレコレ

You are talking **around** the issue, not **about** the issue.
あなたはその問題の周辺のことを話していて、その問題自体に触れていない。
→本題とはつながらず、その周りをぐるぐるしているだけ

対象によっては、about と around の入れ替えが可能なこともあります。

例 I'm **about/around** 160 cm tall.

自分の今の身長はファクトとして決まっていますので、about と around を入れ替えても意味に変化をもたらすことはありません。

»思いを巡らす about

心配事やウキウキすることは、ぐるぐると思いを巡らせます。

例 I'm **worried about** the weather tomorrow. 明日の天気が心配。

I'm **stressed about** my work. しごとに関して色々ストレスがある。

I'm **excited about** my summer holiday.
夏休みのことを考えてワクワクしている。

»アクションのゾーンに入る

アクションを中心に据え、**その周囲のゾーン内**に入ります。アクションにはまだ到達していません。

例 I was just **about** to call you. ちょうど今あなたに電話するところだった。

Hurry up! The train is **about** to leave. 急いで！電車行っちゃうよ。

比較→しごとに遅れるところだった。

○ I was nearly/almost late for work.

× I was about to be late for work.

→腹を決めて「遅れるぞ」というとき以外、自分からゾーンに入るアクションではないので、about との相性はよくない

2 ＜ by ＞

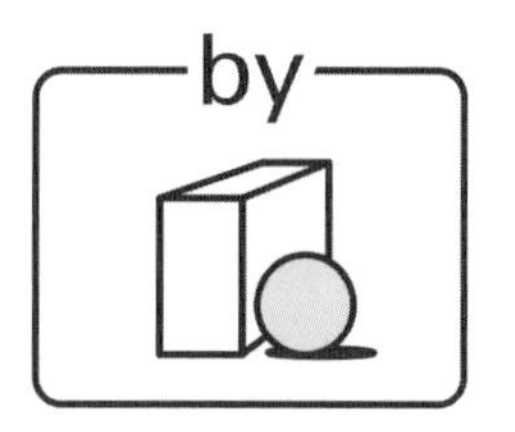

皆さんにとって地味に手ごわいのが by かもしれません。このチューナー図が示すものは、＜**傍ら**（かたわ）**に位置する**＞ということです。

＜傍ら＞は、物理的な「近さ」だけでなく、もっと大きな意味で捉えましょう。

「出番なのでスタンバイしてください」という状況を想像してみると、文字通り、「傍らに立って」出番を待つ様子になります。standby の反対は standdown です。「その場から下がる」という視覚情報がそのまま移行されていますね。

»絵に描きやすい、静止しているときの＜傍ら＞

ピッタリと接着している必要はありませんが、その基準となるものから**ふと視線を横にずらしたときに最初に視界に入る**のが by です。

例 The bag is **by** the side of the table.
そのバッグはテーブルのすぐそばにある。

The post office is **by** the station.
郵便局は駅のすぐそばにある。

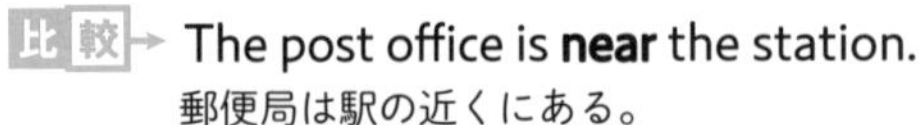

比較 → The post office is **near** the station.
郵便局は駅の近くにある。

»比較するときは<傍ら>に置くから、その<差>が測れる

比較するもの同士を傍ら(かたわ)に並べてみることで、その<**差**>が見えてきます。

例 The tax has increased **by** 3%. その税金は3%引き上げられた。

The team lost the game **by** two points. そのチームは2点差で試合に負けた。

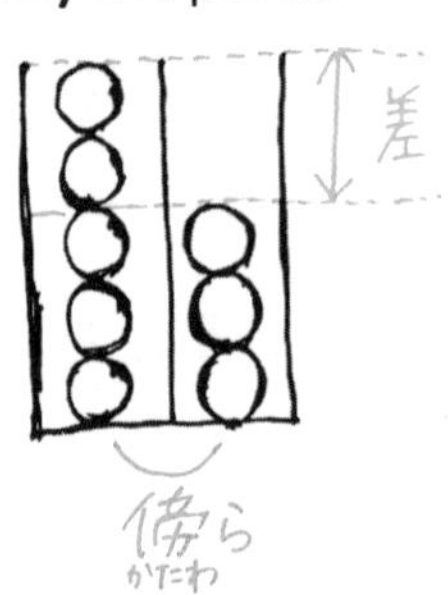

»タイムライン上の＜傍ら＞・遅れず、早すぎず、ピッタリでもない

タイムライン上で、自分の＜傍(かたわ)ら＞にあるというときはこんな絵を描けます。

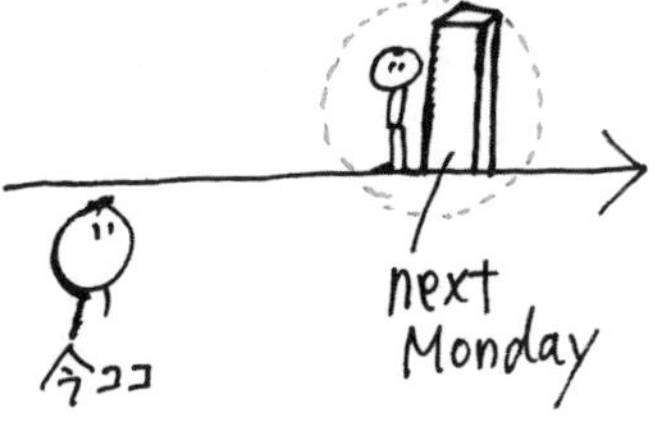

例 I have to finish my report **by** next Monday.
次の月曜までにレポートを終わらせないといけない。

「by ＝～までには」という日本語が対応しないこともあるので、絵に戻ってチューニングしながら進みましょう。

例 **By the time** I got to the station, the train had already gone.
駅に着いたときには、もう電車は出発していた。

She should have arrived **by now**.
彼女はもう着いていてもよさそうなのに。

比較→そのときまでをすっぽり覆う till (until)。

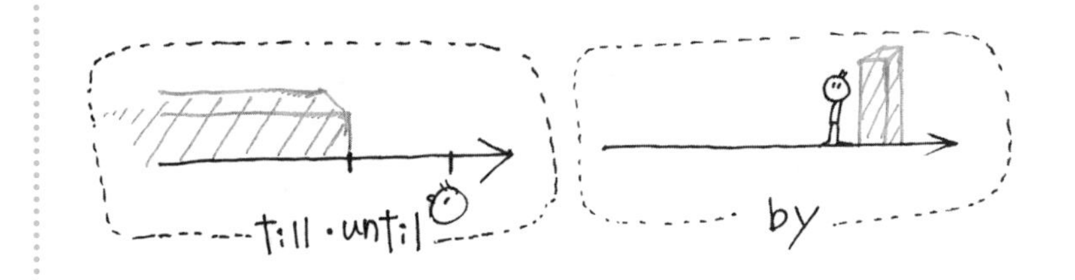

I slept **till** (until) noon today.　私は今日お昼までずっと寝ていた。

「まで（ずっと）」と「までに」の混同に注意しましょう。「まで（ずっと）」の till（until）が描く絵は、そのときまでをすっぽり覆います。

» <傍ら>を動いているとき・経由する

<傍ら(かたわ)>に「動き」が加わると、それを通って移動している、つまり「**経由**」している絵になります。

例 Can you drop **by** on your way home?
帰りにちょっと寄って行ってくれる？
→ Can you drop (yourself) by (my house)?
→あなたを私の家の「傍ら」に落とせる？

「経由する」というと、場所を通過することが真っ先に浮かびますが、by はもっと大きな器です。もう1歩広げて考えてみましょう。

私はインストラクターにヨガを習っている
→私の**傍ら**にヨガインストラクターがいる
→私はインストラクターを**経由**してヨガを習っている
→インストラクターは私にとってヨガ習得の**手段**

普段私たちは「手段」と「経由」の共通点を意識することはありませんが、ここでは、この2つが重なる部分にチューニングしてみましょう。

例 I go to work **by** car.　車で通勤する。
→私は車を経由してしごとへ→車が通勤手段

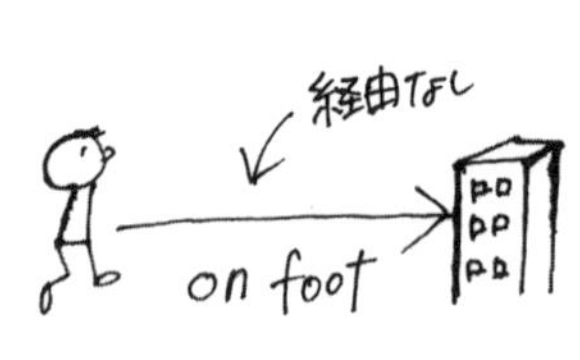

I was taught **by** the teacher.　その先生に教わった。

→その先生を経由して学んだ→その先生は私が学ぶための手段だった

I'll pay **by** card.　カードで支払います。

→カードを経由して支払いをする→カードという手段で支払う

I can put on a kimono **by** myself.

誰にも手伝ってもらわずに自分で着つけができる。

→自分を経由して着物を着られる→着物を着る手段は自分

I like to buy eggs loose rather than **by** the carton.

ケースで卵を買うよりもバラで買うのが好き。

→ケースを経由して卵を買う→その卵を買うときの手段はケース(入り)

You never play **by** the rules.　あんたはフェアプレーしたことがない。

→ルールを経由してプレイしない→プレーするためにルールを手段にしていない

→スポーツだけでなく、政治やビジネスにおいても慣用的に使われる

Hold your bat **by** the end of its handle.

持ち手（柄）の先端を握ってバットを持ってください。

→（野球やクリケットの）バットを握る手段が、その持ち手の先端

»「～で＝ by」をアンインストール

　ここまで見てきた例の多くが「～で」という日本語に対応するので、「箸で食べる」「フライパンで焼く」も by を使いたくなりますが、描く絵は異なるので注意しましょう。

例 I ate spaghetti **with** chopsticks.　スパゲティを箸で食べた。
→箸を経由しただけでは口まで運ばれないので、<共に>の with

I cooked fish **in** a frying pan.　フライパンで魚を焼いた。

»目に見えないものを経由するとき

　経由する<もの/こと>が目に見えないものでも、同じように移行してみましょう。

例 I took someone's phone **by mistake**.　間違って誰かの電話を持って行った。
→間違いを経由して誰かの電話を持って行った

Does anyone have a spare pen **by any chance**?
余分なペンを持ち合わせている人いない？
→偶然を経由してペンを持っている人いない？

The discovery was made **by accident**.
意図せずにひょんなことからそれは発見された。
→その発見はアクシデントを経由してなされた

3 < through >

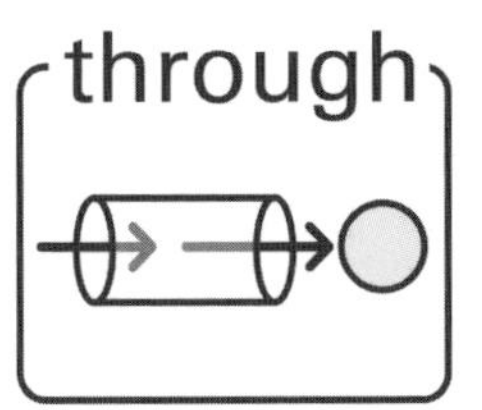

トンネルを抜けていくような through。

このトンネルの感覚が色々なものに移行していきます。あまり意地悪をしてくる単語ではありませんが、日本語との発想の違いが大きいものもあるので、しっかりと英語が描く絵にチューニングしましょう。

»through →目に見えるもの

例 I walked **through** the park.　公園を歩いて抜けた。

The rainwater came in **through** the roof.　雨水が屋根を通過してきた。

→雨が come した→ through して→屋根を

»through の魂はこう生きる

例 I worked **through** the night.　夜通し働いた。

I met her **through** friends.　彼女とは友達を通して知り合った。

I'm halfway **through** the book.　本を半分まで読んだ。

→「半分を読んだ」というよりも、最初から「通して」読んでいる感覚

Can you put me **through** to the sales department, please?
営業部につないでいただけますか？

I went **through** a hard time when I was young.
若いときは辛い経験をした。
→ had を使うより、「それを通り抜けた」という感覚が強い

She **walked** me **through** the 20-page document.
彼女は 20 ページの書類を最初から最後までしっかりと説明した。

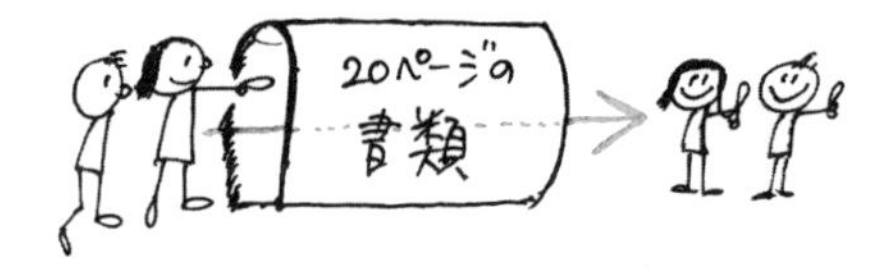

I'm walking は、I'm walking (myself). と考えても<英語の型>としてはおかしくないことは既に見てきましたね。

Google 検索で "I can walk myself." と入れて画像検索をしてみてください。飼い主なしで散歩している犬のジョーク写真がいくつも出てきます。

4 < over >

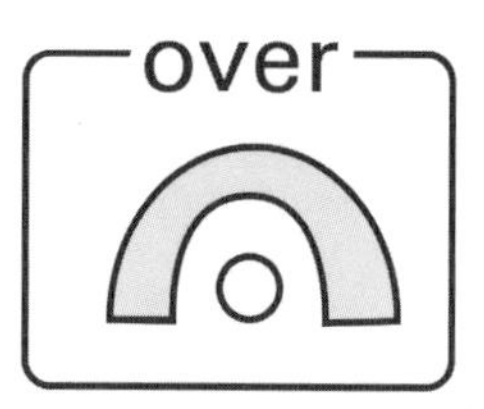

「担ぐ」「またぐ」「覆う」など、日本語では動詞の中に収まってしまうので見落としがちなover。

予算オーバー、時間オーバー、のようにカタカナでもお世話になっていますが、それはoverのほんの1つの表情でしかありません。

目に見えるものでも、見えないものでも、overはその絵が忠実にその位置や動きを物語ってくれます。**対応する日本語は様々でも、全て同じ絵に集約される**ことにチューニングしましょう。

例

I kicked the ball **over** the fence.
ボールを蹴って壁を越えた。

I tripped on a stone and fell **over**.
石につまずいて転んだ。

＊trip：日本語では「旅行」の意味のみで使うが、tripのど真ん中は「軽快で素早い足取りで踏む」

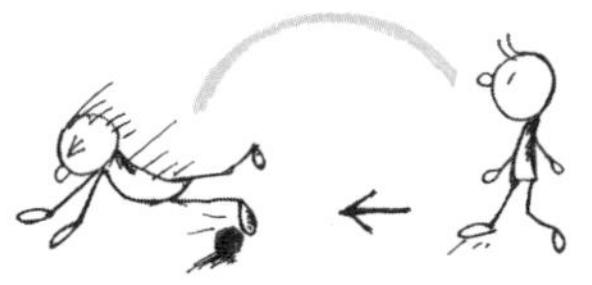

Put your hand **over** your mouth when you cough.
咳をするときは手で口を覆ってね。

例 Santa Claus carries a big bag **over** his shoulder.
サンタクロースは肩に大きな袋を担いでいる。

比較 → Santa Claus carries a big bag **on** his shoulder.

on his shoulder

例 I turned **over** the page. ページをめくった。

We had a chat **over** coffee.
コーヒーを飲みながらおしゃべりした。

I knocked my coffee **over**. It went all **over** my book.
コーヒーを倒して本全体にこぼれた。

My sister and I argued **over** the last piece of cake.
私と姉は、最後のケーキをめぐって口げんかした。

This is mine!
This is mine!

I took **over** her project.
彼女のプロジェクトを引き継いだ。
⟶ I took the project **over** from her.

日本語では状況や対象が変わると「引き継ぐ」以外のいい方をする場合もありますが、他の人がやっていることを**丸ごと抱えるように over し、自分側に take する**絵が描ければ、それが take over のど真ん中です。

例 You look very tired. I'll **take over** the washing-up.
お疲れだね。その（あなたが今やっている）洗い物、私がやるよ。

»over + 動詞が合体して1つの動詞に

▷ **over + hear**
⟶ overhear

例 I **overheard** their conversation.
⟶人の会話をふと耳にする感じ

▷ **over + look**
⟶ overlook

どちらも over が描く絵は同じですが、示す内容は変わります。

例 The house **overlooks** the sea.
その家は海を見下ろせる。

I **overlooked** an important point.
大事なことを見落とした。

▷ **over + take**

⟶ overtake

例 The car **overtook** me.　その車は私たちを追い抜いた。

▷ **over + come**

⟶ overcome

例 I **overcame** my weaknesses.
私は自分の弱点を克服した。

5 < as >

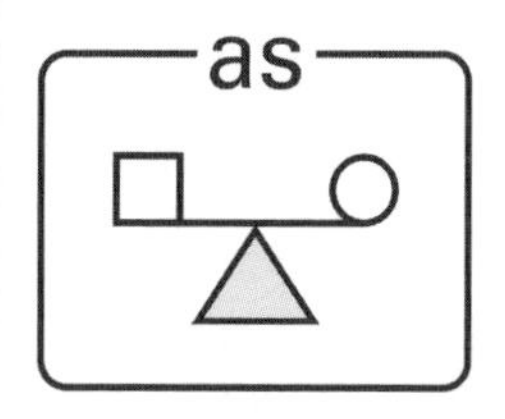

as はロケーションを示す単語ではありませんが、対応する日本語がたくさんあるためにそのど真ん中を見つけにくいので、ここで登場してもらいましょう。

as のチューナー図は**天秤にのせたときにピタッと釣り合っている**ことを示しています。キーワードを漢字で表すと、「**同**」「**均**」「**等**」というイメージですので、同じキーワードをもつ形容詞 **same** と as はいつも一緒です。

例 My phone is **the same as** yours.　私のスマホとあなたのスマホは同じ。

「as= ～として」という紐づけに偏りがちになるので、あえてこの日本語はあてがわないようにしてみましょう。実際に話しことばではあまり使いませんね。

例 We are using this room **as** storage space.
この部屋は物置に使っています。

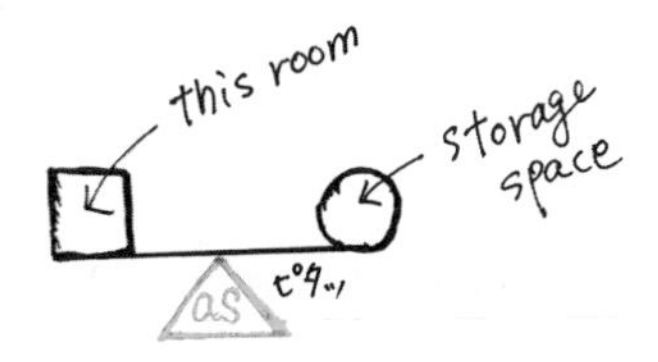

I worked **as** a taxi driver for 20 years.
タクシー運転手を 20 年やった。

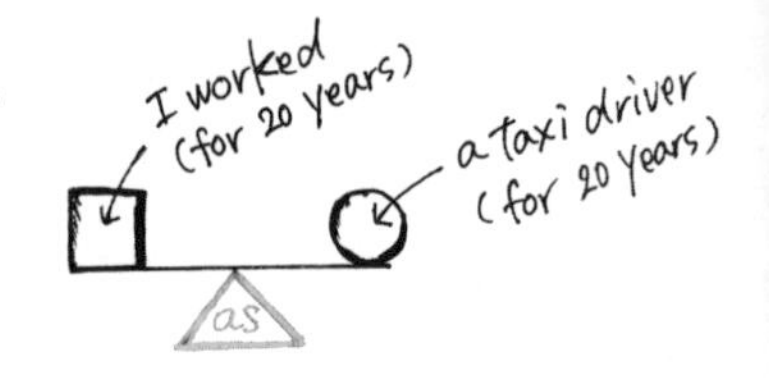

As I said before, I don't want to go to cram school.
前にもいったでしょ、塾には行きたくない。
→「前にいったこと」と「塾には行きたくない」は「同」

My son is getting talkative **as** he grows up.
息子は成長するにつれて、おしゃべりになってきた。
→「息子の成長」と「おしゃべりになってくること」は「等」

As I stepped out of the house, it started to rain.
家を出たとたんに雨が降って来た。
→「家を出た」ときと「雨が降り出した」ときは「同」時

This lettuce is good enough **as** it is.
このレタスはそのままで十分おいしい。
→「このレタスが美味しい」と「そのままの状態」が「同」

»2 つの as で<ある状態>を釣り合わせる

この図のように、A と B が<ある状態で>で釣り合っていることを示すときは、**2 つの as でバランス**をとります。

例 I'll get back to you **as** soon **as** possible.　できるだけ早く連絡しますね。
→「私があなたに返事をする」ことと「それが可能である」ということは、soon という状態で釣り合っている

Spread the cream on the sponge **as** thinly **as** you can.
あなたができる範囲でよいので、スポンジに薄くクリームを塗りましょう。

→クリームをどれだけ薄く塗れるかは個人の力量なので、possible(それが可能である）ではなく、you can(あなたができる）がピッタリ

You can stay here for **as** long **as** you like.　居たいだけ長くここに居ていいよ。

This watermelon is **twice as** heavy **as** a normal watermelon.
このスイカは普通のスイカの２倍の重さです。

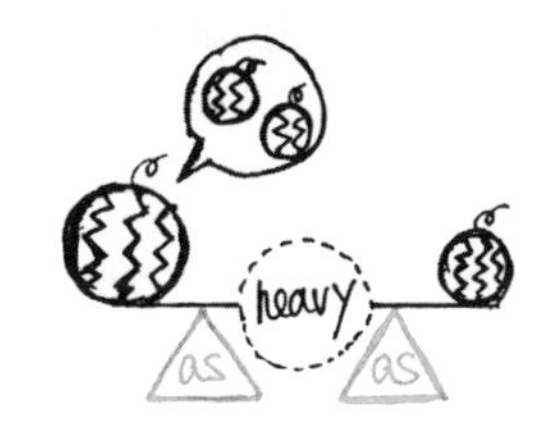

▷ as long as・条件は＜長さ＞で釣り合う

何かに「条件」をつけるとき、それを＜ここからここまで＞という**長さ**に例えます。

例　You can go out **as long as** you get back by 8 o'clock.
8時までに帰ってくるなら、出かけてもいいよ。

You can have a cat **as long as** you promise to take care of it.
世話をするって約束するなら、猫を飼ってもいいよ。

▷ as far as・考えや記憶は＜遠さ＞で釣り合う

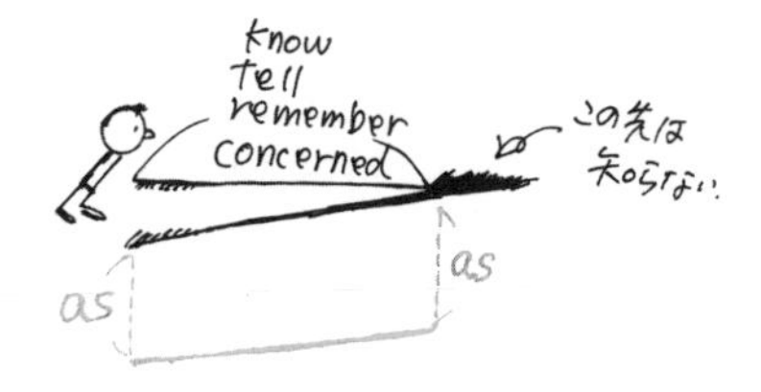

「知っていること」や「覚えていること」を**遠さ**という距離に例え、「私が知っている/覚えていること」と釣り合うのは「これくらいの遠さ」と表現します。このように条件を加えることで、「私が全てを知らないだけかもしれないけど」、という気持ちが分かります。

例 **As far as** I know, that shop is closed on Sundays.
私が知る限りでは、あの店は日曜日に閉まってるよ。
→「私が知っていること」と「あの店が日曜日に閉まっている」ことは同じ遠さ
→そこから先は知らない

他にも、「遠さ」として扱うことができるものに、以下があります。

例 **As far as** I can remember, today is my boss's birthday.
私が覚えている限りでは、今日は上司の誕生日だ（間違っているかもしれないけど）。

This milk is past its best before date, but **as far as** I can tell it's still OK.
この牛乳は賞味期限を過ぎてるけど、私がいえる（判断する）限りではまだ大丈夫だよ（他の人が何というかは分からないけどね）。

Many people love natto, but **as far as** I'm concerned it's disgusting.
納豆が好きな人は多いけど、私にいわせれば不味い食べ物だと思う。
→ I'm concerned.：私が意見を求められるのであれば

»「理由」の源流を見る・as since because

この３つは全て「理由」を表すと捉えることができますが、その**「理由」の源流**を見ると違いが見えてきます。

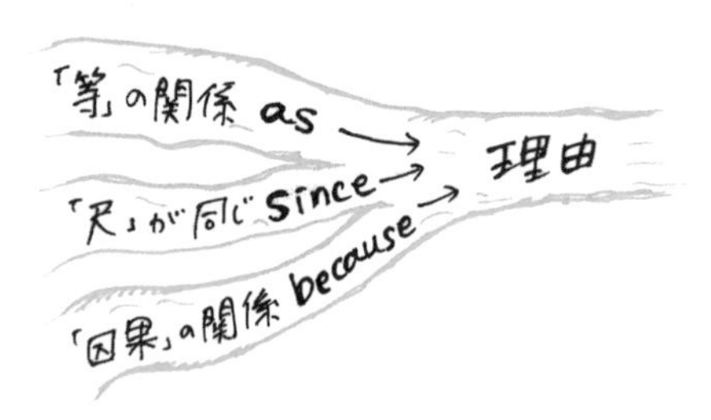

» as

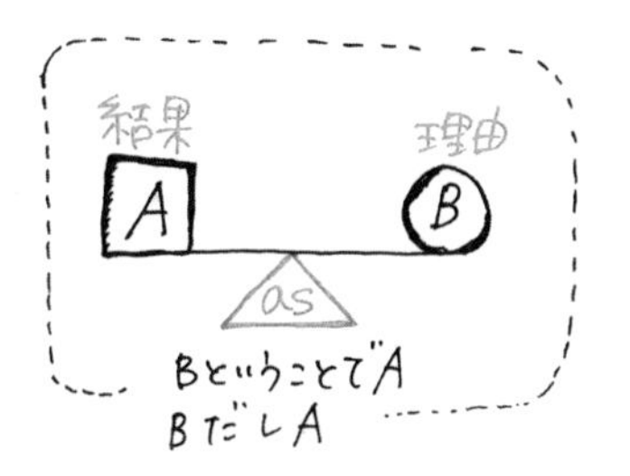

as は天秤にのせたときに**釣り合う**のでしたね。「今日は雨**ということで**、遠足は中止です」、「寒い**し**、今日は鍋にしようか」のように、因果というほどの関係でない場合に、A と B を同レベルでつないでくれます。

結果A　　理由B

例 I decided to take a taxi home **as** it was getting late.
遅くなってきたし、タクシーで帰ることにした。
→結果が大事。「因果」というほどの関係ではない（AとBの「等」関係）

» since

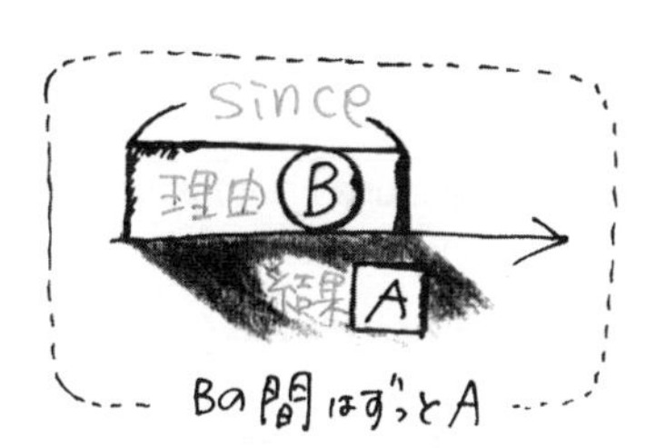

since は＜過去のある点からずっと今に至る＞という期間（時の**尺**）を表すときに登場しましたね。

例 I haven't eaten anything **since** this morning.　朝からずっと何も食べてない。

図の理由 B の影のように結果 A がある関係で、いつも同じ「尺」を維持しています。ここでも、since が描く「尺」の絵は活きています。

結果A　　　　　　　　理由B

例 We couldn't deliver the parcel **since** no one was at home.
ご不在だったので小包を届けることができませんでした。
→結果が大事
→「小包を届けられなかった」と「誰も家にいなかった」は同じ「時の尺」→「誰もいない」時間中はずっと「届けられない」

» because

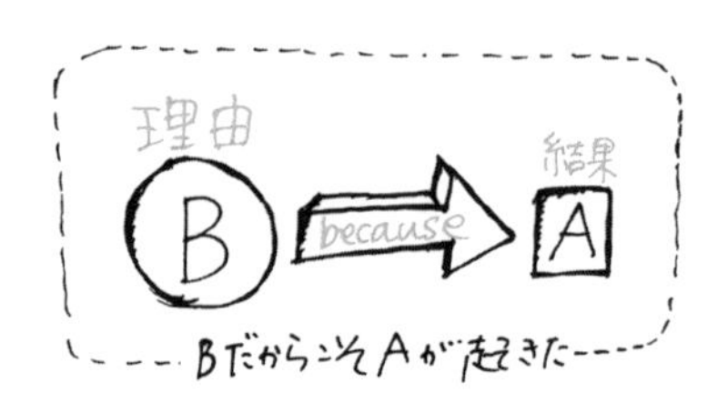

as と since はどちらかというと「結果」にフォーカスしますが、**because** はしっかりと因果関係を示すので「～だから」という**理由（原因）部分**に重きが置かれます。

結果A　　　　　　　理由B

例 Are you angry with me **because** I read your diary?
あなたの日記を読んじゃったから怒ってるの？
→理由が大事（AとBの因果関係）

"Why ～？" とはっきり理由や原因を聞かれているときの答えは迷わず **because** です。as と since では、はっきりとその理由や原因を答えるには不十分なのですね。

6 < up - down >

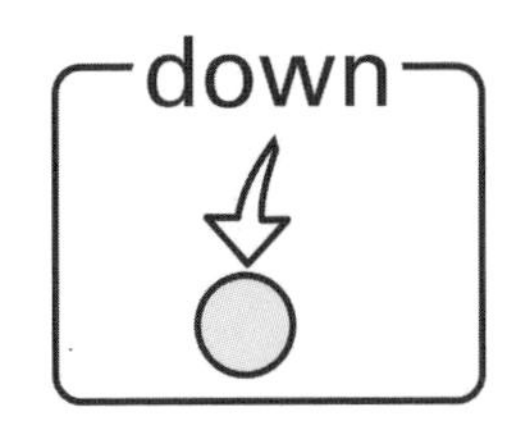

up と down のチューニングのポイントは、＜**肉体から魂への移行**＞に注目するということです。物理的に上に動いたり下に動いたりするその魂が、空間、状態、程度、量、心情などにダイナミックに移行していきます。

まず、up と down はしっかりとした＜動き＞を持つことを確認しましょう。

例
He sits. 状態
↓
He stands **up**. アクション
↓
He stands. 状態
↓
He sits **down**. アクション

このように、動詞に up/down をつけることで、動きのない状態から「アクション」へと変化させることができます。

up と down が描く<動きの絵>にチューニング

例 I went **up** the stairs. ⟷ I went **down** the stairs.
階段を上がった　階段を下りた

I climbed **up** the tree. ⟷ I climbed **down** the tree.
木に登った　木から降りた

→ climb を「登る」と紐づけると発想を狭めるので注意。climb は「手足を使って斜面を移動する」ということ。上か下かの方向が必要

Put your hand **up** if you know the answer. ⟷ You can put your hand **down**.
答えが分かった人は手を上げて　手を下ろしていいですよ

I put a picture **up** on the wall. ⟷ I took the picture **down**.
壁に写真をかけた　その写真を壁から外した

→ 日本語の「かける」や「外す」は「上へ」「下へ」という要素は含まないが、英語は視覚的な動きに忠実

up と down の魂はこう移行する

up と down の魂だけが移行するとどのような変化をするか見てみましょう。私たちも身近で多くの「アップ」と「ダウン」にお世話になっています。

インターネット上に投稿することを「サイトに**アップ**する」といったり、「新しいソフトを**ダウン**ロードする」「会員サービスにサイン**アップ**した」といったりします。私たちは色々な事がらを「上・下」と感じ取っているのですね。

完
complete
UP
近
close
増
increase
more
上へ
upward
movement
動き

下へ
downward
movement
動き
減
decrease
less
遠
far
DOWN
終
ending

»キーワード 1: up →増（increase/more）　down →減（decrease/less）

売上アップ、成績ダウンのように日本語でも身近です。

例

The car sped **up**. ⟷ The car slowed **down**.
その車はスピードを上げた。　その車はスピードを落とした。

Can you turn the volume **up**, please? ⟷ Can you turn the volume **down**, please?
音を高くしてくれる？　音を低くしてくれる？

I **dressed up** for the Christmas party. ⟷ He was at the Christmas party **dressed down** in jeans and a T-shirt.
クリスマスパーティーのためにお洒落した。　彼はジーンズとＴシャツでクリスマスパーティーに来ていた。

→「ドレスアップ」はカタカナでもお馴染みだが、「ドレスダウン」は訳しにくい。「ラフな恰好」は和製英語なので注意

I put my **make-up** on every day.　毎日お化粧をする。
→日本語でもお馴染みの「メイクアップ」。顔に化粧品を増やしている感覚

You're **making** that story **up**. I don't believe you.
その話はあなたの作り話でしょ。私は信じない。
→日本語でも「でっち上げる」と上への動きと見る。「話を盛る」といういい方もupの感覚に通じる

This sofa is very big. It **takes up** a lot of space in the living room.
このソファはとても大きい。居間のスペースをすごくとる。
→居間のスペースを取り上げてしまう

I'm trying to **cut down** on sugar.　砂糖をあまりとらないようにしている。
→量を減らしている。砂糖を物理的にカットしているわけではないので、on sugar（砂糖の摂取において）とロケーションonが必要

I feel like I'm **coming down** with a cold.
風邪をひきそうな感じがする。

»キーワード 2：up → 近（close）　down →遠（far）

例 He **showed up** late for the meeting.　彼はミーティングに遅れて来た。

→自分たち側に接近する感覚

When I was standing at the station, a stranger **walked up** to me.
駅に立っていたら知らない人が近づいてきた。

She **came up** with a great idea.
彼女はいい考えが浮かんだ。

This hall can hold **up to** 100 people.

→<矢印の to>

このホールは最大 100 人収容できます。

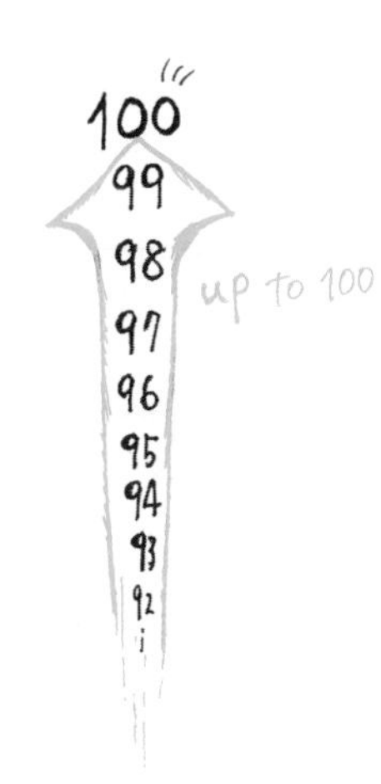

You can start walking. I'll **catch up** with you soon.

→ you の方に近づく

歩き始めてていいよ、すぐ追いつくから。

It's **up** to you to decide which university you choose. It's not **up** to your parents.
どの大学を選ぶかはあなた次第です。親が決めることではありません。

比較 It's **down** to the parents to give their children a moral education.
子どもの道徳教育は親の役目です。

up to you は、このボールが頭上にありますが、これを受け取るかどうかは**その人の選択**です。

down to you では、ボールは既にこの人に down しています。これをどうするかを**決める責任**を持っています。

例 My grandparents live two doors **down**. 祖父母は2軒隣に住んでいます。
→自分の家から離れていく感覚

Walk **down** this street and turn right at the first corner.
この道をまっすぐ行って、最初の角を右に曲がってください。
→今いる場所から離れる

My parcel was misplaced during delivery, but I was able to **track** it **down**.
配達途中で荷物が見当たらなくなったけど、どこにあるか追跡できた。
→その場や時から遠ざかることでさかのぼって追跡できる

»キーワード3:up →完（complete） down →終（ending）

clean **up**、eat **up** の up は、「きれいに仕**上**げる」「磨き**上**げる」などで使う「上げる」の感覚に似ています。やり残しのないように完全にその動作をすることですね。

例 I **looked up** the word in the dictionary. 辞書でその単語を調べた。
→単に辞書を look するのではなく、その単語が見つかるまで完全に調べる

Have you **used up** all the soy sauce? 醤油を使い切っちゃったの？

I went to a convenience store just to buy milk, but I **ended up** buying a cake as well.
牛乳だけ買うつもりでコンビニに行ったのに、結局ケーキまで買ってしまった。
→意図していないのに最終的にそんな結末で完了した

The shop **closed down** last month. そのお店は先月閉店した。

比較→ The shop closes at 8 pm. その店は午後８時に閉まる。

The building was **burnt down**. そのビルは火災で全焼した。
→日本語でも「燃え落ちる」。物理的に建物がなくなるまで燃えていなくても、それによってそのビルの機能が終わってしまう感じが分かる

比較→ The building caught fire. そのビルは火事になった。

気持ちの up と down

「気持ちが**高**ぶる」「気分を**上**げる」「**落**ち込む」のように日本語でも感情と上がり下がりを結びつけていますね。英語でも up と down に「ポジティブとネガティブ」という感情的な評価をつけて使うことがあります。

日本語では「感情の**浮き沈み**」のように動詞で捉えるところを、英語では＜浮き = up ＞、＜沈み = down ＞と、**より視覚的な方向性**で表します。

例 My boss has a lot of emotional **ups** and **downs**.
私の上司は感情の起伏が激しい。
→このときの up/down は名詞なので「よくある」ことを示すため複数形

»ポジティブ・up

例 Keep your chin **up**. 気を落とさないで。

→ down(落ち込んでいる状態)が前提でこの言葉をかける。「頑張って」とは意味が異なることに注意

She's feeling **down**. I need to cheer her **up**.
彼女落ち込んでるから、元気づけてあげなきゃ。

I felt **uplifted** and happy. 気持ちが高ぶって幸せな気分。

→ upにliftされた状態(形容詞)

I always **look up to** my parents.
私はいつも両親を尊敬している。

比較→ My brother always **looks down on** me. 私の兄はいつも私を見下す。

→上から下に何かを置くようにon

»ネガティブ・down

例 I've been feeling **down** lately because my dog died.
犬が死んだので最近落ち込んでいる。

Trust me, I won't let you **down**. 信頼して、がっかりさせないから。

I feel blue on Mondays.（月曜日はブルーだ）のように、気分がのらないことを「ブルー」という色に例えたいい方がありますが、これはあくまでも「ムード」を示す比喩であることに注意しましょう。もう少し現実的な要素を持たせるには、I'm not motivated on Mondays. がピッタリです。

Chapter 6

2つの次元<現実 / 仮定>と助動詞

1 助動詞 動詞の運転モード切り替え役

その名の通り、**動詞を助ける**のが助動詞の役割です。でも、そもそもなぜ動詞は助けられる必要があるのでしょうか。

私たちの生活では、事実（fact）/ 現実（reality）や時の情報（過去－現在－未来）以外にも、推測したり、可能性を表したりといくつもの細かい状況があります。その表現を助けてくれるのが助動詞です。

助動詞の助けがないと、「梅雨には雨がたくさん降る」（事実）や「昨日は雨が降った」（過去）はいえても、「雨降るかもね」はいえないことになってしまいますね。

日本語では、「雨が降るかも」「雨が降るはず」のように動詞そのものを活用させて表しますが、英語では、動詞の前に「助動詞」を1語つけ加えます。

例 I **cook** every day.　私は毎日料理をする。

→ファクト →そういう事実

I **can cook** every day.

私は毎日料理をすることができる（でも実際にするかどうかは分からない）。

→ cook がファクトにならないように助けている

この章で取り上げる助動詞は、数種類ある助動詞の分類の中でも、法助動詞（modal verbs）と呼ばれます。modal は mode（モード）に関連した単語ですので、**動詞の運転モード切り替え**をするのがこれらの助動詞の主なしごとであると考えてみましょう。

皆さんがお使いのエアコンにも、おやすみモードや除湿モードなどの運転モードが選べますね。ときには、これはいつ使うの？という細かいモード設定までありますが、それらを使いこなせるととても快適です。

動詞を助ける運転モード

意思、推測、義務、強制、能力、確信、許可、可能性、能力 など

次の6つの助動詞にチューニングしましょう。

can　will　may　shall　should　must

ここでも､個別の「用法」ではなく､助動詞のど真ん中を見ていきます。

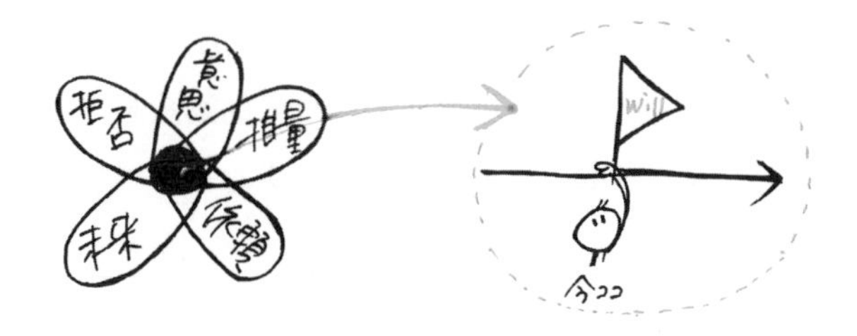

他の章で既に動詞のカタチの変化（活用）や時制について見てきましたので、それらを含め、英語の文を考えるときに、**動詞周辺で行う操作**を次のように考えてみましょう。

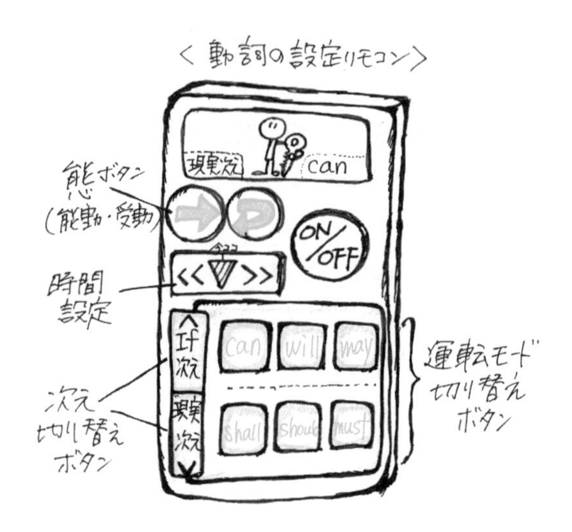

日本語と違い、1語1語が独立している英語では、リモコンのボタン操作をするように、必要な要素を動詞に加えていきます。

よく「未来表現の be going to と will は何が違うのか？」という質問がありますが、こうしてみるとこの2つは、同じ種類のボタンには分類されていないので、機能が違うことが分かります。

「運転モード切り替えボタン」である助動詞の左横に＜ **If 次元** ＞と＜**現実次元**＞という設定ボタンがありますね。助動詞を作動させるときには、この2つの次元設定から1つを選びます。

①事実や現実をいうときの次元設定→現実次元

②事実や現実ではないことをいうときの次元設定→ If 次元

例

＜現実次元＞ I **can** cook breakfast for you.　朝ご飯、作ってあげられるよ。

→現実的にそれができる（時間があるなど）

＜ If 次元＞ I **could** cook breakfast for you, but I don’t have time.

（時間があれば）朝ご飯作ってあげられたんだけど、時間がないの。

→現実的な次元ではない→「もし……」という設定

＜If次元＞では、**もし**時間があったら作ってあげれるんだけど……という気持ちを伝えています（ただし、このような会話をするときは、前後の話の流れがあるはずです。この1文だけで瞬時に状況が理解できなくても大丈夫です）。

このように、**＜If次元＞ボタンを押してcanという運転モードにすると、"could" が作動する**ことになります。このボタン操作を頭の片隅に入れておいてください。また後でじっくり見てみましょう。

2 2つの次元で考える <現在次元><if次元>

【助動詞しごと表】

現実次元（現在形）	運転モード	守備範囲	現実次元（過去形）	If 次元
can	実行可能モード	**実行可能**な鍵を持っている できる、ありうる	could	could （can + if）
will	意思表示モード	**意思の旗を上げる** そうする、そうなる	would	would （will + if）
may	推測・許可モード	その力は持っているが、**推測**止まりなので**許可**待ち そうかもしれない、 そうすることが許される	might	might （may + if） may
shall	提案モード（疑問文で）	進むべき道は**明らか** だから私（達）がそちらに 進みましょうか？	※	―
should	疑いなしモード	進むべき道はこちらの**はず** だからこちらに進む**べき**	should	should （should + if）
must	圧モード	**「圧」** 間違いない これしかない	must	must （must + if）

＊ shall の過去形は should だが、実際には独自の意味を持つので、should を個別に扱う

＊ should と must は本来これ自体が過去形だったが、それが現在形としても使われるようになったという変遷があるので、「過去形」と「現在形」は同じ

まずは左の【助動詞しごと表】で全体像を見てみましょう。

この表に基づいて、まずは、助動詞の過去形のしごとと、< If 次元 >とは何かを確認し、その後に個別の助動詞のしごとぶりを見ていきましょう。

現実次元での過去形のしごと

他の動詞と同様、助動詞も過去空間での出来事を示すときには、「過去形」を使います。

助動詞の過去形の出番はこんなときです。

»① 過去空間内にアンカーが下りているとき

例 I **could** run faster **when I was young.**
若いときはもっと速く走れたんだけどね。
→明らかに過去であるという情報 →過去空間での<実行可能な力>

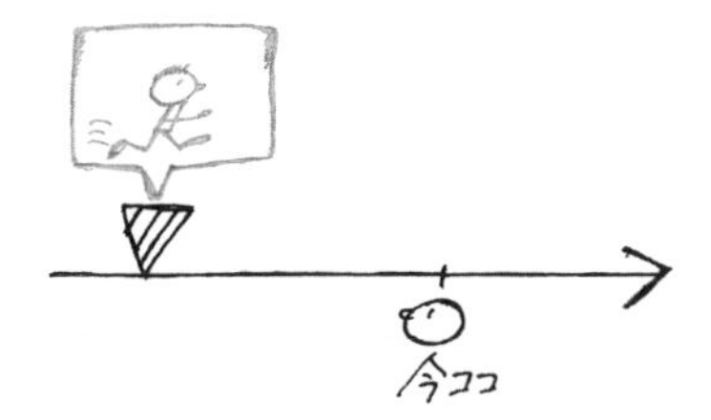

ここでの大事なポイントは、「もっと速く走れた」というのは、話者の主観的な考え（運転モード）で、実際に「速く走った」という**事実を示しているのではない**ということです。

助動詞はあくまでも**動詞の運転モード**。そのアクションを実際にしたかどうかを示すのがしごとではないことにチューニングしましょう。

»② 形式的に、＜時制の一致＞として必要なとき

時制の項でも触れましたが、一旦過去の方を向いて描いた顔の絵は、キョロキョロと違う方向は向かないのでした。

例 I **thought** that it **would** be sunny today, but it's started to rain.
→ will の過去形 ✕ will
今日は晴れると思ったけど、雨が降り始めた。

事実や現実でないことは全て、＜ If 次元＞で起きている

先に見た＜動詞の設定リモコン＞（454ページ）で、「＜ If 次元＞ボタンを押して can という運転モードにすると、“could” が作動する」と書きました。ここでは＜ **If 次元**＞について見ていきます。日本語とは考え方が大きく異なる部分なので、最初はちょっと難しく感じるかもしれませんが、各助動詞の項でも具体例を見ていきますので、まずはこの考え方の大枠をつかんでみましょう。

過去と If 次元の共通点・どちらも＜今ココ＞では起きていない

【助動詞しごと表】（456ページ）を見てみましょう。＜ If 次元形＞と＜過去形＞が同じカタチであることが分かります。＜ If 次元形＞には、（can ＋ if）のようにその内訳を書くことで過去形と区別してみました。

＜ If 次元＞は、事実や現実ではないことをいうときの次元ですが、If ～（もし）という文と一緒に使うこともあれば、それが背後に隠れていて、文としては表れないこともあります。

まだピンと来ないかもしれませんが、それもそのはず、英語は日本語に比べてずっと、この＜次元＞についての考え方がシビアです。ファクト（事実）やリアリティー（現実）なのか、そうでないのかを線引きをすることばのルールがしっかりあるということなのです。

次のようにチューニングしてみましょう。

英語は、事実（fact）/現実（reality）か、そうでないかをしっかり区別したい。

↓

動詞や助動詞を< If 次元形>にすることで、事実や現実ではないことを相手と共有する。

時制の項で、＜現在＞から引き離すこと（過去形）と、＜事実/現実＞から引き離すこと（If 次元形）の共通点については既に確認しましたね（222ページ）。

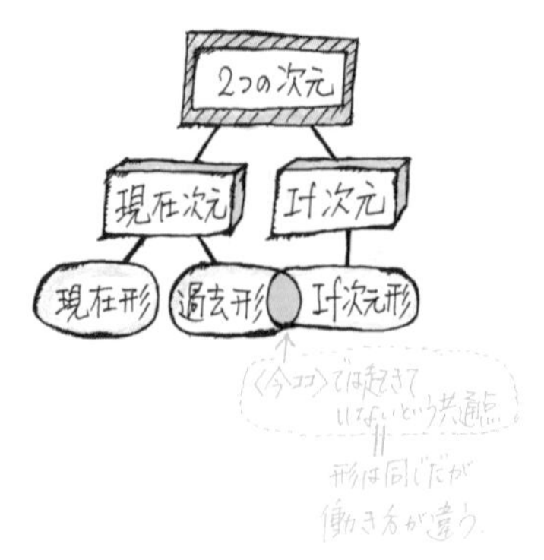

動詞や助動詞の＜過去形＞と＜ If 次元形＞は、見た目は同じですが働き方が違うので、ここでは分けて考えてみます。スーパーに並んでいる牡蠣が見た目は同じでも、「生食用」と「加熱用」と区別されているのと同じように考えてみましょう！

現実次元		If 次元
現在	過去	
can	could	could（can + if）
will	would	would（will + if）
may	might	might（may + if）

＊ should と must については、現実次元形と If 次元形が同じカタチなのでここでは省略

If という次元・現実次元とのパラレルワールド

< If 次元 > での出来事は事実や現実ではないので、現実次元のタイムラインと平行（パラレル）に進むパラレルワールドであると考えてみましょう。

この 2 つの次元は、下のようなタイムラインで表してみます。

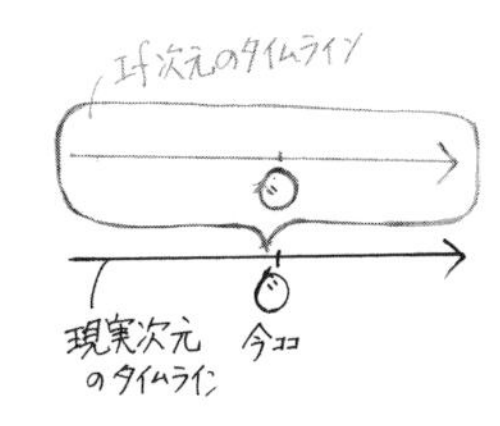

can と will で < 現実次元 > と < If 次元 > の具体例を見てみましょう。

【can の場合】

現実次元		If 次元 could（can + if）
現在 can	過去 could	
I **can** swim.	I **could** swim better when I was a child.	If it **was** a pool, I **could** swim. I can't swim in the sea.
私は泳げる（かなづちではない）→ファクト（事実）	子どもの頃はもっと上手く泳げた →過去のファクト	プールだったら（if 次元）泳げるんだけど、ここは海だから泳げない →現実にはプールではないので、if…内の動詞を「現実離れ」させる → was

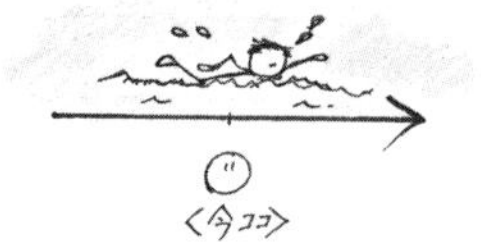

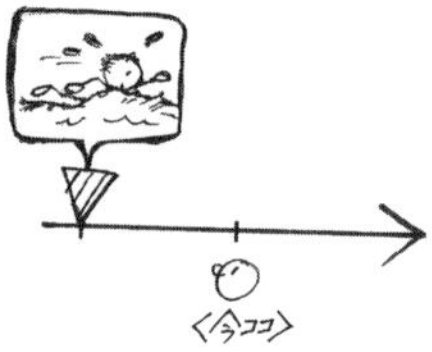

【will の場合】

現在次元		If 次元 would（will + if）
現在 **will**	過去 **would**	
My boyfriend **will** like these shoes. 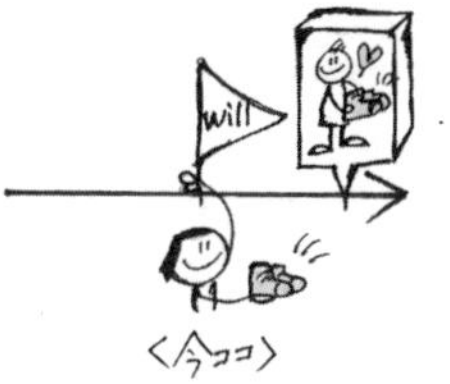 彼、この靴気に入ってくれるだろうな。 →その靴を彼にあげることになっている	I **knew** that my boyfriend **would** like these shoes. 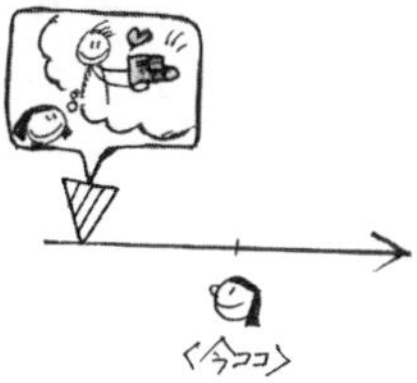 彼はこの靴を気に入ってくれると思ったんだよね(やっぱりそうだった)。 →実際に彼にこの靴をあげた（過去のファクト） →時制の一致	My boyfriend **would** like these shoes. 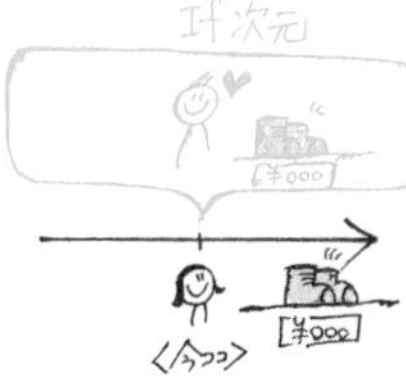 彼、この靴好きそ～。 →実際に彼に見せたいわけではないので、If 次元での想像→ will の＜If 次元形＞ would If という文字は見当たりませんが、「もし彼がこの靴を見たら（If he **saw** these shoes.）などの非現実的な想像が背景にあります。

仮定法・その正体

これまでの英語学習で、「仮定法」という物々しい用語が出て来たと思ったら、今度は「控えめの推量」のように、とても主観的な解説が出てきて戸惑った経験をお持ちの方も多いかもしれません。

この「控えめ」の正体が< If 次元 >です。この場合の「控えめ」は、自信がないとか遠慮しているという意味ではなく、**事実（fact）や現実（reality）から控えるの**ですね。これを、日本の英文法用語では「仮定法」と呼んでいます。

ちなみに、「仮定法」の「法」はメソッド（方法）ではなく、「モード」のことで、「法助動詞」の「法」と同じです。よってこの２つはよく一緒にしごとをします。

<過去に対する今ココのモード>を表すフォーメーション・If 次元形+現在過去リンク形

ここで、< If 次元 >では欠かせない助動詞と時制フォーメンション（並び方）を見てみましょう。「フォーメーション」とは、サッカーなどのチームスポーツで、プレイヤーの配置のことを指して使いますね。ここでは、助動詞と現在過去リンク形が、決まった並び方でフォーメーションを組むのでこう呼びます。

このフォーメーションは、「今思えば、あのときは**こうだったのかも**」「今思えば、あのとき**こうしておけばよかった**」ということを表すので、必然的に事実や現実ではないことになります。

「今朝、もっと早く起きればよかったな～」というのは、「朝早く起きなかった」という事実に基づいた仮想。つまりそれは< If 次元 >をステージに繰り広げられる世界ということですね。

ここではまず、このフォーメーションがカバーする「時の範囲」にしっかりチューニングしましょう。

まず以下の図で比較してみます。

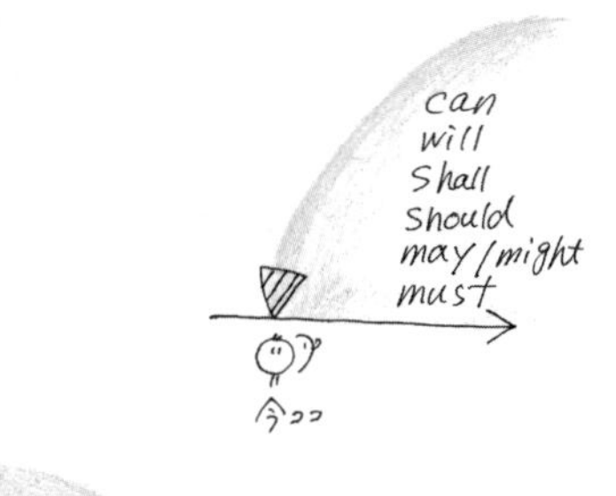

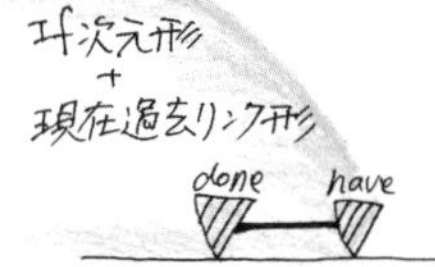

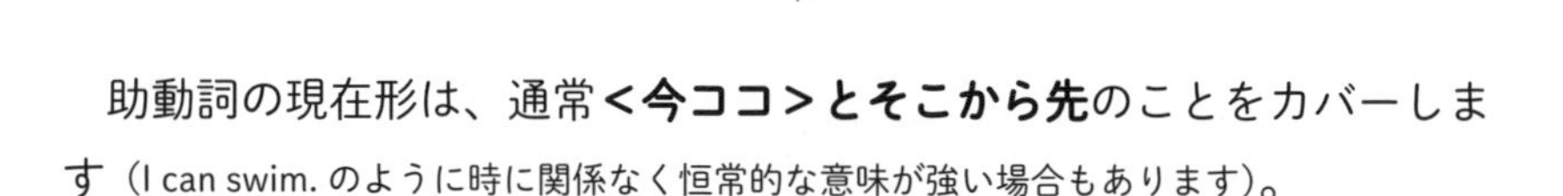

助動詞の現在形は、通常**＜今ココ＞とそこから先**のことをカバーします（I can swim. のように時に関係なく恒常的な意味が強い場合もあります）。

例 **明日**、卵買ってこなきゃ。 → I **should** buy some eggs tomorrow.

一方、**＜今ココ＞から過去を振り返るときは、過去側をカバーする**必要があります。

例 **昨日**もっと卵買って来ればよかった。ケーキを焼くのに足りない。

①　②　③

I **should have bought** more eggs yesterday. There are not enough to bake a cake.

＊一般的には、should've done、could've done のように短縮する

①現実には卵は買わなかったので If 次元形

→ should の If 次元形（should + if）

＊ should は現実次元も If 次元も同じ形

②これは<今ココ>の気持ちなので、今持っていることを示す

→ have

③「買う」という動作の完結状態 → bought

時制の項で確認した、**have ＋過去分詞（＝現在過去リンク形）**がここでも活躍します。完結したアクション（done）や状態（been）がしっかり<今ココ>（have）とリンクしているのがポイントでしたね。

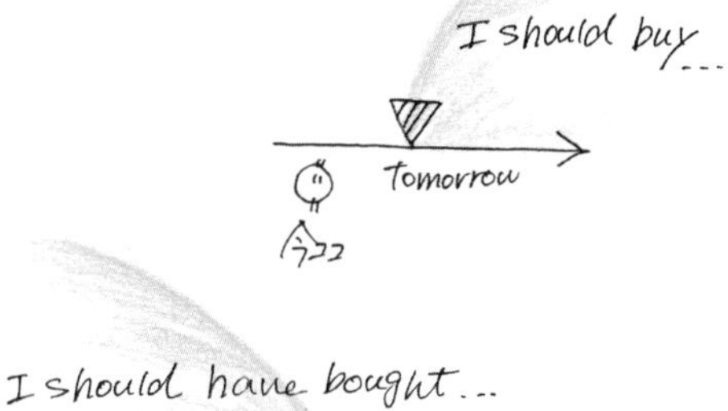

それぞれの助動詞のこのフォーメーションについては後ほど各項で見てみましょう。

現実からの引き離し方・2 つのパターン

ここでは、**現実の時間から引き離す**ときの 2 つのパターンについて確認しましょう。

「現実」には**現在**の現実（**現在形**）と**過去**の現実（**過去形**）があります。そのため、タイムラインのどこにアンカーが下りているかによって、「時の引き離し方」が異なります（日本語では「現実」と「現在」が紛らわしいのですが、英語では reality と present。こちらの方が区別しやすいかもしれません）。

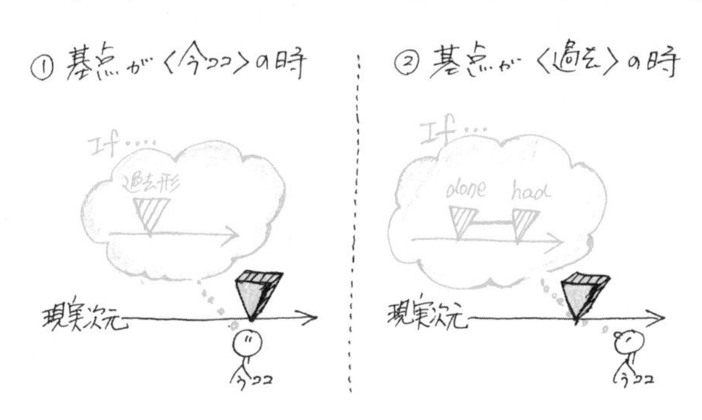

> ①<**今ココ**>が基点→ If…文内の動詞は、**過去形**に引き離す
>
> ②<**過去**>が基点→ If…文内の動詞は、**過去完了形**に引き離す

過去完了形については、タイムライン全体表の図⑥を振り返ってみましょう（211 ページ）。メインアンカーよりも以前に完結していた出来事を示しましたね。

パターン①	パターン②
現実：I **am** not tired **now.** 今疲れてないよ。	現実：I **wasn't** tired **last night**. 昨晩は疲れてなかったよ。
If 次元： If I **was** tired, I **would** go to bed (now). もし疲れてたら、（今）寝てるし。 **was** → 現実 am から離し、現実離れさせる **would** → will の If 次元形。守備範囲は＜今ココ＞	If 次元： If I **had been** tired, I **would have gone** to bed earlier (last night). もし疲れてたら、（昨晩）もっと早く寝てただろうし。 **had been** → 現実 was から離し、現実離れさせる **would have gone** → will の If 次元形＋現在過去リンク形。＜今ココ＞で過去を振り返る
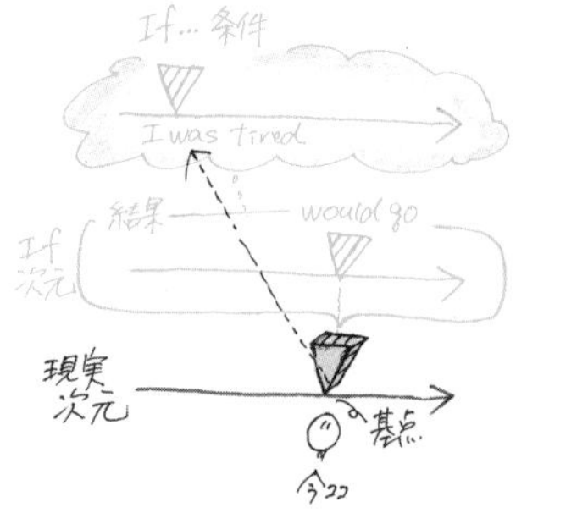	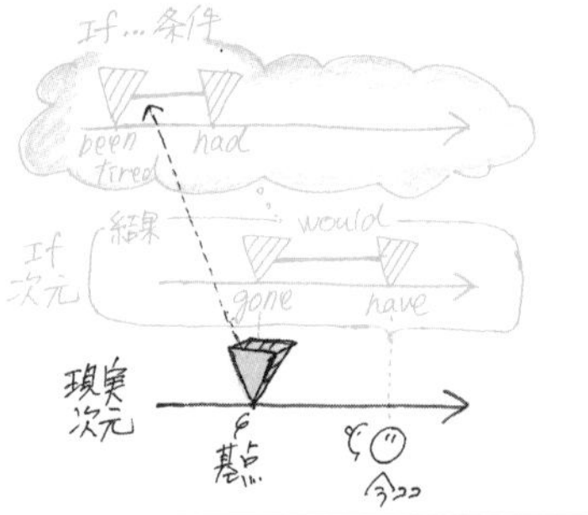

パターン①、パターン②どちらも日本語は「もし疲れて**たら**」です。日本語訳を頼ると混同してしまいますので、タイムラインにしっかりアンカーを下ろしてみましょう。

日本語に振り回されない・「もし」の3つのゾーンにチューニング

「もし……」という場合、その中には様々な状況の組み合わせがあります。"If" がついていても、それが限りなく現実に近いものだったら、動詞は＜現実次元形＞でよいことになります。

ここでは、あえて日本語からアプローチしてみましょう。

① 後でお腹空い**たら**、冷蔵庫のもの何でも食べていいよ。
② 来月休み取れ**たら**、温泉に行きたい？
③ 電車で行っ**たら**安いんだけど、今日は車にしようね。
④（私が作った）このケーキ、砂糖少なくして**たら**、もっと美味しくなってたかも。
⑤ 5 か国語話せ**たら**、楽しいだろうな。
⑥ もうちょっと私の背が高かっ**たら**、プロバスケ選手になってたんだけどな。
⑦ 駅に着い**たら**電話してくれる？

日本語は全て「～たら」で済んでしまうのですね。次のページのマッピング図と英文を何度も照らし合わせて「もし」の 3 つのゾーンにチューニングしてみましょう。

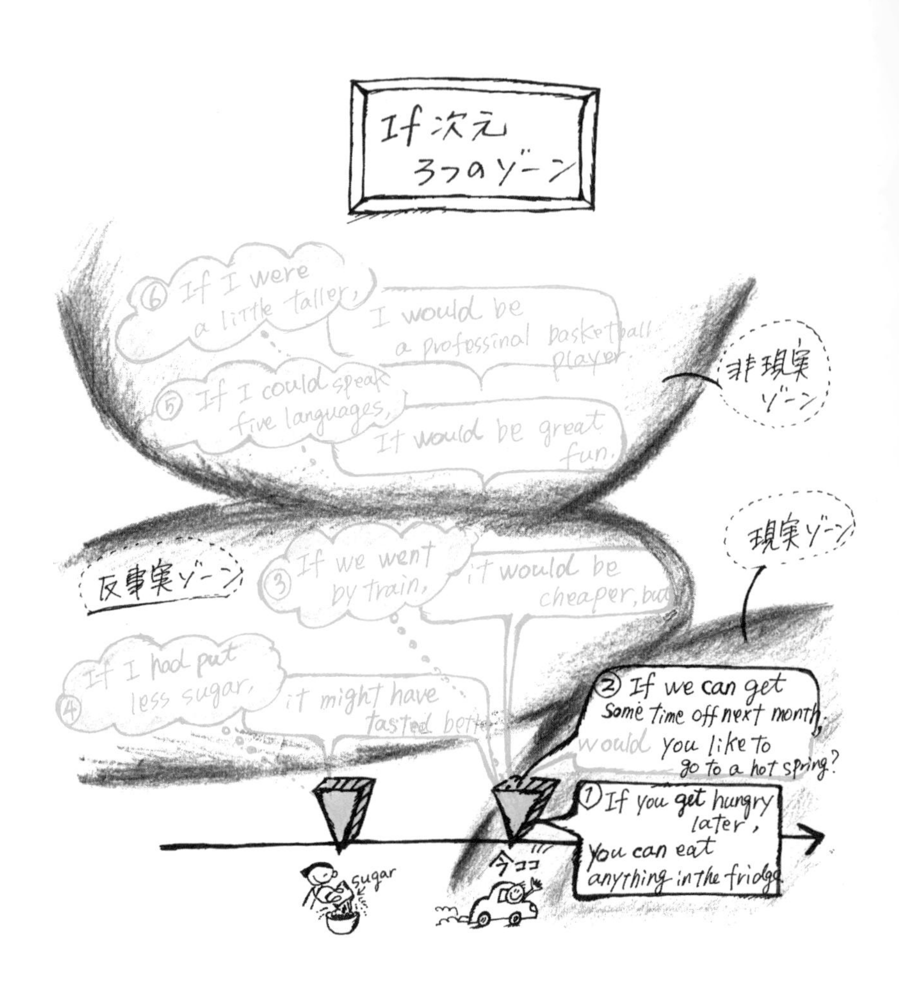

If次元
3つのゾーン
非現実ゾーン
⑥ If I were a little taller,
I would be a professinal basketball player.
⑤ If I could speak five languages,
It would be great fun.
現実ゾーン
反事実ゾーン
③ If we went by train,
it would be cheaper, but
④ If I had put less sugar,
it might have tasted better.
② If we can get some time off next month, would you like to go to a hot spring?
① If you get hungry later, you can eat anything in the fridge.
今ココ
sugar

① If you **get** hungry later, you **can** eat anything in the fridge.

→「きっとそうなるだろうね」という気持ちで現実次元

② If we **can** get some time off next month, **would** you like to go to a hot spring?

→ 現実次元。100%確定ではないけど、休みは取れるよね、という気持ち
→「休みが取れたらこういう意思ある？」と will の If 次元形で相手の希望を聞く

③ It **would** be cheaper if we **went** by train, but let's go by car today.

→ will の If 次元形
→ 現実は go by car（車で行く）なので、現実（go）から離す

④ If I **had put** less sugar in this cake, it **might have tasted** better.

→ 現実の基点はケーキを作った時（過去）なので、そこから現実離れさせる → 過去完了形
→ <今ココ>で過去のことを振り返るフォーメーション

⑤ It **would** be great fun if I **could** speak five languages.

→ あり得ない空想なので迷わず will の If 次元形と can の If 次元形

⑥ If I **were** a little taller, I **would** be a professional basketball player.

→ ありえない空想なので迷わず am の If 次元形と will の If 次元形

⑦ Can you give me a call **when** you get to the station?

実は⑦はいじわる問題です。「駅に着いたら」は他と同じ「～たら」ですが、これを < If 次元 > と捉えると、「駅に着くかどうかは分からない」ということになってしまいますね。

< If 次元>非現実ゾーンの be 動詞 were

⑥ If I **were** a little taller, I would be a professional basketball player.

本来は am から現実離れさせると was のはずですが、ここでは were が登場しています。これは、英語の歴史の変遷の中で取り残されたルールで、古い時代の英語では、各動詞において、<過去形>と< If 次元形>が分かれていたといわれています。

それが長い歴史の中で淘汰され、現代では、他の動詞は全て<過去形>と< If 次元形>は同じ形をしていますが、be 動詞だけ< If 次元形>として were が残っているのだそうです（are の過去形の were とは別物です）。were が出てきたら、「今から現実から離れるよ～」という分かりやすい合図なのです。

では次の項から、各助動詞のしごとぶりを見ていきましょう。

can　実行可能モード

まずは日本語から考えてみましょう。

以下の文のうち、**実行可能モード**といえるのはどれでしょうか。

①ビールを飲んだので運転が**できない**。
②今朝、虹が**見えた**。
③保育士なので、子どもと**遊べる**。

正解は①です。よって、①のみが **can** になります。

① I **can't** drive because I've had some beer.
ビールを飲んだので運転できない。

他の 2 つはこのように仕分けることができます。

②実際にやったこと（過去のファクト）
I saw a rainbow this morning.

③しごとがら当然→そういう状況を get する

I am a nursery teacher, so I get to play with children.

このように、日本語の「できる」と英語の can の守備範囲はだいぶ異なります。

以下のような場合も、日本語では can の要素が入っているかのようないい方をしますが、意味することは「過去のファクト」です。

例 魚がたくさん釣れた。 I **caught** lots of fish.
× I could catch lots of fish.
家族旅行を楽しめた。 We **enjoyed** our family holiday.
× we could enjoy our family holiday.

助動詞はあくまでも「動詞の運転モード」。電源の ON/OFF の機能ではありません。実際にやった = ON、やらなかった = OFF という情報が必要なときに could を使ってしまうと、「できたけど、結果として**やったかやらなかったかは分からない**」という情報に留まってしまいます。

一方日本語は、それらを区別せずに、「〜できた」「〜することができた」と表現することがとても多いのですね。英語では「実行可能な鍵」を持っていることと、その鍵を使って実際に実現させるかどうかは別物であることにチューニングしましょう。

例 I **can** speak English.... but I won't.
英語を話すことはできるけど、話す気はないよ。

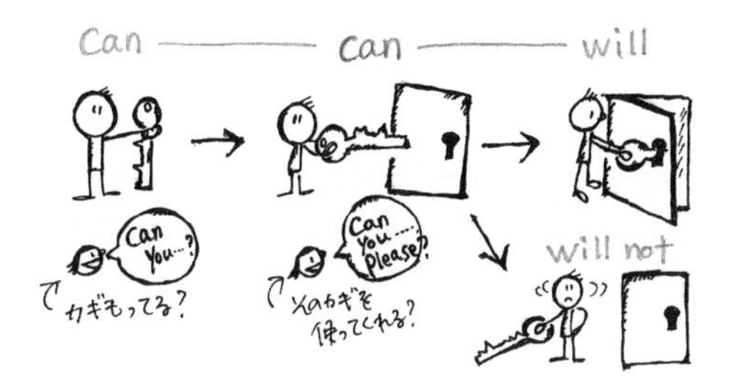

can do と get to do それは能力かチャンスか

日本語では「～できる」という1つの器に入れてしまう場合でも、英語では次のように2つに分けて考えます。

»① 可能な鍵をもっている→能力はあるが、いつもそうするとは限らない→ can do

例 I **can** drive, but I don't want to drive today.
運転は**できるよ**（免許は持っている）、でも今日は運転したくない。

»②そうしたいから、そのチャンスをゲット→ get to do

例 I enjoy working at a cafe. I **get to** try many different types of coffee.
カフェで働くのは楽しい。色んな種類のコーヒーを試飲できるから。
→自分の能力や可能性の問題ではなく、カフェで働いているため「そのチャンスをゲット」

I didn't **get to** speak at the meeting because we ran out of time. I was very disappointed.
時間がなくなり、会議で発言できなかった。すごく残念だった。
→発言するチャンスをゲットできなかった
*「緊張して（能力的に）できなかった」という場合は couldn't がピッタリ

My dad is always watching TV, so I don't **get to** watch anything.
お父さんがいつもテレビ見てるから、私は何も見れない。
→自分はテレビが見たいが、そのチャンスをゲットできない

»Can you ～？　実行可能な鍵を持っていますか？

主語が誰／何であれ、疑問文にすることで、「実行可能な鍵を持っているかどうか」を尋ねることができます。

例 Can I help you?　私がお手伝いできますか？
→私はあなたを「手伝える鍵」を持っていますか？

Can you pick me up at the station tomorrow?
明日駅に迎えに来てくれる？
→あなたは私を駅に「迎えに来ることができる鍵」を持っていますか？

»Can you ～, please?・実行可能な鍵を使ってもらえますか？

もし相手が「実行可能な鍵」を持っていることが明らかで、「その鍵を使ってもらえますか？」と**頼みたい**ときは、必ず文末に please をつけましょう。 ＊please = If it pleases you それがあなたを喜ばせるなら

相手に何かを頼むときは、英語では「あなたが持っている実行可能な鍵を使ってくれる？もしそれがあなたを喜ばせるのなら（イヤではなければ）」といっていることになります。これが英語で何かを「頼む」ときの基本の形です。

例 Can I have a coffee, **please**?　コーヒー１つお願いします。
→カフェやレストランなどでの注文も「頼む」という行為。このときに主語を"you"と目の前の店員にしてしまうと、「他の店員ではなくてあなたがやってください」といっているように聞こえるので、主語は"I"

相手に「そうしてくれる？お願いね」と頼むのが"Can you ～ , please?"なら、「そうしないでくれる？お願いね」と頼むときは"Can you **not** ～ , please?" です。

例 Can you **not** use my towel, please?　私のタオル使わないでくれる？
→口調によっては怒っているように聞こえてしまうので注意

be able to の力を借りるとき・could は結果までを示していない

「助動詞を連続させることはできない」というルールは既に多くの方がご存じだと思います。どんな物の操作でも、２つの「運転モード」を同時に使うことはできませんね。次のような場合は、be able to の出番です。able は「能力を持っている状態」を示す形容詞です。

例 ○ I should **be able to** get there on time. 時間どおりにそこに到着できるはず。
× I should can get there on time.

日本語で「〜できた」というときにいつも could を使ってしまうと、「で？結局やったのやらなかったの？」とゴールまでは見えていないことは既に確認しました。でも、単に「〜した」という過去のファクトではなく、「そうすることが容易ではなかったが、**なんとかそれを可能にした**」という意味を持たせたいことはよくあります。そのようなときにも、形容詞 able の出番です。

例 ○ I **was able to** save money on my water bill last month.
先月は水道代を節約できました。

× I **could** save money on my water bill last month.

→「先月、お金を節約できる鍵を持っていた」といわれたら、「ん?それで実際にその鍵を使ったの?」と聞きたくなってしまいますね

例 I wasn't feeling very well, but I **was able to** enjoy my holiday.
体調は万全ではなかったけど、休暇は楽しめた。

▷ **manage to**
上の例文は次のようにいい換えることができます。

例 I **managed to** save money on my water bill last month.
何とかやりくりして先月の水道代を節約できました。
*manage：やりくりしてことをうまく進める

「やった？」ではなくて「できた？」と人に尋ねたいときも同じように考えてみましょう。

例 Did you **manage to** change your phone number?
電話番号変更できた？（できないかもしれないっていってたけど）

can モードを< If 次元>で使う・could (can + if)

この章の最初に見た【助動詞しごと表】(456ページ)に戻り、can の< if 次元形 (can + if) >を確認してみましょう。

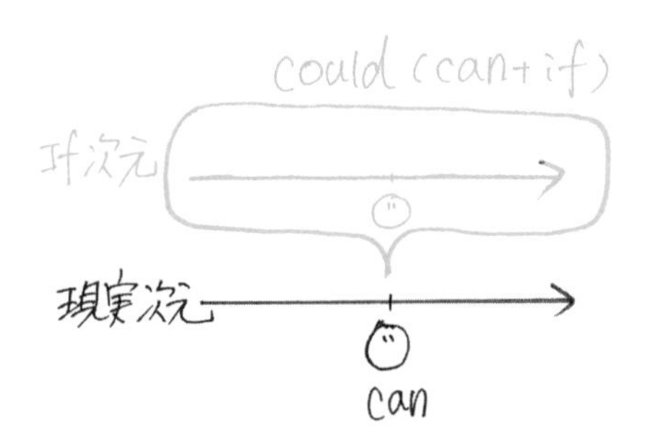

例 You **could** win a £100 voucher. 100ポンド相当の商品券が当たる！

× You **can** win a £100 voucher.

よくお店のチラシなどで見かける宣伝文句です。

日本語では< If 次元>を示す必要はありませんが、英語では could を使い< If 次元>設定をしていることが分かります。

could があることで、くじを引いたり、申し込みをしたりしなければならないという「もしこうしたらね」という条件を示しているのですね。

can を使ってしまうと、<現実次元>=現実としてあなたは無条件で100ポンドの商品券をもらえる、ということになってしまいます。

このように、"If...." という条件がはっきり示されていなくても、助動詞の< If 次元形>は単独で働きます。

助動詞の< If 次元形>を見たら、まずは**背景に隠れている If** に敏感になってみましょう。

例 You **could** get £10 for referring a friend. お友達を紹介して10ポンドゲット！

こちらもよくお店のウェブサイトで目にする１文です。そしてこの下には小さい文字でよく次のような説明が続いています。

例 **If** you invite a friend, you **could** get £10.

これで < If 次元 > であることが明確になりましたね。

< If 次元 > の could はニュースのタイトルでもよく見かけます。

例 Japan **could** reopen to tourists from spring 2021.
日本は 2021 年春から観光客の受け入れを再開する可能性がある。

England **could** be hit by a 36°C heatwave in July.
イギリスは７月に 36°Cの熱波に見舞われる可能性があります。

いずれも、「可能性がある」という日本語を当てるしかないので、それなら can でもよさそうです。でもここでは、**「もし条件が揃えば」という < If 次元 >** であることにチューニングしましょう。事実や現実は 100% そうといい切れること、それ以外は全て < If 次元 > が舞台でしたね。

< If 次元 > で依頼する・Could you ~, please?

「Can you ～？より Could you ～？は丁寧である」と習った記憶がある方も多いと思いますが、これだけでは、「Could you ～？は日本語の敬語のようなものだ」という誤解がよくあります。

やはりこれも、**< 現実次元 > と < If 次元 > の違い**であると考えてみましょう。

① **Can** I have some water, please?

② **Could** I have some water, please?

この2つの文は、水が欲しいので、誰かに持ってきてくれるように頼んでいます。お店かもしれませんし自宅もしくは誰かの家かもしれません。いずれにしても、**自分の都合で相手を動かすため**の文であることがポイントです。

そう考えると、①のように現実次元だと「あなたはそれができて当然」になりかねません。よって②< If 次元>に設定することで、「**もしできたらでいいですよ**」という配慮が加わることになります。これが、could が「丁寧」といわれる所以ですね。決して「敬語」ではないことに注意しましょう。

＊会話では相手との関係性や声のトーンも影響する

例 Dad, **could** you drive me to the station?
もしできたら、駅まで乗せてってくれない？
→< If 次元>

ー I **could**, but I had some beer earlier. →< If 次元>

I could という< If 次元形>の後にすぐ but.... が続いています。

つまり、**If** I hadn't had a beer（もしビールを飲んでいなかったら）が背景にあるのですね。

もしこの父親が子どもを駅まで乗せていくことができるのであれば<現実次元>の can がすぐに出てくるはずなので、"I could" と耳に入った時点で、聞き手は「あ、If 次元だから現実にはならないかな？何か条件がありそうだぞ」と、話し手の運転モードを察知するというワケです。

＜今ココ＞から、あのときの可能性を振り返る・If 次元形 could ＋現在過去リンク形

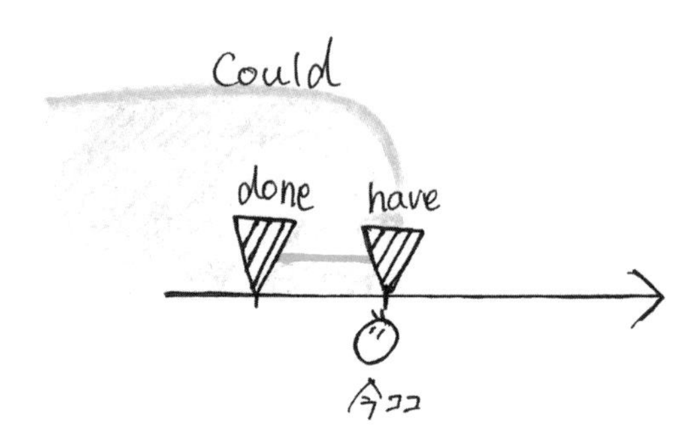

立ち位置は＜今ココ＞。過去を振り返って「(今思えば) **あのときこうだった可能性はある**」といいたいときのフォーメーションです。464ページで既に見てきましたね。上の図でしっかりと、カバーする「時の範囲」にチューニングしましょう。

例 I **could have got** a better score, but I didn't really try.
もっといい点取れたけど、本気出さなかった（だから点数悪かった）

比較 → ✕ I **could get** a better score.

→過去と＜今ココ＞とのリンクがないので、過去の出来事を振り返っていない

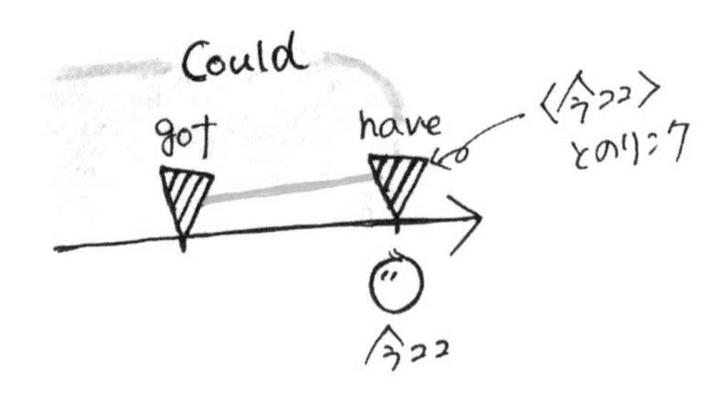

例 I **could have told** you, but I **didn't** think you would listen.
→ didn'tと連動して過去形に

（今思うと）話してもよかったんだけど、聞いてもらえると思わなかった（だから話さなかった）

If my shoelaces **hadn't come undone**, I **could have run** faster.
靴ひもがほどけなかったら、もっと早く走れたのに。

「時制の引き離し」に注意してみましょう。基点は「過去」、だから過去から現実離れさせて過去完了形です。

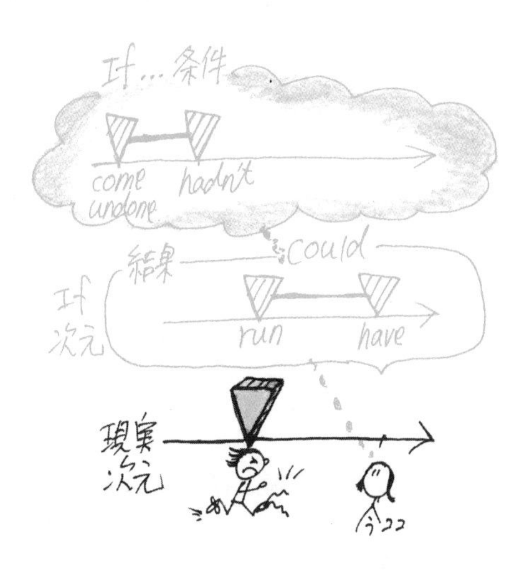

5 will　意思表示モード

will は名詞では「意思」を意味します（ここでは一旦、「意志」とは区別します）。動詞にこの運転モードをつけると、「そうします」「そうなります」という**意思表示**。意思表示は必然的に「これからすること」を指しますが、< be going to > < be doing >のように、<今ココ>よりも以前から想定してある未来にぐんぐん向かっているものとは性格が違うことは、時制の項（249 ページ）でも確認しました。

will は**<今ココ>で意思表示の旗上げ**をします。

例　Thank you for your patience. I'**ll** be with you shortly.
お待ちいただきありがとうございます。まもなく伺います。

その旗上げをするのが自分ではない場合は、「あの人は（きっと）旗を上げてくれる」と自分の予想や期待が伴うことになります。

例　友達：I have to move by myself.　自分で引っ越し（作業）をしないといけない。
あなた：I'**ll** help you with the packing.　私が荷造りの手伝いをしてあげるよ。
→自分の意思で旗上げ

And my brother **will** probably help you with moving your stuff to the new place because he has a car.
うちのお兄ちゃんが荷物を新居に運ぶのを手伝ってくれると思うよ。車持ってるから。
→兄は意思の旗を上げをしてくれるだろう、と自分が予想している

比較→ My brother **is going to** help you with moving your stuff to the new place.
→お兄ちゃんは既にそうすることに向かっている→お兄ちゃんは既にいっていたなどの根拠がある

ここでもう一度、未来のことを表現するときの3つのチューナー図を振り返ってみます。<今ココ>の顔の向きを確認してみましょう。

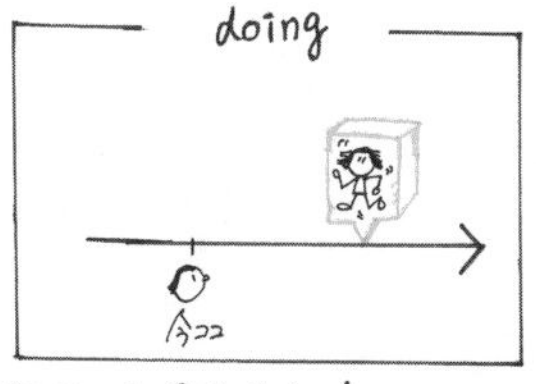

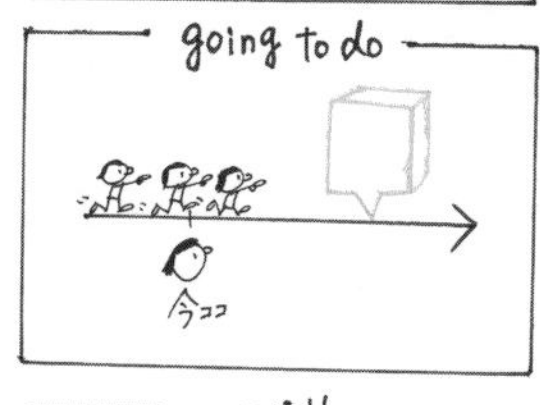

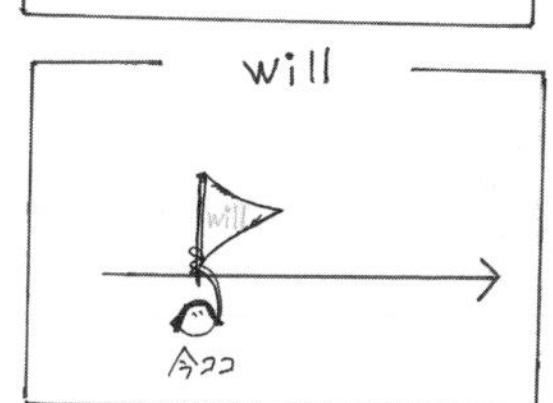

will は予定や計画のように、<今ココ>よりも前から想定しているものではないので、顔は未来の方を向いていないのでしたね。

人間でなくても、<今ココ>で意思表示の旗を上げる

意思表示の旗を上げるのは、人間だけではありません。

例えば、サッカーの試合が始まる前や試合開始直後なら、こんなセリフが出ます。

例 I think Japan **will** win.

スポーツは「意思」があれば勝てるというものではありませんが、<今ココ>で意思表示の旗を上げることは、「こうするよ／こうなるよ」という話者の気持ちです。

そして、試合が進み日本が圧倒的にリードして、「勝つ方向に向かっている」様子が見えてきたら、このようにいうことができます。

例 I think Japan **is going to** win.

次の例は、コンピューターが意思表示の旗を上げています。

例 My computer **won't** start.
I don't know what to do.

本来は動くはずなのに、「**今はこういうモードになっている**」ということが伝わります。

比較→ My computer **doesn't** start.
→現在のファクト

運転モードをつけないと「それが事実」になるので、「私の PC は起動しないものです」といっていることになるのですね。

例 My computer **wouldn't** start today, so I couldn't do any work.
今日 PC が起動しなくて、しごとにならなかった。
→過去形 would →今日は自分の PC がこういうモードだった（本来は動くはずなのに）

比較→ My computer **didn't** start today.
→過去のファクト：今日 PC が起動しなかった→本来は動くはずなのに、「今日はこういうモードだった」ということが伝わらない

公に意思表示の旗を上げてアナウンス

例 We **will** soon make a brief stop at Tokyo.　次は東京駅に停まります。
The doors on the left side **will** open.　左側のドアが開きます。

皆さんも耳にしたことがある、電車内の英語アナウンスです。こんなときも「will の旗」を上げます。

このような公共のアナウンス、新聞記事、政治家のスピーチなどの公の情報提供では、will の旗を上げることで、皆にそれが見える（伝わる）ということですね。

他の未来表現（be doing/be going to do）は話者が頭の中で考えているという主観的な要素が強いので、このような公のアナウンスには向きません。

Will you ～？相手の意思を聞く時・私の希望＝相手の意思ではない

will という＜今ココ＞の意思表示は、主語を自分以外にして疑問文にすると当然、**相手の意思を尋ねている**ことになります。

例 **Will you** open the door for me?
あなたは私のためにドアを開ける意思がありますか？

この場合は、

I want you to open the door for me.
私はあなたが私のためにドアを開けることを望んでいる（だから、あなたもやる意思があるよね）。

ということが背景にあることになります。

そのため、「自分の希望」と「相手の意思」は同じであるという状況でしか使う機会はないと考えるのが無難です。

「やってもらえる？」のような「頼む」モードではないことに注意しましょう。自分の都合で誰かに依頼するときの基本の型は、can の項で確認しましたね。

例 Can/Could you open the door for me, please?
私のためにドアを開けてもらってもいい？

Will you ～？を「親しい間柄で使う依頼」と認識している学習者が多く見受けられますが、これは一旦アンインストールしましょう。

Will you ～？と相手の意思を聞く機会があるのはこんなときです。

例 It's quite late. **Will** you give me a call when you get home?
もう結構暗いから、無事に家に着いたら電話くれる？

「私はあなたのことが心配だから、私に無事に着いたことを知らせて、安心させてくれる？」と聞いていることになります。このときは相手も、「そうしてあげたい」という気持ちだと考えるのが自然なので、**相手の意思確認**ということですね。

will は意思（╳意志）とチューニング

「イシ」という言葉の響きから、無意識に「意志」と紐づけてしまうことに注意しましょう。

＊ will の項に「意思」と「意志」両方が書かれている英和辞書もある

意思：そのときの考え

意志：「絶対成し遂げてやる」という、未来のことに向かっていく意気込み。

映画「ターミネーター」の有名なセリフ、“I'll be back.”は多くの方がご存じだと思います。主役のアーノルド・シュワルツェネッガーはこのセリフを残してその場を立ち去りますが、しばらくして警察署に車ごと突っ込むという形でちゃんと戻ってきます。

あの迫力から言うと「強い意志」と勘違いしそうですが、親が子どもに「宿題やりなさい」という度に、子どもは“I will.”を繰り返して、結果的にやらなくても良いのです。この場合は、「やるってば」くらいにしか聞こえないということですね。

will は「強いか弱いか」が問題ではありませんので、「意思」とチューニングすることをおすすめします。

意思表示の旗から伸びる＜ -ing ＞の矢印・動作の「尺」

例 ① I **will do** it.

② I **will be doing** it.

①は＜今ココ＞で旗を上げるので、その対象となる動き（動詞）を「点」のように捉えることになりますが、②は -ing という動きの「線」があるので、その動きに時間的な「尺」を持たせることができます。

例

友達　：Can I call you tonight?　今夜電話してもいい？

あなた：Sure. I **will be cooking** dinner at around 6 o'clock, so you can call me anytime before that.

もちろん。6時頃はご飯作ってるから、その前ならいつでもいいよ。

→ cook するという動作は一瞬では終わらない。「尺」を持たせる

友達　：Okay, I'**ll** try to call you before 6 o'clock.

オッケー。じゃあ6時前に電話するね。

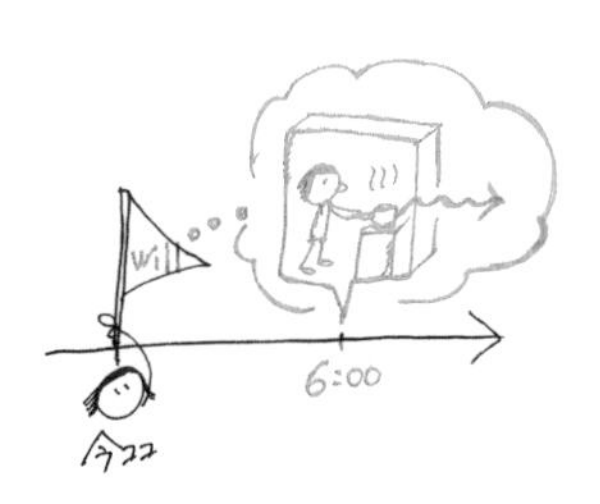

例

The football player **won't be playing** next season.

このサッカー選手は来シーズン中はプレーしない。

→シーズン中ずっという「尺」

I want to watch the drama tonight, but I **will be working**.

今夜あのドラマを観たいんだけど、その時間働いてるんだよね。

→そのドラマがやっている間中ずっという「尺」

<今ココ>で、未来の完結予想図を旗上げする

＜今ココ＞で、「このときまでにはこれは完結しているだろう」という旗を上げたい場合があります。「出かけるときまでには、雨は止んでると思うよ」のように、**未来の完結予想図**を＜今ココ＞で旗上げします。

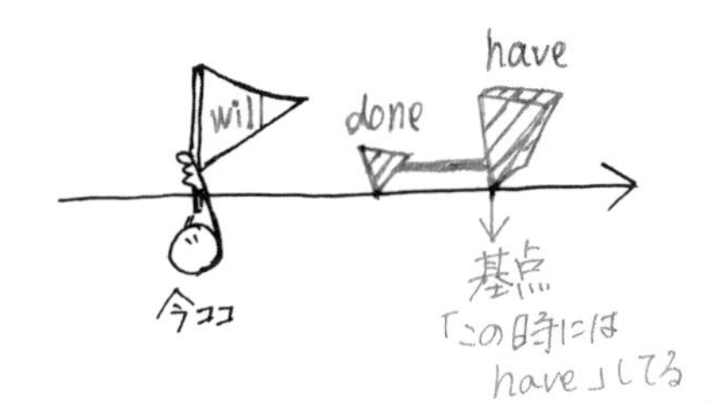

いつものように英文とチューナー図を照らし合わせながら進みましょう。

例 I think the rain **will have stopped** by the time we leave.
→「出かけるときまでには」が基点となる

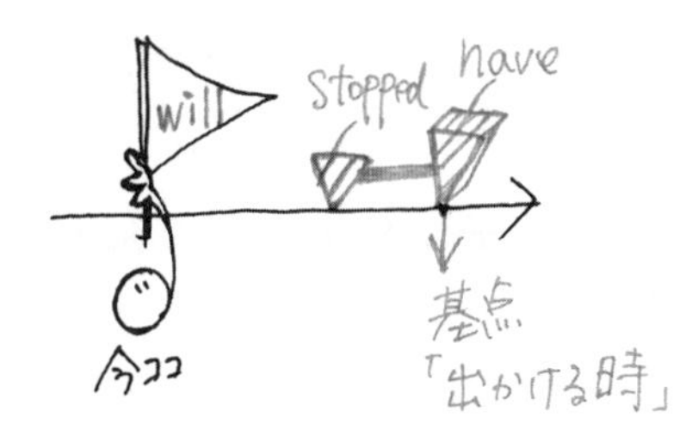

このような事情では、いつも「このときまでには」「このときには」という基点になるときの情報を定めていますので、by the time（〜するまでには）、at this time tomorrow（明日この時間には）など、未来のある時点を示す語との相性がよいです。その「時の基点」がメインアンカーが下りる地点です。

例 I have a stomachache now, but it **will have gone** by the time I go to work.
今お腹が痛いんだけど、しごとに行く時間までにはよくなってると思う。

過去から繋がる未来の完結予想図

先ほど見た、＜未来の完結予想図＞では、2つのアンカーが未来側に下りていました。

1つのアンカーが＜今ココ＞よりも以前に下ろされる場合もあります。

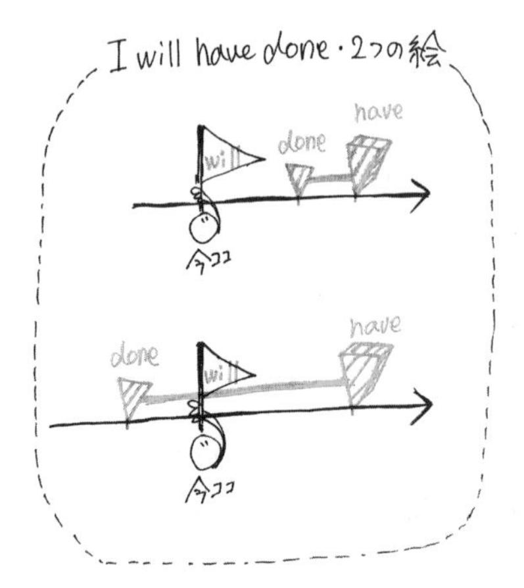

＜今ココ＞よりも前から継続していたことが**今後**どうなるか、についてを＜今ココ＞で旗上げしていることになります。

例 Next year we **will have been married** for 20 years.
来年で結婚して 20 年になる。
→結婚したのは＜今ココ＞よりも前なので、been married のアンカーは＜今ココ＞よりも以前に下ろす

更にその後も -ing して続いていくような事がらはこのようになります。

例 I **will have been using** this smartphone for five years next month.
このスマホを使って来月で 5 年目になる。
→これからも使うつもりなので -ing

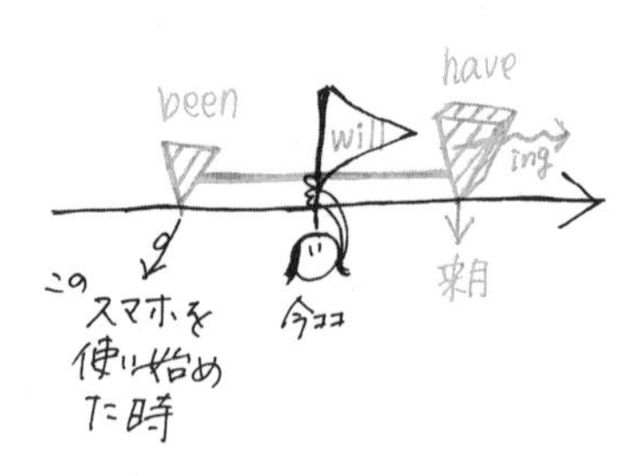

比較→I **will have used** this phone for five years next month.
→もし、「もうこんなに長く使ったのだからそろそろ買い変えようかな」という意図がある場合は、used で動作の完結を示す

will モードを< If 次元>で使う・would (will + if)

考え方は can と could の関係と同じです。

例 <現実次元> I **will** cook dinner tonight.　今夜私が夕食を作るよ。

< If 次元> I **would** cook dinner tonight **if** I **wasn't** so tired.
こんなに疲れていなければ、夕食を作るんだけどな。
→実際は疲れているので作らない

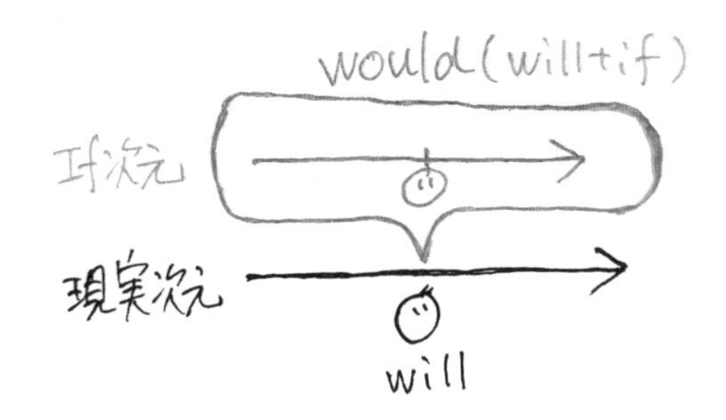

飲食店のレビュー（口コミ）で、このようなコメントをよく目にします。

例 I **would** highly recommend this restaurant.
このレストランとってもおススメです。

I **would** go to this restaurant again.　また行きたいです。

“If” とは書かれていませんが、would を使うことにより、<If 次元>であることが分かります。これにより「（もし）私なら」という運転モードになります。

比較→ I highly recommend this restaurant.

この場合は、運転モードをつけないで「現在のファクト」にしても意味に大きな違いはでませんが、次のような内容のときは、< If 次元>でないと意図していることが伝わらないので注意しましょう。

例 ○ **Would** you say Japanese people are shy?
日本人はシャイだと思いますか？
→あなたなら、日本人はシャイだといいますか？→ If 次元

× Do you say Japanese people are shy?
→ファクト→あなたは日本人はシャイだというタイプの人ですか？
いつも日本人のことをシャイっていいますか？という意味に聞こえる

＜If 次元＞と＜現実次元＞の行き来で立体的な会話へ

次の２つの英文は通常以下のように訳されます。

① **Do** you like coffee?　コーヒーは好きですか？

② **Would** you like (some) coffee? コーヒーはいかがですか？

Do が Would に変わっただけなのに、全く違う日本語になってしまいますが、ここでまた＜次元＞という見方の出番です。この２つの文は前提とする＜次元＞が違うだけで、like かどうかを聞いている点では同じです。

Do you like coffee?
ファクト

Would you like some coffee?

①＜現実次元＞ **Do** you like coffee?

→好きかどうかのファクト

②＜ If 次元＞ **Would** you like (some) coffee?

→もし私がコーヒーを入れてあげたら、あなたはそれが好き？

②の場合、通常は目の前にまだコーヒーはありません。聞き手は、相

手が欲しいといえばコーヒーを入れてあげたい（買ってあげたい）ので、**「もし」という < If 次元 >** で尋ねているのですね。

例 1 あなた：**Would** you like a cup of coffee?
→もし私がコーヒーを入れてあげたらあなたはそれ like? < If 次元 >

友達 ：Yes, that **would** be great.
→そうだね、もしそうしてくれたら great だよ。< If 次元 >

あなた：Okay, I'**ll** make a nice cup of coffee for you.
→オッケー。じゃ、今美味しいコーヒー入れるね。<現実次元> will

このように、会話の相手と、**2 つの次元を行き来しながら**動詞の運転モードを操作していきます。

例 2 同僚と一緒にデパートで上司（女性）へのプレゼントを選んでいます。
スカーフを手に取って……

あなた：What do you think of this scarf?　このスカーフどうかな?

同僚 ：It's nice. It **would** suit her.　いいね。彼女に似合いそうだね。
→まだ買うことを決定してはいないので < If 次元 > で「もしこのスカーフを彼女が着けたら、似合うね」→ < If 次元形 > の would

【そのスカーフに決定し購入】

あなた：She **will** definitely like this.　絶対に気に入ってくれると思う。
→ <現実次元> で、she が意思の旗上げすることを予想

<次元>の歯車をしっかり相手と噛み合わせる

もう 1 つ、次元の行き来の例を見てみます。
あなたは今、ロンドンの空港にいると想像してみてください。

例1 空港からタクシーに乗り**ホテルに到着しました。**
メーターに出ている料金がよく見えません。運転手にいくらか聞いてみましょう。

あなた　：How much **is** that?

→もう到着していて、料金は決定しているので現在のファクト

運転手：£22, please.

例2 あなたは今**空港のタクシー乗り場**にいます。

ホテルまでタクシーで行くか地下鉄で行くか迷っています。あまり高額でなければタクシーに乗ろうと考えています。**運転席の窓に近寄り、ホテルの地図を見せて**、だいたいの料金を運転手に聞いてみます。

例 あなた　：I'**d** like to go there. How much **would** it be?

運転手：It **would** probably be between £20 and £25.

まだそのタクシーに乗るとは決めていないので、「**もし**あなたのタクシーでホテルまで行くとしたら」という < If 次元 >。もしこの状況で、How much is it going to be? と現実次元で聞いてしまったら、運転手さんは、「まあまあ、まずは乗っちゃってよ」といいたくなります。

「この金額なら大丈夫、タクシーで行こう！」と決めたら＜現実次元＞に移動して、こう答えましょう。

例 Great! I'**ll** get in.　じゃ、乗りま～す。

＜今ココ＞から、あのときの意思表示を振り返る・if次元形 would ＋現在過去リンク形

立ち位置は＜今ココ＞。過去を振り返って「あのときこうしてただろうに（実際はしなかった）」といいたいときのフォーメーションです。

例 I **would have called** you, but I didn't know your number.
（番号を知っていたら）電話したんだけど、知らなかったから……。

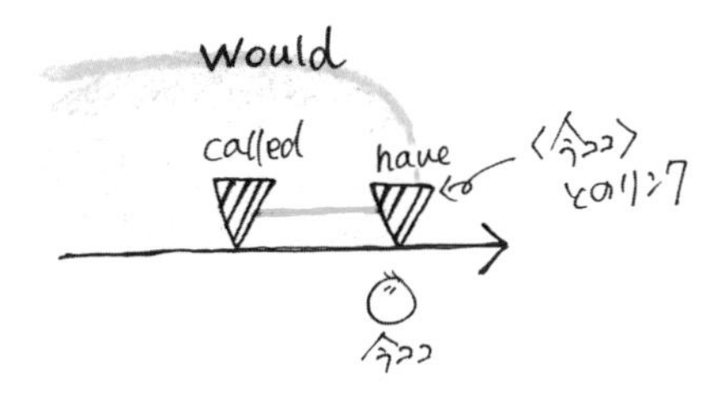

例 あなた：Nobody volunteered for the event.
誰もイベントでボランティアやってくれなかった。

相手：I **would have helped** you, but I didn't know you needed help.
＝ If I **had known** you needed volunteers, I **would have helped** you.
→基点は「過去」。そこから時を「現実離れ」→過去完了形
もし知ってたら手伝ったのに～。知らなかった～。

6 may　推測・許可モード

may は古英語（5 世紀～ 11 世紀中頃）では “to have power” という意味が中心的であったといいます。“power” と聞くと力強いイメージを抱いてしまいますが、＜力を持っている＞のではなく、＜力**は**持っている＞と解釈すると may がもつ＜**推測**＞と＜**許可**＞の共通点が見えてきます。

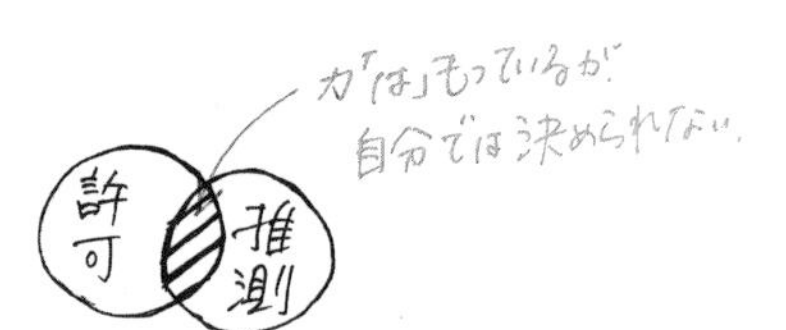

このオープンでは、
クッキー**を**焼くことができる。
クッキー**は**焼くことができる。

→それ以外は焼くことができない？他の条件を匂わせる

そうする力**は**持っている→しかし、現時点では**推測**段階→他の人からの**許可**など、他の確定要素が欲しい

① I **may** go out tonight.　出かけるかもしれない。

→そうする力はあるが、まだ推測段階

② **May** I go out tonight?　出かけるのを許可してもらえますか？

→自分はそうする力はありますか？と他者に聞いている→許可を求めている
*他人からの許可がないと外出できない状況下で

①については、「彼は今夜出かける許可をもらっている」と捉えることもできてしまいます。この意味を持たせたいときは、誤解を生まないように、I'm allowed to go out. という方が好まれます。

例 It **may** rain this afternoon. It's getting darker.
午後は雨かもね。だんだん暗くなってきたから。
→空模様を見て自分で推測

比較→ The weather forecast said that it **would** rain this afternoon.
→ will の過去形（said と時制の一致）
天気予報で、午後から雨だといっていた。
→天気予報が旗を上げている→公のアナウンス

The postman **may** not come today. It's already 5 pm.
もう午後５時だから郵便屋さん来ないかもね。
→自分の推測

比較→ The postman **won't** come today because it's a national holiday.
今日は祝日だから、郵便屋さんは来ないよ。
→「祝日は郵便配達はない」ことを知っているので、will で旗を上げる

I **might be watching** TV at that time. Can you call me tomorrow?
その時間はテレビを見てるかもしれないので、電話は明日もらえる？
→ -ing で時間の「尺」を持たせる

"May I ～?" は丁寧？

"May I help you?" と聞くととっさに「いらっしゃいませ」が浮かぶ方も多いかもしれません。

でもよく比べてみましょう。英語の方は疑問文。クエスチョンマークがついていますが、日本語の方は違いますね。「いらっしゃいませ」に対応する英語がないために、苦肉の策の和訳だったのかもしれません。

May I help you? は「私にあなたを助ける許可をもらえますか？」ということなので、日本語の「いらっしゃいませ」のように、お客さんが入店したときの掛け声ではなく、お客さんが商品を探しているときの声掛けです。

お客さんの方もしっかりと答えます。

例 Yes, please. I am looking for a plain T-shirt.
お願いします。無地のＴシャツを探してるんです。

No, thank you. I'm just looking/browsing.　大丈夫です。見てるだけです。

→これは日本語ではなかなかいいにくいですが、英語ではむしろ、ちゃんと答えない方が失礼かもしれません。胸を張っていいましょう

ただし、近年イギリス英語では、

例 Can I help you?
Do you need any help?

のようないい方が主流のようです。＊アメリカ英語の方が May I ～？を使う頻度が高いと言われています

May ～？は「丁寧な聞き方」という紐づけをしていると、多用したくなりますが、相手と状況次第では、「許可を求めるほどのことでもないのに」という印象を与えるかもしれません。これが動詞の運転モードの細やかさですね。

may モードを < If 次元>で使う・may/might（may+if）

これまで見てきた can と will の< If 次元>とは異なる点があります。

【助動詞しごと表】（456 ページ）で、may の< If 次元形>には might の下に may があります。

▷ <現在次元形 may >と< If 次元形 might >・境界線はあいまい

そもそも「そうかもしれない＝実際に確定はできない」という推測の範囲内に留まる may。

それが< If 次元>で使われたとしても、「実際にどうかは分からない」という点ではさほど<現実次元>とは変わらないと考えられることから、may と might をほとんど区別なく使う場合が多いようです（英米の差もあるといわれています）。

ただ、以下のような場合には意識的に区別しているといえます。

例 It **may** contain nuts.　ナッツ類を含んでいるかもしれません。

食品パッケージにこのようなアレルギー表示があります。

同じ工場でナッツを使った食品が製造されているなどのなんらかの**実質的な根拠**があるので、<現実次元>の may と捉えます。しかも、ナッツ類という目に見える物質についていっているので、ここで< If 次元形>の might が使われると、実態や根拠はよく分からないことを意味し、無責任な印象になってしまいます。

一方で、テレビ番組や映画の最初に使われるこのような警告文では事情が変わります。

例 This movie **may** contain offensive content.
この映画には不快な内容が含まれているかもしれません。

This movie **might** contain offensive content.

この場合は＜現実次元形＞ may と＜ If 次元形＞ might が両方使われているのを見かけます。映画内の暴力的内容などは、物理的な根拠や証拠とは違い、個々人の判断の差が大きいために、どちらを選ぶかは書き手（話し手）の主観が大きいと考えられます。

よって、まずは次のようにチューニングしてみましょう。

根拠や理由が明らか（だと自分が思っている）→<現実次元形> may

根拠や理由は薄く明らかにしにくい（と自分が思っている）→< If 次元形> might

<今ココ>から振り返って、あのときを推測する

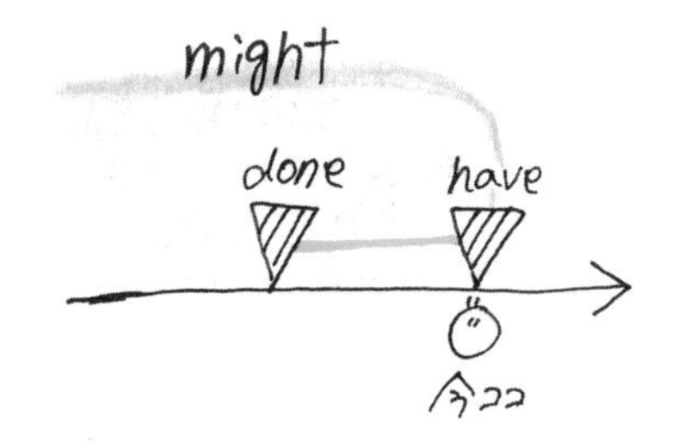

＜今ココ＞から過去を振り返って推測するときのフォーメーションです。＜現在次元形＞ may と＜ If 次元形＞ might はほとんど区別なく使われていることは既にお伝えしましたが、ここでは違いが出てきます。過去を振り返って推測するという状況には次の２つのパターンがあることにチューニングしましょう。

①そうだったのかも（今も分からない）・may/might+ 現在過去リンク形

例 Why is he still not in the office?　なぜ彼はまだオフィスにいないの？

― He **may/might have overslept.**　寝坊じゃない？

＜今ココ＞でも真実は分からない。推測状態

― He **may/might have got** stuck in traffic.　渋滞にハマっているのかも。
<今ココ>でも真実は分からない。推測状態

現実として「今も分からない」状態ですので、<現実次元> may でも < If 次元> might でも、伝える内容は変わらないということですね。

②そうなってたかも（でもならなかった）・might + 現在過去リンク形

<今ココ>では真実が分かっていながら過去を振り返って推測することもあります。

「(もしあのときこうしてたら)、**今頃こうなってたかもね**」というときです。

この場合、**現実にはならなかったことが明らか**なので、しっかりと < If 次元形> might を使います。

例

I was lucky I was wearing my crash helmet. I **might have had** a head injury.
ヘルメットかぶっててよかった〜。（かぶってなかったら）頭をケガしてたかもしれない。
→現実には、けがはしなかったことが明らかなので< If 次元形>

With a bit more effort we **might have won** the match. It was very close.
もうちょっと頑張ってたら勝てたかもね。すごく惜しかった。
→現実には勝てなかったことが明らかなので< If 次元形>

7 shall　提案モード（疑問文で）

日常生活では、平叙文（否定文や疑問文ではない文）で使われる shall と出会うことは、法律関係の書面以外ではほとんどないかもしれません。他に例としてよく挙げられるのは、聖書の文言です。

例 You **shall** love your neighbor as yourself.
自分を愛するように隣人を愛しなさい。

古い時代（8～9世紀頃）のヨーロッパを舞台にした映画などではよく耳にします。

このチューナー図で示したように、一筋の道が照らされて「そちらに進む」ことを示すので、日々の生活が神と一体であるという世界観が強かった時代には、「神が照らす方向へ」というように、よく使われていたようです。

自分の進むべき道が照らされているので、そちらに進んでいくというのが shall のど真ん中ですが、私たちが日常で shall を使うのは、疑問文です。主語は必ず自分 “I” か自分を含む “We” を使います。**既に進むべき道が照らされているので、**「私（たち）は**そちらに方向に進みましょうか？**」という提案モードになります。

ポイントは何らかの形で「進むべき道が照らされている」という外的根拠や理由があるということです。

例 You look very hot. **Shall I** open the window?　暑そうだね、窓開けようか？

→相手が暑そうに見えるという外的根拠があるので、相手も同意

We have an early start tomorrow. **Shall we** go home soon?
明日は早いもんね。そろそろ帰ろう。

There's a bee in my bedroom. What **shall I** do?
部屋の中に蜂がいる。どうしたらいいだろう？

→自分が進むべき道が分からない

Shall we ～？・相手への気遣いとつながり感

「さあ、行こう！」といいたいときには、"Let's go!" が最初に出てくるかもしれません。通常主語をいわない日本語に似ているカタチなので、使いやすさを感じるのだと思います。

他にも、「じゃ、いただきましょうか」「では会議をはじめようね」と相手を誘うような場面はよくあります。

そんなときには、Shall we ～？を紐づけてみてください。

Let's ～は、let という動詞から始まっているので、その場の皆がその行動を「待ってました！」というときにはピッタリですが、そうでないときはいきなり感が強調されることもあります。

こんなときは、自分を含めてその場にいる人たち（we）を主語にして問いか

けるような Shall we ～？がピッタリです。

“we”ということで、「私」と「あなた（達）」が対等に絵が描かれることになります。

唐突でも自分本位でもない、相手とのつながり感を感じさせる運転モードかもしれません。

例　では、（そろそろ）始めましょうか？

○ Shall we start?

△ Let’s start.

ランチどこがいい？

○ Where shall we have lunch?

△ Where do you want to have lunch?

should　疑いなしモード

そもそも shall の過去形から独立した should。shall には、「進むべき道は明らか」という明確さがありましたが、should は少し制約が加わることになります。よって、**should** は、＜進むべき道はこちらの**はず**、だからこちらに進む**べき**＞という運転モードだと考えてみましょう。

主語が I や we など、自分を含んでいる場合は、「進むべき方向」を自分たちが自覚していることになりますが（喜んで選んでいるとは限りません）、主語が自分以外の場合は、**相手が進むべき道を自覚していない、ということを指摘する**ことになりますので注意しましょう。これは、have to、must にも共通する注意点です。

例

I **should** go home now.　今帰るべき。
I **shouldn't** drink too much.　飲み過ぎないようにしないと。
→「自分」が進む道を自分で自覚

Should I wait a little longer?　もうちょっと待った方がよさそうですか？
Why **should** I do that?　なぜ私はそれをすべきなの？
→「自分」の進む道やその理由が分からないので教えてほしい

You **should** go home now.　あなたは今帰るべき。
You **shouldn't** drink too much.　あなたは飲み過ぎないようにしないと。
→相手が進む道を自覚していないことを指摘 →あたなはそうすべき

Go and apologize to your brother.　行ってお兄ちゃんに謝ってきな。
ー You're joking! Why **should** I do that?
冗談でしょ！なんでそんなことしないといけないの？
→ 自分がその道に進むべき理由をいって（自分は納得していない）

「べき」と「はず」・どちらか１つしかなかったら

日本語では、「はず」と「べき」を使い分けていますので両方ないと困りますが、英語ではどちらも should。つまり、「べき」か「はず」どちらか１つしかないのが英語の世界であり、それでこと足りていることになります。

もっと早く起きる**べき**だよ。

宅急便は明日来る**はず**。

一見別物のように感じるこの「べき」と「はず」は、実は表裏一体です。

テレビのリモコンはどこ？

皆がリモコンを置く**べき**場所はテーブルの上なんだから、テーブルの上にある**はず**だよ。

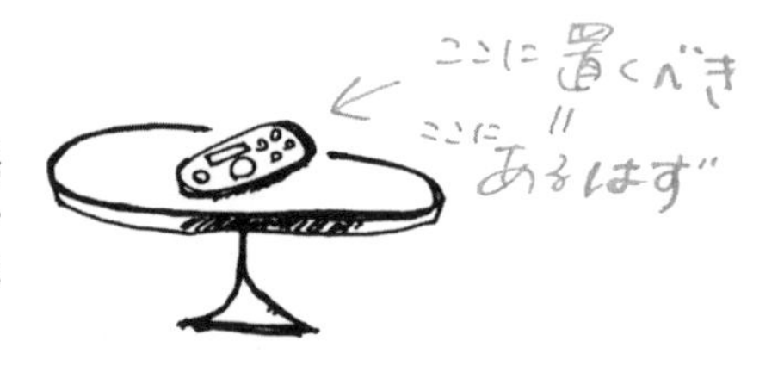

例

友達　：I can't find my key.　鍵が見つからない。

あなた：You **should** always put it in your bag, not in your pocket.
ポケットじゃなくていつもバッグに入れておく**べき**だよ。

友達　：I put it in my bag, so it **should** be in there, but it's not.
バッグに入れたんだよ。だからある**はず**なんだけど見つからない。

「～すべき」という日本語と should はしっかり紐づいている学習者は多いのですが、「～しなきゃ」「～しないと」となると should を手繰り寄せることができないことがよくあります。日本語は話しことばと書きことばの差が大きいことが多いので、自分が使う日本語に置き換えてチューニングしましょう。

<今ココ>から、あの時の進むべき道を振り返る・If次元形 should +現在過去リンク形

立ち位置は<今ココ>。過去を振り返って「**そうすべきだった**」(実際はしなかった)、「**そのはずだったのに**」(そうならなかった)といいたいときのフォーメーションです。これは私たちの日常で本当によく起きることですね。

例 I was late this morning. I **should have got** up earlier.
今朝遅刻した。もっと早く起きるんだった。

比較→ I **should** get up early tomorrow. 明日は早く起きないと。

ここでも、下の図でカバーする「時の範囲」にしっかりチューニングしましょう。

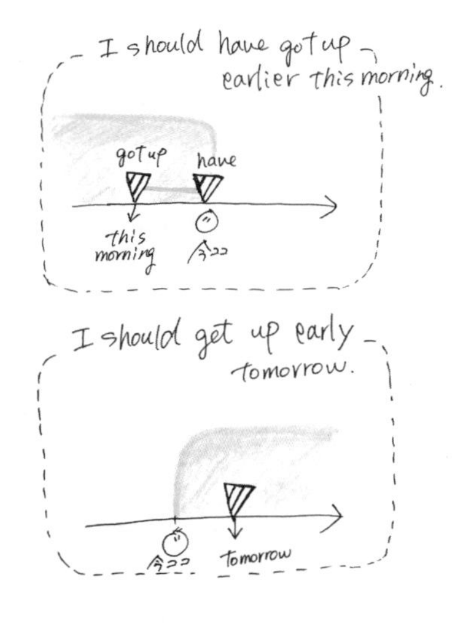

例 I **should have put** more salt in. I can't taste anything.
もうちょっと塩入れればよかったな～。味がしない。

You **shouldn't have put** that much salt in. I told you.
やっぱりあんなに塩を入れなきゃよかったんだよ。いったでしょ。

Happy birthday! This is for you.　誕生日おめでとう！これどうぞ。

― Thank you! You **shouldn't have**.
ありがとう！何もいらなかったのに／気を使わなくてよかったのに。

→ You shouldn't have (got anything for me.) が隠れている。感謝の気持ちを勢いよく示したいという心理からか、通常省略する

He is so late. His train **should have arrived** long ago.
遅いな～。彼の電車はもうとっくに着いてるはずなんだけど。

「had better ＝～した方がよい」をアンインストール

「～した方がよい」という日本語の響きから、should との境界線を曖昧にしてしまいがちな **had better**。should とはフォーカスしている点が違うことに注意しましょう。

had better は「これから」の行動や状態について述べるためのものですが、現在次元の have ではなく、had を使います。これも＜ If 次元＞と考えることができます。「もしそうしたらベター」の裏側にある **「もしそうしないとベターではない」というネガティブな点に**フォーカスしています。

例 I'**d better** not be late this time. **If** I'm late again, I'll lose my job.
今度はさすがに遅れたらまずいから、遅れないようにしないと。もしまた遅刻したらクビになっちゃう。
→（もし）遅刻したらベターではない→だからそうしないようにする

I'**d better not** spend any more money on clothes this month. I don't have any money until payday.
今月はもう服にお金を使わないようにしないと。給料日までお金がない。

自分以外を主語にするときは、相手や状況に注意する必要がありますね。

例 You'**d better** call your boss, **or** she'll get very angry.
あんた、ボスに電話しないとまずいでしょ。彼女は怒るよ。
→会話の中では、had better の文の後に、「もしそうしないと～」のような、＜If 次元＞を想定した内容が続くことがよくある

9 have to
向かう行動は1つしか持っていない

have to/has to も動詞の運転モード切り替えができます。

既に原理動詞 have のところでも見てきましたね (280 ページ)。

＊have to は普通の動詞ですので、否定文や疑問文だと I don't have to/Do I have to ～？となります

原理動詞である have/has の「ど真ん中」は＜**自分のテリトリー内に入れている**＞ということでした。

例

I **have** a cat.
自分のテリトリーに1匹の猫を入れている

I **have** a cat **to** look after.
自分のテリトリーに入れている猫→そして自分が世話をする

I **have to** look after my cat.
自分のテリトリーに入れている猫は世話をしなければならない

例 If you **have** homework **to** do, you **have to** do it now.
やるべき宿題があるなら、今やっちゃいなさい。
→自分のテリトリーに宿題があるなら→今向かう先はそれしかないでしょ

— I **don't have to** do it today. I'll do it tomorrow.
→その行動は自分のテリトリーに入っていない
今日やらなくていいよ。明日やるよ。

ニュートラルな立ち位置で見る

have to を「〜しなければならない」という日本語だけを対応させてしまうと、少し否定的な義務感を感じさせますが、have は大きな器でしたね。ネガティブなことを意味するとは限らないことにチューニングしましょう。

例 This cake looks amazing. I **have to** try it.
このケーキ美味しそう。トライしない手はないよね。

You **have to** come out to see the rainbow. It's very big and clear.
外に出てこの虹を見ないと損するよ〜、すごく大きくてくっきり。

＜自分のテリトリーにはこの行動しか入れてない＞というときは、義務感にかられる以外にも、「なぜならそれが最高だから」ということもありますね。

ここで、「should と have to と must の違いは？」と聞きたくなるかもしれませんが、動詞の運転モードは、相手や状況、声のトーンの影響も大きく受けるので、単純比較はできません。**使いながらチューニングし、最適な運転モードを見つけてみましょう。**

10 must　圧力・断定モード

must は漢字１文字で表すと「**圧**」がピッタリです。

先ほど見た have to が描く絵は、<自分のテリトリーにあるのはその行動だけ>＝それ以外はない、というものでしたが、must はちょっと様子が変わってきます。must には迫ってくる「**圧**」がありますので、**確信度が高く、ときに威圧的**になったりします。

規則や道徳としての圧

例 You **must** wear a mask.　マスクをしなければならない。

You **mustn't** hit your friends.　友達を叩いちゃダメでしょ。
→小さな子どもなどにいい聞かせるとき

His teacher said I **mustn't** help him with his homework.
先生には、息子の宿題の手伝いはしちゃダメっていわれた。

比較→ have to と must の違いがよく表れるのは否定文になったときです。

You **mustn't** help him with his homework.
彼の宿題を手伝うのはダメ。

→ not help に圧がかかる→ 手伝っちゃダメ

You **don't have to** help him with his homework.
彼の宿題を手伝わなくてもいい。

→ 手伝うという行動はテリトリーに入っていない→ 手伝わなくてもよい（手伝う必要はない）

自分の意見に圧を加えるときは、圧倒的根拠がある証拠

圧倒的な客観的根拠のもとで、**自分の意見に「圧」**を加えて相手に渡すことがあります。

例 You **must** be very tired after the long trip.
あの長旅の後なら間違いなく疲れてるでしょ。

→「長旅」が圧倒的な根拠を持っている→疲れたに違いないね

These answers **must** be right. I double-checked them.
これらは正解じゃないとおかしい。ダブルチェックしたから。

→ダブルチェックしたという圧倒的根拠

Mathew is a really nice person.
You **must**/**have to** meet him.
マシューはすごくいい人だから、絶対に会った方がいいよ。

→圧倒的におすすめ

mustの「**圧**」はパワフルなので、近年では英語母語話者の間でも使用頻度は減っていて、代わりにhave toを使うことが多いようですが、この、「**圧**倒的根拠の元で、自分の意見に「**圧**」を加える」というのは、相手への「圧」ではないので積極的にチューニングしましょう。

<今ココ>から、あの時の圧倒的根拠を振り返る If次元形must＋現在過去リンク形

例 The front door was left open all night. I **must have forgotten** to close it.

→<今ココ>と過去をリンクさせる

一晩中玄関のドアが開けっぱなしだった。私が閉め忘れたんだな〜。

「最後に家に入ったのは自分」というような圧倒的な根拠

There's nobody at home. They **must have gone** out.

家に誰もいない。皆出かけたに違いないね。

例 家族：I caught my finger in the door. ドアに指を挟んじゃった。

友達：That **must have been** painful. それは痛かっただろうに〜。

→容易に想像できる、という圧倒的根拠

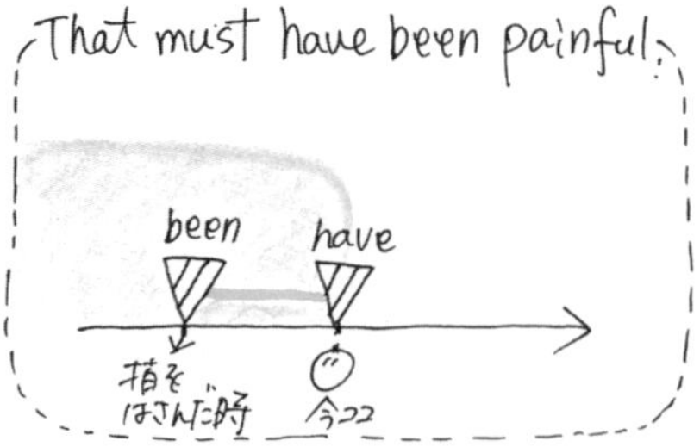

That must have been painful.

been

have

指をはさんだ時

今ココ

指を挟んだのは<今ココ>よりも前なので、過去のポイントにアンカーを下ろして<今ココ>とリンクさせます。

比較→次の例がカバーする「時の範囲」と比較してみましょう。

✕ That must be painful.　（今〜未来のことに対して）痛いに違いないね。

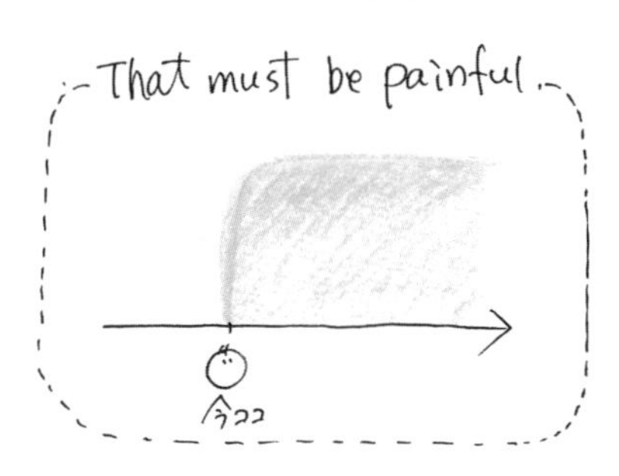

皆さん、助動詞へのチューニングお疲れ様でした！

Chapter 7

<英語ははっきり、
日本語は曖昧>のショウタイ

1 プロセスで止まる日本語と、ゴールまで行く英語

英検や TOEIC などのテストでどんなに高得点でも、実際に何十年間も英語圏でしごとをしても、英語での会話が「うまくかみ合っていないのではないか？」「本当に通じているのだろうか？」と感じられる方はとても多いのです。

個人の性格や会話の場数が少ないなど、多くの理由は考えられますが、ここでは、「ことばを可視化する」ときの手助けをしてくれる、**視点を置く場所の違い**に注目してみたいと思います。

よく「英語ははっきりものをいうが、日本語は曖昧」といわれることがありますが、これにも視点の違いが影響しているかもしれません。

既にいろいろな場面で、**日本語はプロセス（途中）**に視点を置き、**英語はゴール（結果）**に視点を置く傾向があることを見てきました。

ゴールを見ている英語側からすると、日本語の視点に対しては「それで？結局何がいいたいの？」といいたくなってしまいますし、プロセスで止まる日本語側からすると英語の視点に対して、「最後までいわなくても分かってよ」といいたくなってしまうかもしれません。これは単なる違いであり、良し悪しではありません。違いを知ることで初めて

チューニングが可能になります。

例えば、飲食店の入口に日本語では「準備中」という札を下げますが、英語では“Closed”です。Open か Closed かという「ゴール」を知りたい/知らせたいのが英語の気持ちです。日本語の「準備中」はそのゴールの手前で止まっている感じがあります。日本文化に馴染みがない外国人は「準備中＝閉まっている」と解釈できないかもしれません。

もちろんそこには社会的背景も影響します。私たちは「休んでいませんよ、裏で働いてるんですよ」ということを分かって欲しいのかもしれません。

このような例を次に挙げてみます。肩の力を抜いて「あるある～！」と日本語の初期設定を確認し、英語で会話するときの視点の置き場所を修正してみましょう（ここにあげる英文は代表的な例で、他にも表現方法はあります）。

鉛筆**削り** 削るというプロセス	a pencil **sharpener** →「シャープにする」というゴール
新宿駅にはどのように**行け**ばいいですか？	How do I **get to** Shinjuku station? 「行く」のゴールが「着く」
昨日新宿で道に**迷った**	I got **lost** in Shinjuku yesterday. 迷った結果がlost
トイレ**お借り**してもいいですか？	Can I **use** the toilet? 咄嗟に、borrowといってしまいそうになるので注意
お疲れさまでした 現状確認	See you tomorrow. 「現状」より先の行動
たくさんあって**選べない**！ （ファミレスのメニューを見ながら）	I can't **decide**! There are so many. 「選ぶ」のゴールが「決める」
アパートを**探さ**なきゃ （引っ越し）	I need to **find** a flat. *apartment 「探す」のゴールが「見つける」
試験に**受かった**	I **passed** the test. 「通過」と次に進んでいる
手を離していいよ （何かを一緒に運んでいるときなど）→視点は手	You can **let it go**. 手を離したら、結果的にその対象はgoする →視点はその対象

「いいね!」の世界 と“like”の世界

Facebookユーザーの方はご存じのように、Facebookには7つのリアクションボタンがあります。カバーしている言語は111語だそうです。 *2021年現在

全ての言語は調べ切れていませんが、この「いいね!」について約80言語を調べたところ、「いいね型」と「Like型」があることが分かりました。(中には「いいね」と「好き」を同時に示す単語を持っている言語もあるため、例外もいくつかあります)

「いいね型」(かそれに近い型)は日本を含め東アジア圏にほんの数言語だけです。他は全て「Like型」でした。しかも「いいね!」のように感嘆詞「!」がついているのは、日本語、ギリシャ語、ポーランド語しか見つかりませんでした。(ちょっと周りを見回してみてください。日本語は「!」を大変好んで使います)

7つのリアクションボタンの日本語と英語を比べてみましょう。

いいね!	Like
超いいね!	Love
大切だね	Care
うけるね	Haha
すごいね	Wow
悲しいね	Sad
ひどいね	Angry

英語の場合、“I like it.” “I love it.” “I care.” “I'm angry.” に関しては、“I” が主語であることが分かります。

一方、日本語の場合「それはいいね！」「それは大切だね」「それは悲しいね」というように「それは」が主語だと考えられます。

「**それは**大切だね」という日本語視点はプロセスで、「（だから）**自分は**それを大切にする」という英語の視点はゴール視点と考えることもできそうです。

自分の意見をいっているつもりで、"It's important.（それは大切だね）" と何度もいってしまうと、英語の気持ちとしては、「それで、あなたの意見はどうなの？」というゴールを聞きたくなってしまうかもしれません。

たまたまエレベーターで一緒になった見ず知らずの人のスカーフが素敵だったら、「そのスカーフいいね！」ではなく、"I like your scarf!" といってみましょう。

「はっきり」の鍵をにぎるのは形容詞

How are you? に答えるのが苦手な日本人

学校の英語の授業でも、英会話レッスンでも絶対に逃げられないのが、“How are you?” という挨拶です。海外旅行に行くと、お店の店員さんや、レストランのウエイターにも “How are you?” と声をかけられどぎまぎしてしまいます。

知らない人同士でも親しい人同士でも交わすのが “How are you?” であり、上下関係を考えなくてもよいという点でも、私たちには馴染みのないやり取りです。

英語のコミュニケーションでは、小学生くらいになれば、子どもが大人に、“How are you?” と声をかけられたら、“I'm good.” などと返した後に、今度はその大人に向かって “And you? ” と聞き返します。

日本語では、子どもが大人に向かって「今日は調子どうですか？」と聞くことは考えられませんが、英語では上下より個が大切ですし、聞かれたら聞き返すことが相手への礼儀という文化的な違いもありますね。

“How are you?” は決して具体的に心身の調子を聞いているものでは

なく、ざっくりとした抽象的なことを聞いている疑問文なので、"I'm good." "I'm very well." などの数種類で返すことになります。**抽象的な質問には抽象的に答える**ことで歯車が合いますね。

小学校で本格的に英語の授業が行われるようになるにつれて、多くの小学生が、挨拶のときの "How are you?" に対して、"I'm tired." "I'm sleepy." "I'm hungry." のように答えるようになりました（挨拶ではなく、もっと具体的な状況下でこのように答えるのは問題ありません）。

ここで考えてみたいのは、**日本語は会話において、抽象と具体という考え方にあまり敏感ではないのかもしれない、一方、英語はそのメリハリがつきやすいのではないだろうか**、ということです。

「抽象」は曖昧なもので、「具体」とは具体例、という印象が強いかもしれませんが、そこから少し角度を変えて、**抽象は容器（=輪郭）**で、**具体はその容器の中に入っている中身（=具）**と考えてみましょう。

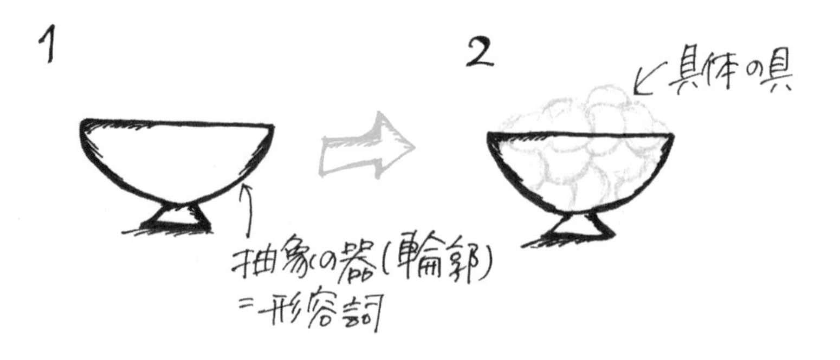

形容詞は<英語の型>に合う

ことばの輪郭に関しては、原理動詞や冠詞の章でも触れてきましたが、ここでフォーカスしたいのは**形容詞**です。その名のごとく、形容詞は、**詞**（ことば）を**形**作る**容**器です。形容詞をうまく使うことで、輪郭がはっきりとした絵が相手に伝わります。

"How ～？"（容器）に関しては、同じ容器である形容詞で答え、その後にその容器に入れる中身（具体）に話を進めるという流れを意識してみましょう。

例 How was your day?

―○ It was good. I went shopping with my mum. We had a good time.

→ good（形容詞）が容器。その後に中身（何をしたかなどの具体）

―△ I went shopping with my mum.

→いきなり中身を伝えている

まとめ

形容詞を使うことでことばの輪郭が明確になる → <英語の型>に合致しやすくなる

説明や意見をいうときは、1. 形容詞（容器）→ 2. 具体的なこと（容器の中身）の順番に進むことで、抽象 → 具体という<英語の型>に合致しやすくなる

形容詞は輪郭のある絵を伝える

次の日本語と英語を比べてみましょう。

例 ① 私の母は、**人づきあいがよく**て**面倒見がいい**。

My mother is very **sociable** and **caring**.

② 家族は**色々なことを我慢し**、いつも私を**応援してくれた**。

My family has been **patient** and **supportive**.

太字部分に注目すると、日本語は複数の語が組み合わさってできていることもあり、流れるようなソフトな感じがありますが、英語では同じ部分を**形容詞1語で担うことができる**ので、スッキリとシャープな印象を持つ方は多いと思います。

②の日本語は、「私の家族は**忍耐強く**、いつも**協力的**でした」といい換えることも出来ますが、ちょっと形式的な響きがありますし、ある一定の年齢にならないとこのようないい方はしないかもしれません。一方、英語の形容詞の方は、幼児にはちょっと早いにせよ、決して「大人の単語」ではありません。

例に挙げた形容詞は、どれも難易度は高くない英単語ですが、日本語では、ピッタリと形容詞1語では対応しないため、単語帳や辞書で見かけても、**その存在感に気づきにくい**ものです。

ぜひ英語の形容詞をぐんと自分に引き寄せてください。そうすることで、「輪郭のある絵」を聞き手に伝えることができるようになるはずです。

以下にいくつか例をあげてみます。対応する日本語との違いを味わいながら、チューニングしてみましょう。

soft and **fluffy** bread　**ふわふわ**のパン

I'm **desperate** to go to the toilet.　トイレもう**我慢できない**！

My teacher's words are always **encouraging**.
先生の言葉にはいつも**勇気をもらう**。

The boy gets very **animated** when he talks about his dog.
あの男の子は、自分の犬の話をするときにすごく**イキイキ**している。

On Sundays I'm **lazy** and I don't do anything.
日曜日はいつも、家で**ゴロゴロ**しています。

When I am tired, I tend to get **argumentative** and **judgmental** about things.
私は疲れているとすぐに**理屈っぽくなったり**、ものごとを**決めつけがち**になる。

When I pointed out her mistake, she got very **defensive**. She wasn't at all **apologetic**.
ミスを指摘したら、彼女は**むきになっていい返してきて**、全く**申し訳なさそう**じゃなかった。

おわりに

本書のはじめに、小説「雪国」の原作と英語翻訳版が描く絵の違いをご紹介しました。小説を英語で読むのはとてもハードルが高いことだと思いますが、実は並んでいるのはお馴染みの単語ばかりです。日本語のように文学独特の表現もさほど見当たりません。

本書で見てきたことをベースにして、ここで再び、「雪国」の冒頭を一緒に見てみましょう。

最初に原作を読み、次に英語翻訳版を読んでみます。ロケーションワードを太字にし、日本語とは視点の違いが顕著な部分には解説を加えてみました。すらすら読むことが目的ではありません。じっくりと、日本語と英語が描く絵の違いを味わってみましょう。

【原作】雪国　川端康成

国境の長いトンネルを抜けると雪国であった。夜の底が白くなった。信号所に汽車が止まった。

向側の座席から娘が立って来て、島村の前のガラス窓を落した。雪の冷気が流れこんだ。娘は窓いっぱいに乗り出して、遠くへ叫ぶように、「駅長さあん、駅長さあん。」

明りをさげてゆっくり雪を踏んで来た男は、襟巻で鼻の上まで包み、耳に帽子の毛皮を垂れていた。

【英語翻訳版】Snow Country　　翻訳者：Edward G. Seidensticker

The train came **out of** the long tunnel **into** the snow country.

→どこかから out したら自動的にどこかに into する

The earth lay white **under** the night sky. The train pulled **up at** a signal stop.

ここまでは視点が電車の外にあり、ズームアウトで全体を捉えていますが、次の行からは電車の中にズームイン。1カメから2カメに切り替わります。原作では最初から一貫して視点は電車の中という定点ですね。

A girl who had been sitting **on** the other side **of** the car came **over** and opened the window **in** front **of** Shimamura.

→過去完了進行形・娘はcame overするまではずっと座っていたので、時のアンカーは過去空間の2か所（beenとhad）に下ろされている。原作では「向こうの座席から」だけで、「それまでずっと座っていた」という情報はない

The snowy cold poured **in**. Leaning far **out** the window,

*lean: もたれかかる

→原作「娘は窓いっぱいに乗り出して」の「窓いっぱいに」はプロセス部分に視点を置き、英語訳のfar outはその先（ゴール）に視点を置いているよう

the girl called **to** the station master **as** though he were a great distance away.

→<If次元>（as ifと置き換えて考えてもよい）

「まるで駅長さんがすごく離れたところにいるかのように」大きな声で呼んだのですね。be動詞の「現実離れ形」wereにより、実際は、それほど遠くにはいないという絵が明確になります。

原作「遠くへ叫ぶように」は次元の違いが分かりませんね。

The station master walked slowly **over** the snow, a lantern **in** his hand.

→このoverは駅長さんの足元に注目
→原作では「明かりをさげて」だが、ここではinというロケーション

His face was buried **to** the nose **in** a muffler, and the flaps **of** his cap were turned **down over** his ears.

→原作「襟巻で鼻の上まで包み、耳に帽子の毛皮を垂れていた」
日本語では何が主語か迷うが、英語ではそれぞれ、"His face"、"the flaps of his cap"が主語になり、受動態で「力の向き」が分かる

出典：「雪国」川端康成

Snow Country

Edward G.Seidensticker 訳

謝辞

読者の皆さん。最後までお読みいただき、本当にありがとうございます。

本書では口うるさく「チューニング」といってきましたが、実は本当のチューニングはこれからです（！）

実際に自分の口から英語を発して、自分の英語を自分の耳で聞く、そして**「伝わる経験」と「伝わらない経験」を繰り返す**ことが次のチューニングです。

本書で読んだ文法事項を間違いなく使えないといけない？「ネイティブのような発音」ができなければいけない？ そんな必要は全くありません。特に本書でお伝えしてきた「英語の法則」は「身につけてから使う」のではなく「**使うから身につく**」のです。

実際に外国人との会話で、a や the を忘れてしまっても、R と L の発音ができなくて首を傾げられても、がっかりしたり恥ずかしがる必要は全くありません。

逆に外国人に、「日本語には冠詞とか、R と L の区別がないから間違えちゃうんだよ」と教えてあげてください。

そしたらその人は、あなたが英語に興味を持っているのと同じように、日本語に興味を持ち始めるかもしれません。このようなコミュニケーションの方が、ずっとお互いが豊かにかかわれるのではないかと思います。

発音の練習も大切かもしれませんが、外国人側がもっと「日本人独特の英語発音のクセ」に慣れてくれることだって同じくらいに大切です。

グローバル コミュニケーションのエキスパートであり、私の師でもある英国人の夫・Gavin がいつも私に話してくれることを、皆さんにもお送りしたいと思います。

「英語は『ネイティブ』のものではない。世界中の全ての人のもの。英語を第2言語として使う人の数だけ、『その人のオリジナル英文法』ができ上がってくる。皆違う『英語』を持っているからこそ英語は楽しい。皆同じだったらつまんないでしょ？」

この本が少しでも皆様のお役に立てたなら、とてもうれしいです。

――――

中学時代の国語の恩師、高橋和重先生。15歳の私の言語直感を信じてくださいました。あのとき授業で先生が話してくれた「雪国」が、英語と融合して私の中で今でも生きています。

「学校で助動詞と仮定法を別々に習うのは、ラーメン屋で麺とスープを別々に出されるようなものだよね」に激しく同意してくれる高校英語教師の江藤由布さん。いつも私の突撃質問に答えてくれてありがとうございます。

英語以外の相談にものってくれて、本書のイラストの一部を描いてくれた長女 Hannah。あなたがいなければ絶対にこの本は完成していませんでした。

そして、明日香出版社の畠山さん。この本は、あなたの本への愛と私の言語への愛が合わさった1冊になったと思っております。度重なる修正や 500 点以上にも及ぶ手描きの絵の処理など、どんなときでもスマートに対応してくださって本当に感謝しています。一緒にお仕事させていただけたのは本当に幸運でした。

また、グラフィックのお手伝いをしてくださった air design の 高橋愛さん始め、この本の制作を影で支えてくれた全ての皆様に心より御礼申し上げます。

2022 年　3月吉日

オールライト千栄美

参考文献

『明解 言語学辞典』（2015 年 三省堂）
『言語人類学への招待』（2019 年 ひつじ書房）
『英文法を考える』池上嘉彦（1995 年 筑摩書房）
『日本語に主語はいらない』金谷 武洋（2002 年 講談社選書メチエ）
『日英語の表現と文化の比較』尾野治彦（2018 年 開拓社）
『右脳と左脳』角田忠信（1992 年 小学館）
『日・英語の発想と理論』山梨正明（2019 年 開拓社）
『英語の歴史から考える 英文法のなぜ』朝尾幸次郎（2019 年 大修館書店）
『英語独習法』今井むつみ（2020 年 岩波新書）
『ことばと思考』今井むつみ（2010 年 岩波新書）
『はじめての英語史』堀田隆一（2016 年 研究社）
『「する」と「なる」の言語学』池上嘉彦（1981 年 大修館書店）
『言語の脳科学』酒井邦嘉（2002 年 中公新書）
『言語学の教室』西村義樹・野矢茂樹（2013 年 中公新書）
『脳の言語地図』酒井邦嘉（2009 年 明治書院）
『英単語の世界』寺澤盾（2016 年 中公新書）
『世界の言語と日本語』角田太作（1991 年 くろしお出版）
『レキシカル・グラマーへの招待』佐藤芳明・田中茂範（2009 年 開拓社）
THE BODY IN THE MIND　Mark Johnson（1990 年）
The Geography of Thought　Richard E. Nisbett（2003 年）
ジーニアス英和辞典第 4 版（大修館書店）

[著者]
オールライト千栄美（おーるらいと・ちえみ）
言語コンサルタント / 英語講師。英国在住。
日本人に最適な英語認知に主眼をおいた英語レッスン / セミナーを生業とする、言語認知コンサルタント・社会言語論者。
幼少期から言語や異文化に対する関心が高く、中学校の英語の授業で教師が使う「日本語」が分からなかったことがきっかけで、高校時代より文法用語を使わない英語学習の探求を始める。
2011年よりマンツーマンレッスンやコンサルテーションを開始。毎月多い時には200人の日本人英語学習者に接する中で、日本人と英語の関係を探り検証を重ねる。その実証に認知言語学、社会言語学、対照言語論からのアプローチを融合させた英語解説は、知識共有プラットフォームQuoraにおいて、掲載1年で2,500人を超えるフォロワーを獲得、Forbes JAPANにも取り上げられる。
現在も英語学習者と英語教育者を指導すると共に、「言語が違えば世界は違って見えている」をテーマとした、文化、社会、教育系セミナーを行う。
著書『英語のショウタイ - 今度こそ、英語を話せるようになりたいと願うすべての方へ』デザインエッグ社発行。
Quora https://jp.quora.com/profile/Chiemi-Allwright

英文法は絵に描きやすいルールでできている

2022年　5月　30日　初版発行
2022年　12月　12日　第7刷発行

著　　者　オールライト千栄美
発 行 者　石野栄一
発 行 所　明日香出版社
〒112-0005　東京都文京区水道2-11-5
電話　03-5395-7650（代表）
https://www.asuka-g.co.jp

印刷・製本　株式会社フクイン

 ISBN978-4-7569-2208-3